개정판

새롭게 쓴
# 프랑스 문화

HY COLLECTION 029

Comment lire
la culture
française à nouveau ?

| 개정판 |

# 새롭게 쓴 프랑스 문화

이숙은 지음

한양대학교 출판부

## 머리말

프랑스 문화의 가장 큰 특징은 '다양성'이라고 일컫을 수 있으며, 프랑스는 그야말로 모든 문화 분야에 걸쳐 다양한 색깔을 지니고 있다. 한 나라의 사회·문화 안에는 다양한 현상들이 서로 복잡하게 얽혀 있으며, 하나의 동일한 현상도 개인이나 사회집단에 따라 다르게 인식되고 수용되게 마련이다. 아울러 한 나라의 문화에는 전통과 자긍심이 배어 있기에, 그 소중함을 인정하고 이해하려는 자세가 필요하다. 한 문화는 다른 문화와 연관지어 이해할 때, 비로소 그 문화가 도약할 수 있는 발판을 얻게 된다.

문화의 차이는 문화가 단독으로 있을 때가 아니라, 다른 여러 문화가 상호 간에 얽혀 있을 때 일어난다. 여러 문화가 점차 혼용되어가는 지금, 고유한 문화의 차이를 인식하는 것이 서로의 이해와 상호 발전에 매우 유익하다 할 수 있겠다. 이때 문화의 차이를 정확하게 인식하는 것이 무엇보다 중요하다. 이 책을 통해서 우리나라와 프랑스 간에 어떤 문화의 차이가 있는지, 그리고 어떠한 유사한 점이 있는지 함께 비교해 보는 것도 큰 의미가 있을 것이다.

한편 관광의 본질은 바로 '문화'이며, 한 나라의 문화유산은 가장 훌륭한 관광자원이다. 이 책에서는 프랑스의 관광자원인 건축, 미술 등의 유적과 유물을 프랑스의 지역·인간·사상·환경·사고방식·문화와 연관지어 다루고자 한다. 이에 따라 프랑스 문화와 사회의 근간을 이루는 역사·정치·교육·예술·언어·지리·국민성 등 다양한 개괄적 접근을 통해 프랑스의 문화적 전통과 프랑스인의 사고 및 생활양식을 함께 살펴보고자 한다. 아울러 세계적인 문화코드로 자리 잡은 프랑스 와인과 음식, 그리고 영화 등에 대해 이해하고, 이를 통해 업그레이드된 글로벌 감각과 매너를 함께 자연스럽게 습득하게 될 것이다.

이제는 문화가 한 나라의 국가 경쟁력이 되는 시대다. 문화는 곧 미래의 산업이며, 이에 대한 투자는 경제적 투자로 직결된다. 바야흐로 문화가 한 나라의 대외 이미지를 좌우하고, 대외 이미지가 곧 그 나라 상품의 가치를 결정짓는 시대이다. 다시 말해 문화산업이 바로 그 어느 것보다도 중요한 성장동력이 되고 있다.

책 내용의 구성은 프랑스 문화를 접하고 배우면서 평소 프랑스 문화와 관광에 대해 궁금했던 내용들을 가장 쉽고, 흥미롭게 접근할 수 있도록 구성했다. 여러 문제에 접근하기 위해 개정판『새롭게 쓴 프랑스 문화』에서는 프랑스 문화와 관광의 다양한 형태를 분석해 프랑스를 이해하는 눈을 키우고, 그 실체를 밝히는 데에 중점을 두었다.

제1부에서는 〈프랑스인〉에 대해 여러 특성별로 간략하게 다루었으며, 〈프랑스 사회〉에 대해서는 제2부에서, 그리고 프랑스 문화를 이해하면서 필수적인 분야 〈프랑스 문학〉과 연관된 내용은 제3부에서 각각 다루었다. 또한 제4부에서는 프랑스 문화의 핵심적인 주요 요소들을 〈프랑스 문화〉라는 제목으로 한데 묶었으며, 빠리 생활면의 필수적인 사항들과 유로화와 유럽연합의 위상을 다룬 〈빠리 체류〉는 제5부에서 알아보았다. 마지막으로 프랑스 문화에서 빠뜨릴 수 없는 〈프랑스 관광〉 분야와 관련해서는 제6부에서 다루었다.

문화는 아는 것만큼 보이며, 또한 즐길 수 있다. 무엇보다 이 책을 통해서 프랑스를 바라보는 시야가 넓어지고, 프랑스를 이해하는 새로운 시각을 갖는 데 보탬이 되며, 프랑스 문화를 익히는 좋은 기회가 되었으면 한다.

아울러 각자 프랑스라는 낯선 사회의 풍경을 바라볼 수 있는 작은 창을 하나씩 열어 쉽고 재미있는 이야기 창, 원하는 사람 어느 누구라도 손쉽게 다가가서 마음 편하게 열어볼 수 있는 소박하고 깊이 있는 창, 나 자신이 직접 보고, 느끼고, 이해한 것들만으로 만들어진 정직한 나만의 창을 만들어보길 진심으로 바란다.

끝으로 한양대학교 국제문화대학 프랑스학과 교수님들과 한양대학교 출판부의 여러 선생님들께 깊은 감사를 드린다.

2019년 8월
이숙은

**차례**

## 제4부 프랑스 문화

## 제6부 프랑스 관광

제1부

# 프랑스인

1. 프랑스인의 기질과 기지
2. 프랑스인의 생활상

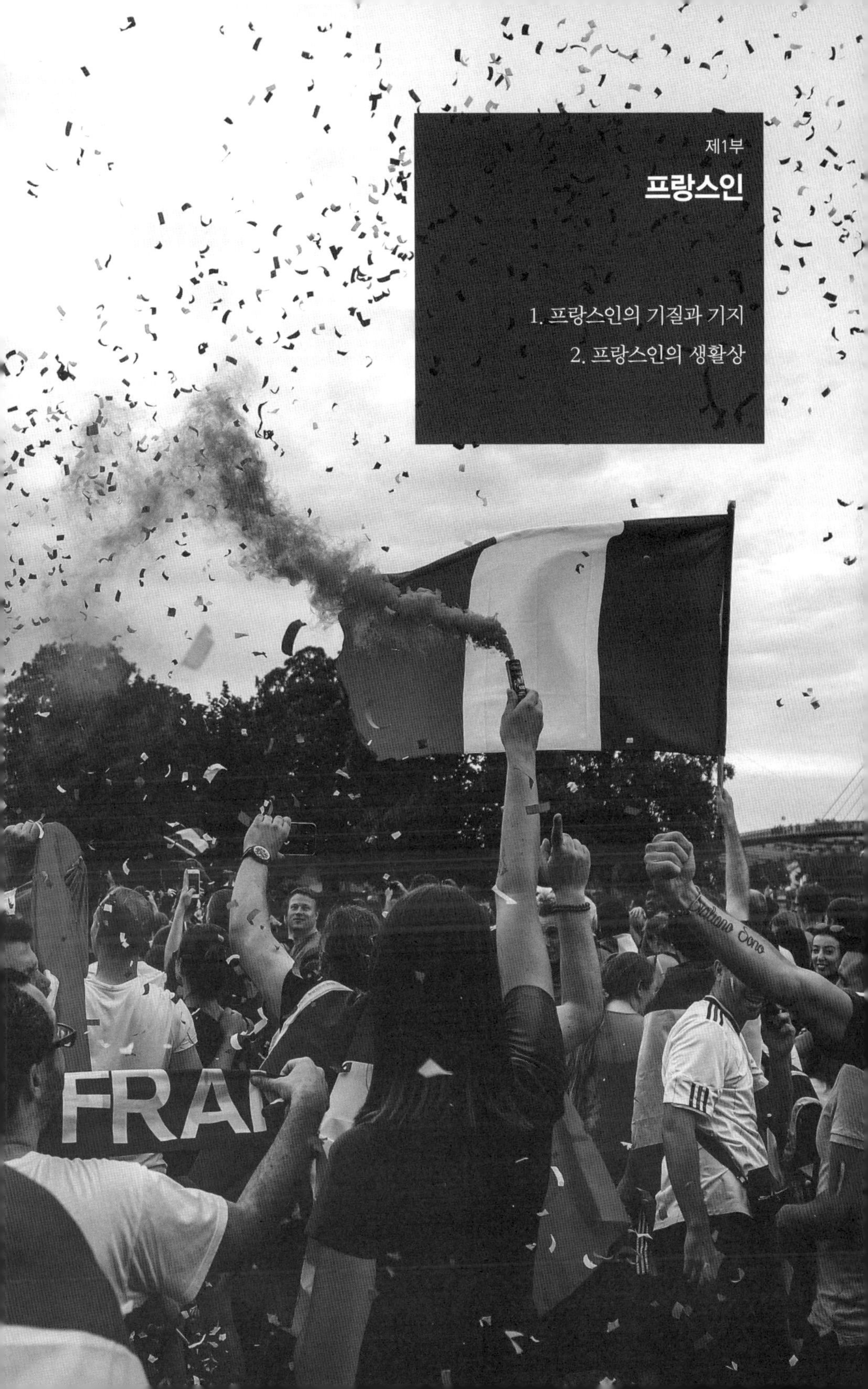

1

# 프랑스인의 기질과 기지

**똘레랑스(tolérance 관용)와 68혁명**

프랑스인들은 나와 남을 동시에 존중하는 똘레랑스가 넘치는 나라다. 프랑스는 이웃을 인정하고, 외국인을 인정하고, 또한 다른 생활방식과 다른 사상·표현·문화를 인정하는 나라다. 즉 그들은 자기 것을 인정받으려면, 남의 것도 인정해야 한다는 사고방식을 지녔다. 특히 프랑스 문화는 이러한 관용 정신을 여러 분야에 걸쳐, 무척 강조하고 있음을 잘 알 수 있다. 프랑스에는 세계 각국에서 온 주요 정치인 등 망명자들이 많다. 프랑스는 인도주의적 차원으로 '자유·평등·박애'라는 이념 아래, 그들을 다 포용하고 받아들인다.

그러나 요즘 프랑스에서는 다양한 인종과 문화를 수용해온 똘레랑스 문화가 내부에서부터 흔들리고 있으며, 이에 대한 반발이 커져가고 있다. 똘레랑스가 전통적 가치였지만, 북아프리카와 아랍 지역에서 이민 온 무슬림들이 많아지면서, 자국 내 프랑스인들은 일자리 갈등, 이민자·난민에 대한 복지 혜택 제공에 불만을 갖고 반(反)이슬람 정서가 높아졌으며, 이민·다문화에 대한 반감이 커졌다. 특히 반이슬람 성향이 강한 우익 정치인들이 풍자 만평 주간지 '샤를리 에브도 테러' 직후 이슬람에 대한 극도의 혐오 발언을 쏟아내기 시작했다.

참고로 프랑스가 '똘레랑스의 나라'가 된 것은 1968년의 사회변혁운동인 '68년 혁명'을 거치면서다. 즉 대학 당국의 권위적 행정에 대한 반대로 시작한 학생 시위는 이후 지식인과 노동자들이 합세해, 권위주의와 보수 체제 등 기존 사회질서의 해체를 주장한 '문화혁명'으로까지 발전했다. 따라서 이민 정책과 결혼 문화 등 현재 프랑스 사회의 근간이 여기에 뿌리를 두고 있다.

## 프랑스인의 이미지와 생활 패턴

프랑스인들의 국민성은 자신의 생각을 솔직하고도 분명하게 밝히기를 좋아한다. 프랑스인들은 완벽한 매너를 보여주지만, 한편으로 쉽사리 마음을 열지는 않는다. 일단 사귀고 나면 매우 친절한데, 그렇다고 그들의 개인주의가 사라진 것은 아니다. 즉 프랑스인들의 가장 큰 특징은 프랑스의 어떤 사회든 보이지 않는 벽이 쳐진 '개인주의적 사회'라는 것을 알 수 있다. 개인주의는 프랑스에서의 생활 구석구석에 스며 있다. 인간관계에서도, 그리고 거리에서 마주치는 낯선 사람과의 물리적 거리나 붐비는 지하철에서도, 북적대는 길에서도 다른 사람에게 손가락 하나 닿지 않게 조심해야 한다. 대체적으로 프랑스인들은 모든 면에서 섬세하고, 정확하고, 철저하다.

여러 민족의 다양한 사고방식을 이어받아 그들은 자유스럽다. 이러한 모습은 그들의 여러 문화에 드러나 있다. 오늘날 그들의 동거 문화나 영화를 예술적으로 표현하는 데 있어 자유스러운 개방성이 엿보인다.

프랑스인들은 간단한 인사 등 짧은 자기표현(Bonjour, Bonsoir, Merci, Pardon, Au revoir)을 자주 사용한다. 특히 'Bise'라는 프랑스식 인사법은 서로 상대방 뺨끼리 갖다대는 인사를 말한다. 보통 양쪽 뺨에 각각 한 번씩 하지만, 친한 사람일수록 또한 프랑스 남쪽 지방으로 갈수록 총 네 번까지 서로의 볼을 맞대는 경우도 많다.

프랑스인들은 한 번 정한 것은 잘 안 고친다. 그것은 어떠한 제도나 법규, 문물 도입에 있어서도 마찬가지다. 즉 옛 문화와 전통방식을 잘 보존해, 그들은 전통적인 것을 선호하는 문화관습을 지녔다.

## 프랑스인의 민족 구성

시대의 흐름에 따라 여러 외세의 침입과 수많은 외국인들이 프랑스에 유입됨으로써, 프랑스인의 민족 구성에 변화를 가져오게 된다. 이렇듯 프랑스는 침략과 이주 등을 겪으며 망명자와 이민자, 외국인 노동자들의 유입이 추가되어 다양한 민족들이 복합적으로 구성되었다.

이 중에서 독특한 인종으로는 먼저 바스끄인(Basque)이 있다. 이는 스페인과의 국경지대인 삐레네 산맥 서쪽 끝 기슭에 거주하는 인종으로, 바스끄어를 사용한다. 고대 수수께끼 같은 종족의 바스끄인들은 전통적인 춤과 그들만의 독특한 놀이를 지닌다. 즉 그들은 베레모를 쓰고 긴 장대가 달린 신발을 신고, 역시 긴 장대로 걷는 독자적인 풍습과 문화를 지녀왔다.

이 외에도 브르따뉴인(Breton) 등을 포함해, 프랑스에 사는 여러 인종들 중에 바스끄 지역과 브르따뉴 지역에서는 프랑스 본토와 문화도 다르고, 다른 언어를 사용하고 있다. 또한 작가 모파상이 "향기로운 섬"이라고 칭한 코르시카(꼬르쓰[Corse]) 섬도 독자적인 언어와 풍습·문화를 지닌 지역색이 강한 곳이다. 이 지역은 프랑스 정부와 충돌하며 수시로 독립하겠다고 주장을 내세운다. 최근에는 북아프리카 3개국, 즉 알제리·튀니지·모로코 등의 마그레브 지역 아랍계인과 아프리카인, 아시아인의 유입이 증가 추세에 있다.

# 프랑스인의 기질

### 프랑스인의 이중적 기질

프랑스는 여러 민족으로부터 다양한 문화를 받아들여 이를 융합해 새로운 문화를 발달시키게 되었다. 이에 따라 복합적인 문화양식과 성격을 지닌, 양면적인 프랑스인의 기질을 "이중적 기질"이라고 일컫는다. 프랑스는 일견 모순되게 보이는 두 측면을 동시에 지닌 나라다.

여론조사 기관이 조사한 전 세계의 관광지 서비스 평가에서 프랑스의 상점이나 까페 종업원들은 불친절한 것으로 나타났다. 반면에 유럽에서 프랑스만큼 외국인에게 관대한 나라가 없다. 프랑스에 사는 이민자들은 내국인과 똑같은 사회보장의 혜택을 받으며, 가족수당·주거수당 등 여러 수당들도 다 받는다. 그뿐 아니라 무료 교육을 받을 권리도 있다.

한편 2018년 11월에 있었던 프랑스 유류세 인상 반대 '노란 조끼' 시위 때도 여론조사에서 나타난 프랑스인의 속내는 이율배반적임을 알 수 있다. 즉 응답자의 85퍼센트 가량이 폭력 시위에는 반대했지만, 동시에 72퍼센트 정도의 프랑스인들은 '노란 조끼' 시위를 지지한다고 응답했다. 많은 사람들이 이러한 프랑스인들의 이중적 기질에 놀라기도 하지만, 이러한 그들의 이중적 기질이야말로 프랑스인들의 '개방성'과 '다양성'을 뒷받침해주는 주요한 요인이 된다.

개선문 앞 '노란조끼 시위'

### 기타 프랑스인의 기질

프랑스인은 천성적으로 부단히 움직이며 다양성을 선호한다. 대화와 논쟁

이야말로 이러한 다양성을 확인할 수 있는 가장 좋은 방법이다. 그들은 대화를 통해 자신의 존재를 확인한다. 프랑스인은 어떤 분야에 관해서든지 지성과 자부심을 가지고 이야기를 나눈다. 프랑스인은 "당신의 의견은 어떻지요?"라고 질문받는 것을 가장 좋아한다.

아울러 프랑스는 대화법이 고도로 발달한 나라다. 이성의 언어 '프랑스어'로 알 수 있듯이, 그들의 기질로는 우선 관찰의 대상인 현실을 분석하기 좋아하며 매우 특정한 규칙을 따른다. 즉 프랑스인들의 대화에서는 모든 일에 논리적 질서를 확립해 낱말 상호 간의 관계를 선명하고 상세하게 표시하는 특성을 알 수 있다. 문장의 앞뒤 연결 맥락이 딱딱 들어맞는 무척 논리적인 프랑스어처럼 프랑스인들의 정신은 논리적인 사고를 추구하며, 그들의 언어만큼 잘 배열되어 있고 토론하는 것을 좋아한다. 대화 그 자체를 즐기는 프랑스인답게 일단 모이면 쉬지 않고 이야기를 나눈다. 대화의 주제는 보통 나누는 일상생활에서부터 예술·문학·철학·정치·사회 분야까지 무척이나 광범위하다.

프랑스인들은 많이 알려져 있듯이, 낭만적 기질과 더불어 불의를 보지 못하는 기질을 가지고 있다. 이같은 경우는 과거 여러 차례 걸쳐 자국민들이 인질로 납치되어 억류된 상황에서, 프랑스는 그때마다 특수부대원들을 동원해 근거지를 급습, 자국의 인질을 바로 구출한 사례에서도 알 수 있다.

**프랑스인의 특성**

한편 과거에는 에펠탑이, 현대에 들어서는 루브르 박물관의 유리 피라미드가 자연스럽게 거리의 모습에 녹아들어가 사람들에게 익숙해진 것처럼, 프랑스인은 전통적인 문화와 오래된 것들을 아끼면서도 아울러 항상 새로운 것을 과감하게 받아들여왔다. 즉 문화 전반에서 프랑스인들은 다른 나라의 문화에 많은 호기심을 느끼고, 또한 받아들이는 데 거리낌이 없다. 이러한 선구적인 정신은 프랑스인과 프랑스 문화의 가장 큰 특징이다. 즉 프랑스인들은 다른 나라의 문화를 받아들이는 것에도 개방적이며, 남의 문화를 자기 문화만큼이나 좋아한다. 특히 음식문화가 발달한 나라답게 그들은 외국의 음식 문화 맛보기에 관심이 많다.

이렇듯 프랑스는 다른 나라와 대륙으로 쉽게 진출할 수 있고, 여러 지역들을 연결시켜주는 지리적·위치적 이점을 통해 동·서 문화의 교류 역할을 해왔다. 이러한 프랑스의 '유럽문명의 교차로', '유럽문명의 축소판'으로서의 역할은 남들과 쉽게 동화할 수 있는 온화하고 화합적인 기질을 만들 수 있었다. 그리고 다양성을 중시하는 프랑스인들의 성향은 모든 것을 수용할 수 있는 포용력을 길러주었다. 따라서 전 세계의 예술인들이 빠리로 모여들고, 빠리가 세계 문화의 중심지가 될 수 있었다. 포용적이고 다양성이 존재하는 프랑스에서 예술과 창의성은 바로 경제의 기초가 된다.

## 프랑스인의 기지

### 프랑스의 선조 '골르와'와 수탉

프랑스의 선조들을 지칭하는 '골르와'(Gaulois)라는 의미는 "골지방에 사는 사람들"을 가리킨다. 영어식 발음은 '갈리아'다. 즉 골(Gaule)족[1]을 가리키는데, '골르와'라는 단어는 라틴어인 gallus, 즉 '수탉'에서 온 단어다. 또한 그 당시 이곳을 점령한 로마인들의 눈에 비쳐진 골 지역 사람들의 모습으로, 골르

1 프랑스인들은 스스로를 골족(갈리아인)의 후예로 여긴다. 골족은 기원전 5세기부터 약 1000년간 현재의 프랑스·벨기에·네덜란드·독일 서부에 살던 켈트족의 한 갈래를 말한다. 대체로 현재의 프랑스를 포함해, 그보다 좀 더 넓은 지역에 살던 사람들을 가리킨다. 이들은 단일 국가를 형성한 적은 없으며, 로마제국에 의해 정복되었다.

와인들의 행동이나 그 모습이 마치 수탉의 성격처럼 쾌활·솔직·대담·외설적인 기질 등을 지닌 사람들이라고 할 수 있다. 골르와는 바로 로마인들이 붙여준 이름이었다. 프랑스에서 가장 대중적인 만화와 영화 '아스떼릭스'(Astérix)에도 등장하듯이, 물약을 먹으면 힘이 세어져 로마 병사를 무찌른다는 골족의 모험담에서 잘 이해할 수 있게 된다.

프랑스의 대표적 상징 '수탉'

프랑스에서의 닭의 의미는 고대부터 믿음·용맹스러움·희망의 상징으로 여겨지고, 그것이 현대까지 이어져 내려와 프랑스의 상징이 되었다. 프랑스에는 교회 첨탑 등 곳곳에 수탉이 표현되어 있다.

또 다른 설에 따르면 과거 앙리 4세가 재상에게 일주일에 한 번씩 민중들이 닭고기를 먹게 한 것에서 유래했다. 곧 닭고기를 많이 먹어서 상징으로 삼았다는 것이다. 프랑스 가정에서는 300여 년이나 내려오는 오랜 전통으로, 일요일에 '꼬꼬뱅'(coq au vin)을 먹는 관습을 지녔다. 이는 포도주를 넣어 스튜요리한 닭요리로 '프랑스식 대중 요리'를 가리킨다.

### 프랑스인들의 쾌활한 면과 기지

프랑스인들의 기질 중에 쾌활한 면과 낙천성은 곧 그들의 적절한 재치나 기지와도 연관되어 있다. 그때그때의 상황에 맞게 잘 대처하는 슬기나 지혜, 이러한 재치나 기지를 가리켜 "에스프리"(esprit)라고 일컫는다. 프랑스인들의 성격은 작은 것에도 재치와 감각이 묻어난다. 프랑스인들은 하나의 말이 가지고 있는 여러 가지 의미를 적절히 이용해 상대방에게 융통성 있게, 재치 있게 응수한다. 즉 그들은 유머스러운 언어 재치를 잘 사용한다. 다시 말해 프랑스인들은 낙천적이고 뛰어난 유머감각을 지녔으며, 순간적인 임기응변에 강한 면을 알 수 있다.

### 프랑스의 풍자 만화

특히 프랑스인의 기지와 유머가 잘 섞여 있는 것은 바로 '풍자 만화'다. 스캔들이나 국가적인 이슈가 생기면, 어김없이 신문이나 잡지의 시사 만화에서는 날카로운 풍자적 논리와 기지, 재치로 어떤 특징들을 우스꽝스러운 묘사로 신랄하게 확대해 가면서, 만화가는 자신의 상상이나 환상을 만화에 펼쳐놓는다. 프랑스는 만화 산업이 발달한 나라로 만화를 "제9의 예술"로 칭하고, 만화가를 예술가 이상으로 대접한다. 아울러 프랑스 만화는 대부분 프랑스인들의 기질처럼 풍자적이며 모험심이 강하고, 상상력이 풍부하다.

프랑스의 유명 시사만평 주간지로는 '샤를리 에브도'(Charlie Hebdo)가 있다. 이 주간지는 평소 종교·정치 지도자나 유명 인사 등 풍자 만화와 유머를 통해 거침없이 풍자하는 매체다. 한편 이슬람을 풍자한 샤를리 에브도 시사만평 주간지는 2015년 1월 이슬람 극단 세력에 의해 충격적인 기습 총격 테러를 당했다.

그때 테러가 난 이후 세계 각국에서 온 50여 개국 정상급 지도자들은 프랑스 언론사 샤를리 에브도의 희생자들을 추모하기 위해, 빠리 레퓌블리끄 광장(공화국 광장 Place de la République)에서부터 볼떼르 대로(Bd. Voltaire)를 따라 나씨옹 광장(국민 광장 Place de la Nation)까지 3킬로미터를 이동했다. 이 반(反) 테러 행진을 한 각각의 장소들은 프랑스 '혁명 상징지점'에서 '혁명 완성지점'까지를 의미한다. 이 빠리 행진에는 약 100만 명이 참석해 이슬람 극단주의를 규탄하고 평화를 기원했다.

## 프랑스의 풍자 전통

봉기 The Uprising, 오노레 도미에

풍자 만화의 아버지 '오노레 도미에'

프랑스는 일찍이 풍자 문화가 발달되었다. 19세기 중반 '잡지 풍자화'로 국왕을 조롱한 '풍자 만화의 아버지' 화가 오노레 도미에(Honoré Daumier 1808~1879)가 있었다. 그는 어떤 탄압에도 굴하지 않고, 예리한 시선으로 풍자화를 줄기차게 그렸다. 즉 19세기 프랑스 정치와 부르주아 계층에 대한 신랄한 풍자와 같은 프랑스 사회의 위선과 부조리, 정치적인 탄압과 권력·탐욕·사회적 불평등 등을 주제로 다루었다. 이렇듯 서민의 고단한 삶에 대한 깊이 있는 통찰로 당대 현실을 날카롭게 지적했다. 바로 그 당시 프랑스 사회를 풍자한 4000여 점의 석판화를 비롯한 방대한 작품들은 그가 살았던 시대의 생생한 증언이다.

그가 죽고 2년 뒤인 1881년 프랑스는 세계에서 맨처음 '표현의 자유에 관한 법'을 통과시켰다. 1789년 프랑스혁명 이후 입헌군주제, 공화정, 제정을 둘러싸고 일곱 번의 혁명과 반혁명이 되풀이되었다. 그 와중에 프랑스를 민주주의의 물결로 이끈 것은 표현의 자유였고, 그 중심에는 풍자가 있었다. 즉 프랑스 시사 풍자 만화의 밑바탕에는 표현·사상의 자유를 중요시하는 '자유주의 전통'이 깃들어 있는 것이다.

19세기 말, 프랑스에는 풍자 전문잡지들이 이미 수백 종에 달했다. 이 당시 사람들은 풍자 화가를 "집게 왕"이라고 불렀다. 어떠한 절대권력이든 풍자 화가에게는 금기가 없었다. 참고로 프랑스에서는 풍자화 밑에 들어가는 짧은 문구를 "레장드"(légende)라고 한다. 즉 단순한 그림 설명이 아니라, 이는 '전설'이며, '신화'임을 대변한다.

한편 최근 언론 매체들의 표현의 자유에 관해 프랑스 여론조사 기관 IFOP가 성인을 대상으로 설문조사를 실시한 결과, "표현의 자유가 있기 때문에 보도할 수 있다"라는 의견이 51퍼센트로서, "또 다른 긴장이 조성될 수 있는 만큼 보도하지 않았어야 한다"라는 의견 47퍼센트보다 약간 많았다.

### 프랑스인들의 낙천성

또 다른 프랑스인들의 낙천성, 쾌활한 면은 최근의 일간지 여론조사를 통해 알 수 있다. 프랑스인의 75퍼센트는 "현재의 내 삶은 바로 내가 꿈꾸던 삶"이라고 대답했다. 전 세계적인 경기침체 속에서 프랑스인의 이러한 낙천성은 나름대로 국가경제에 도움이 된다. 프랑스의 소비침체 양상이 이웃나라 독일, 영국보다 상대적으로 훨씬 덜하기 때문이다. 역시 프랑스인은 경제 시름을 문화를 즐기며 푼다. 그러한 예로 최근 경기침체 이전보다 영화 관람객이 20퍼센트가 더 늘어, 요즘 프랑스 영화관은 호황을 누리고 있다. 즉 프랑스의 극심한 불황에도 불구하고 영화관을 찾은 관람객은 1982년 이후, 최근 한 해 동안 가장 많은 2억 명을 훨씬 웃돌았다. 프랑스 인구가 약 6600만 명인 점을 감안하면, 1인당 4편 가깝게 영화를 본 셈이다.

## 프랑스인에 대한 결론

1789년 프랑스 대혁명 이후, 프랑스인의 정신적 토대에는 자유·평등·박애가 뿌리깊게 내려져 있다. 즉 프랑스의 엘리제(Élysée)궁[2], 시청, 구청, 경찰서, 학교, 도서관 등의 모든 공공건물에는 반드시 자유·평등·박애 이 세 단어가 새겨져 있다.

결론적으로 프랑스는 다양성(diversité)을 모토로 그들의 사회와 문화를 유지해왔기에 타 국가나 민족에 비해 인종차별이나 타 민족에 따른 거부감이 덜해 보다 쉽게 어울릴 수 있으며, 무엇보다 개개인의 자유로운 개성 추구로의 욕망은 그들 사회를 더욱 풍요롭고 창의적인 민족으로 발전시켰다. 요컨대 프랑스인들의 자유에 대한 생각은 거의 절대적이다. 프랑스 국민의 '자유에 대한 열망'이 바로 그들을 '유럽 최고의 창의적인 국민'으로 만들었고, 오늘날 그들의 자유에 대한 관념이 바로 '개인존중사상'과 '개인주의'를 꽃피우게 한 것이다.

---

2 프랑스 대통령의 관저인 엘리제궁은 '천국의 궁'이라는 의미다. 건물이 완공된 건 1722년인데, 1753년 루이 15세가 이 궁을 사들여 애첩 퐁파두르(Pompadour) 후작부인(1721~1764)에게 선물했다. 퐁파두르 부인은 부르주아 출신으로, 20대 초반부터 문학, 예술 살롱을 주관하면서 교양 있고 기품 있는 태도로, 상류사회의 주목을 받았다. 그녀는 프랑스 정치, 예술, 문화(와인·샴페인) 등 여러 분야에 걸쳐 관여했던 인물로, 문화예술 및 학문 애호가이자 후원자, 당대의 유행을 이끈 최고의 스타일리스트, 외교에도 영향력을 행사한 막후 실력자, 그리고 연극배우이자 제작자이기도 했다.
한편 이 건물이 현재처럼 대통령 관저로 사용된 것은 1848년 2월 혁명으로, 제2공화국이 수립된 뒤였다.

## 2
# 프랑스인의 생활상

프랑스인들, 특히 도시인 빠리지앵(parisien 빠리인)의 일상 생활모습은 한마디로 'métro-boulot-restau-dodo'라고 축약할 수 있다. 즉 빠리지앵은 빠리의 대중교통 수단인 지하철(métro)을 타고 일(boulot)하러 직장에 간 후, 직장 근처의 작은 식당(restaurant)에서 식사를 한다. 그런 다음 퇴근 후, 집에 돌아와 잠(dodo)이 드는 평범한 빠리인의 생활상을 요약한 표현이다.

### 종교관

프랑스는 전통적인 카톨릭교 국가다. 카톨릭교는 프랑스 사회 · 문화 · 생활 전반에 걸쳐 많은 영향을 미치고 있다. 또한 프랑스 국경일에는 전통적으로 내려오는 카톨릭과 연관된 종교적 휴일, 짧은 기간의 학교 방학(Pâques[빠끄] 2주간의 부활절 봄 방학, Toussaint[뚜쌩] 10일간의 만성절 가을 방학)이 많고, 결혼식 · 장례식 등은 다 교회에서 치러지며, 대부분의 아이들이 세례를 받는다. 일단 태어나면 99퍼센트가 천주교 영세를 받을 정도로 프랑스에서는 천주교가 바로 생활 그 자체다. 그러나 예전보다 15퍼센트 정도의 프랑스인들만이 규칙적으로 미사에 참석하는 등, 그 영향력은 다소 감소했다. 또한 카톨릭 환경에서 성장한 프랑스 여성들은 보수적이고 대단히 예의바르며, 게다가 자부심도 매우 강한 편이다.

아울러 프랑스 어느 도시를 방문하건 근접 거리 어디에서나 아주 많은 성당들을 발견할 수 있으며, 그 성당들은 언제나 문을 열어놓고 있다. 그러므로 누구나 성당에서 기도할 수 있고, 여행자는 지친 걸음을 쉬었다 갈 수도 있으며, 지친 영혼을 달래기 위해 앉아 있다 나올 수 있는 장소가 된다.

한편 카톨릭교 이외에 프랑스인들의 종교로는 이슬람교, 개신교, 유대교 등이 있다. 이슬람교는 프랑스에서 두 번째로 많은 신도를 거느린 종교다. 참고로 프랑스에서 태어나는 아이 25퍼센트는 이슬람교도 자녀인데, 이슬람에서의 자녀는 무조건 아버지의 종교를 따르게 되어 있다.

프랑스에서는 1906년에 제정된 '일요 영업 금지법', 즉 백 년도 훨씬 더 된 이 법률 때문에 샹젤리제 거리 등 일부 관광특구를 제외하고, 예전에는 대부분의 상점들이 일요일에 문을 닫았다. 카톨릭교 국가인 프랑스는 당시 "일요일에는 교회만 가고 무조건 쉬어라"라는 종교적 가르침을 따르겠다는 게 명분이었지만, 지금은 노동자에게 휴일에 쉴 권리를 보장하려는 측면이 강하다.

그렇지만 최근 프랑스 정부는 일요일에 썰렁한 빠리를 떠나 영국과 독일로 가려는 관광객이 많아지고 경기침체가 지속되자, 2015년 마크롱은 빠리에 한정해, 부분적으로 유통업체가 일요일에 문을 열 수 있게 한 법안을 통과시켰다. 당시 경제 장관이던 그의 이름을 따 '마크롱법'으로 불리는 이 법안으로 인해, 빠리의 유통업체들, 특히 각 백화점들이 이제는 2017년부터 일요 영업에 나서게 되었다. 유통업체의 일요 영업은 소비뿐 아니라, 일자리도 늘려 유통업체마다 최소 10퍼센트 이상 고용이 늘었을 것으로 전망한다.

반면 이웃나라 영국은 1994년부터 일요 영업을 허용했고, 독일은 제한적이긴 하지만 주 정부 재량에 따라 일요 영업이 가능하다.

## 가족구성

아침식사를 하는 프랑스인 가정

요즘 프랑스는 높은 출산율(2.02명)로, 한 가정당 보통 2~3명의 자녀가 있다. 특히 1세 미만의 유아 사망률은 세계에서 가장 낮은 비율이다. 특히 프랑스는 유치원 교육이 세계에서 가장 발달된 나라로, 아이가 만 3~6세 때까지 '어머니의 학교'라는 명칭을 가진 '에꼴 마떼르넬'(École maternelle)에서 무상교육을 받는다. 프랑스 어린이들은 부모에 의해 한 번 태어나고, "사회에 의해 다시 태어난다"라는 말이 있다.

프랑스 가정에서는 태어난 아이는 물론 아버지 성을 따르지만, 새로운 법안으로 어머니 성을 따르거나, 부모 각자 성을 조합해서 마음대로 따르게 되어 있다. 프랑스 남성들의 가사에 대한 참여가 많은 이유로는 여성의 사회활동 참여를 들 수 있다. 프랑스 여성들은 어렸을 때부터 가정 및 사회의 업무와 의사결정에서 남성과 동등한 대우를 받기를 원한다. 즉 여성들의 사회적 참여가 요즘 프랑스 가정의 가장 큰 특징적인 모습이라고 할 수 있다.

한편 프랑스 가정의 부모와 자녀는 수평적이고 독립적인 관계를 유지한다. 이는 '결코 무관심하다'라는 뜻은 아니며, 다만 자신의 삶을 스스로 책임지고 개척해 나갈 수 있도록 서로를 존중해준다. 이에 따라 프랑스 가정에서는 어린이에 대한 인격체로서의 존중하는 모습을 볼 수 있다.

프랑스에서는 부모와 아이의 소통을 중요시 여긴다. 즉 어린이들을 상대로 그들의 의견을 존중하며, 적극적으로 스스로 할 수 있도록 대화를 통해 그들의 자율성을 키워나가게 한다.

한편 어릴 때부터 대화를 통해 서로의 갈등을 풀어나가도록 교육을 하는 면은 프랑스에서의 토론이 전 국민적인 문화임을 알 수 있게 한다. 이처럼 왕성한 '토론 문화'가 바로 오늘의 프랑스 사회를 만든 기본 바탕이 된다.

**프랑스식 육아 훈육법**

프랑스 부모는 규제와 자율을 결정짓는 제한성을 두어 제한선 안에서는 엄격하지만, 제한선 밖에서는 자율을 인정하는 훈육법 속에 아이들의 자립심을 키운다. 한마디로 프랑스식 특별한 육아 훈육법은 '자율과 규제'의 공존 속에서, 자립심과 인내심이 강한 아이로 자라게 하는 데 있다. 아이들은 생활 속 훈육을 통해 인내와 절제의 기쁨을 자연스럽게 배우게 되는 것이다. 예컨대 프랑스에서는 자녀가 식사 도중 자리를 떠나려면 부모의 허락을 꼭 받아야 한다. 다시 말해 식사 자리를 지킨다는 것은 아이들에게 인내심을 기르게 하는 것이기도 하다.

따라서 프랑스에서는 아이들에게 가정에서나 학교에서나 어린 시절부터 배려심을 교육시켜, 바로 사회의 일원이 되는 법을 훈육시킨다. 즉 어른들은 아이의 눈 높이에서 소통하고, 아이가 스스로 할 수 있도록 기다려주는 것이다.

## 결혼 문화

관공서에서의 결혼식 모습

프랑스에서의 결혼 문화는 두 가지로 볼 수 있다. 먼저 교회나 성당에서 올리는 전통적인 결혼식이 있으며, 다른 하나는 시청이나 구청에서 올리는 결혼식이다. 보통 관공서에서 식을 올린 후, 교회나 성당에서 식을 올리는 것에서 요즘 프랑스 결혼 문화의 추세는 점점 교회의 예식을 생략하는 분위기로 변하고 있다.

한편 프랑스에서의 세금 혜택, 사회보장 혜택은 결혼 여부보다는 자녀 수가 많을 때 더 많이 받을 수 있게 되어 있다. 그래서 굳이 결혼이라는 형식과 절차를 취해야 할 필요를 느끼지 않고, '동거관계'를 많이 유지하는 것이 프랑스 결혼 문화의 또 다른 특징이다. 프랑스에서의 결혼율이 30년 전에 비해 1/3 가까이 떨어진 것에서 보면 잘 알 수 있다.

프랑스는 국가대리인인 시장, 구청장이 주례를 서는 결혼식만 법적 효력을 인정한다. 결혼식 사회는 구청 직원이 맡는다. 보통 프랑스인의 경우 70~80퍼센트가 자신이 거주하거나 태어난 지역의 시청이나 구청에서 결혼식을 올린다. 프랑스의 시청이나 구청에는 예식실이 따로 있으며 사용료는 무료로 이용하기 때문에, 호텔이나 전문 예식장이 필요없다.

구청장의 '결혼 선포' 후, 사회자는 증인서약서를 펼쳐놓고 양가 친지, 친구들로부터 서명을 받은 뒤, 신랑 신부에게도 결혼증명서에 서명하게 한다. 결혼 절차는 구청장이 결혼증명서에 확인 서명을 하는 것으로 최종 마무리된다. 결혼식에 걸린 시간은 총 20분 정도 소요된다. 결혼 절차가 끝나면 신랑 신부의 친지, 친구들은 먼저 구청 입구로 내려와 신랑과 신부에게 장미꽃잎과 쌀을 뿌리며 행복한 결혼생활을 기원한다. 이때 쌀은 다산과 건강을 기원하는 의미를 담고 있다.

즉 '시청 결혼식' 형태를 요약해보면, 신랑 신부는 신분 증명을 담당하는 공무원 앞에서 혼인 서약을 하고, 공무원은 혼인 선서와 연관된 민법 조항을 낭독하는 주례 역할을 맡는다. 서류 제출만으로 부부 관계를 인정받는 약식 제도도 있지만, 전통적인 프랑스 혼인 절차 과정은 생각보다 까다로운 편이다.

프랑스인의 결혼 비용 대부분은 댄스파티 형태의 피로연 비용이다. 대게 프랑스인들은 결혼식 당일 저녁 식당을 빌려 하객들에게 식사 대접을 한다. 초대되는 하객은 많아도 70~80명 정도로, 음식값과 술값을 다 포함하면 5000유로 정도의 비용이 든다. 이 피로연 비용이 부담스러운 서민층의 경우, 피로연 행사를 아예 생략하는 경우도 많다.

한편 신랑 신부는 생필품 위주로 선물 리스트를 만들어 백화점, 상점에 맡겨둔다. 그러면 하객들이 그 쇼핑상점에 들러 자기 형편에 맞는 선물을 골라 사면 상점 측이 신랑 신부에게 보내준다. 즉 프랑스에서는 대부분 축의금은 현금으로 받지 않고, 신접살림에 꼭 필요한 물건들을 선물 리스트로 만들어 돌리는 게 관행이다.

## 벼룩시장

### 프랑스 벼룩시장의 특징

프랑스인들의 근검절약은 여러 면에서 드러나며, 바로 프랑스인들의 일반적인 생활상이다. 빠리인들 대부분은 기능성을 강조한 검소한 옷차림이다. 오

서민적인 벼룩시장

래된 향수를 불러일으켜 과거의 이미지와 잘 어울리는 빠리를 제대로 즐기려면, 벼룩시장을 빼놓을 수 없다. 즉 프랑스인들의 생활상이나 서민적인 모습을 잘 이해하려면, 주로 주말 동네 곳곳에서 열리는 노천 벼룩시장(marché aux puces)에 꼭 가봐야 한다. 이곳은 다른 말로 '골동품 상점'을 뜻하는 "브로깡뜨"(brocante)라고 부르기도 한다.

'벼룩시장'이라는 말은 예전에 프랑스인들이 자신들이 입던 옷, 잡다한 물건 등을 내다 놓고 팔 때 물건들 사이로 벼룩들이 뛰어다녔다는 일화에서 생긴 말이다. 하지만 예전에 비해 시장의 규모가 커지면서 상설화되거나 일반 상인들이 자리 잡고 판매를 하는 공간으로 바뀌어가고 있는 추세다. 특히 관광객들이 많은 빠리는 점점 더 상업화되어 가고 있다.

이러한 벼룩시장에서는 프랑스인들의 소박한 생활과 그들의 삶, 서민적인 모습 등을 관찰할 수 있게 된다. 다양한 물건들이 있어 그냥 찾아가 구경해도 즐겁다. 다양한 물건들 중에는 매우 희귀하거나 또는 꾸밈이 없는, 아주 단순한 골동품들이 많다. 세월을 파는 벼룩시장에서는 원래 물건값 흥정을 할 수 있다. 진열된 물건들 중에서는 집에서 사용하거나 자신이 애장하던 물건들뿐 아니라 너무 기막히거나 신기한 물건들도 수두룩한데, 잘 고르면 쓸 만한 물건들도 찾을 수 있다. 벼룩시장은 아침 일찍 가야 좋은 물건을 만날 수 있다.

### 빠리의 대표적인 벼룩시장들

빠리의 벼룩시장으로는, 우선 지하철 4호선 북쪽 종점 끌리냥꾸흐(Ⓜ Porte de Clignancourt)가 있다. 끌리냥꾸흐 벼룩시장은 다른 말로 "쌩뚜앙 벼룩시장

(marché aux puces Saint-Ouen)"으로 불린다. 이 벼룩시장은 19세기부터 시작된 역사 깊은 곳으로, 세계에서 가장 큰 규모의 벼룩시장이다. 이곳에서는 디자인이 다양한 옷과 신발, 책, 골동품과 아프리카 토속품, 미술품, 가전제품, 앤티크 가구로 유명하다. 현지인이나 관광객들은 이곳으로 모여들어 프랑스 현지의 장식소품, 옛날 생활용품, 진귀하고 특이한 물건 등을 발견하게 된다.

또한 지하철 13호선이면서, 트램 3호선 남쪽 방브(Ⓜ Porte de Vanves) 벼룩시장이 있다. 희귀하고 오래된 골동품을 파는 이곳은 100년 전의 잡지나 신문, 사진, 책, 예술작품 등이 가득한 소규모의 벼룩시장이다. 이곳에서는 중고가구나 품질 좋은 골동품, 찻잔이나 그릇 같은 프랑스 가정의 생활용품, 의상 관련 소품, 액자, 레코드판, 장식품, 레이스나 중고책 등을 많이 발견할 수 있다.

**프랑스 벼룩시장의 또 다른 모습들**

쎄느강변 북쪽 '중고책 가판대'

노천 벼룩시장과 더불어, 빠리의 쎄느강변 북쪽에는 가지각색의 중고책과 중고그림, 다양한 종류의 벽보, 포스터, 판화, 사진복제판 등의 수집품을 파는 가판대들이 죽 늘어서 있어, 많은 이들이 쎄느강변을 걸으며 한번쯤 시선을 주게 된다. 한편 이러한 쎄느강변의 고본 장수들을 가리켜 "부끼니스뜨"(bouquiniste)라고 부른다. 이곳에서는 이미 16세기부터 헌 책을 팔기 시작했다고 하며, 이 고본들은 값도 저렴한 편이다.

프랑스에는 중고품 전문시장이 널리 저변화되어 있다. 재고상품 전문 판매장 '노즈'(Noz)는 "프랑스 서민층의 까르푸"로 불리우는 '재고품 전문 유통업체'를 가리킨다. 유럽에서도 프랑스에만 있는 이 유통업체의 전략은 세계 각국의 기업들로부터 재고상품들만 구입해서 소비자들에게 정상가격보다 40~50퍼센트 싸게 파는 독특한 기업이다. 재고품이라고 해서 하자가 있거나 상품 품질이 떨어지는 것도 아니다.

제2부

# 프랑스 사회

1. 인구분포
2. 노동
3. 사회보장제도

# 1
# 인구분포

프랑스 인구 분포의 주요 특징으로는 먼저 역사적으로 볼 때, 오늘날 프랑스인의 3분의 1은 그 조상이 이민 온 사람들이다. 이와 더불어 빠리를 포함한 수도권 지역에는 인구의 집중화 현상과 함께, 도시 인구의 증가 추세를 보이고 있다.

## 도시 인구 증가

오늘날 프랑스에서도 다른 산업국가와 마찬가지로, 도시에 인구가 집중되고 편중된 현상이 뚜렷하다. 즉 도시에 인구의 극심한 집중 현상과 함께 상대적으로 지방에는 인구의 공백화 현상이 드러난다. 특히 프랑스에서는 빠리를 중심으로 한, '일 드 프랑스'(île de France) 수도권 지역의 인구 밀도가 제일 높다.

한편 프랑스는 여성 인구가 더 많은 편이며, 특히 빠리는 여권이 강한 도시로 알려져 있다. 대부분의 프랑스 지방 도시는 인구 수도 적고, 도시의 크기도 작아서 2시간 정도 걸어다니다 보면, 그 도시의 전체 모습을 거의 다 파악할 수 있다. 또한 프랑스 각 지방 도시들은 도시 가운데 시내 중심의 구도심과 그 주변을 둘러싸고 형성된 신시가지로 나뉘어진다. 아울러 프랑스는 각 도시별로 제일 아름다운 건물을 시청으로 지정해 놓음을 알 수 있다.

## 외국인

다양한 인종의 프랑스 어린이들

과거 프랑스는 유럽에서 오랫동안 과밀국가 가운데 하나였다. 산업화된 모든 국가에 영향을 미쳤지만, 프랑스는 이후 출산율 감소 현상을 겪게 된다. 즉 프랑스는 18세기 말을 시작으로 제1차 세계대전 이후, 약 150만 명을 잃게 된다. 이 시기에 프랑스에서는 세계적으로 유일한 경우인, 출산율이 사망률보다 훨씬 낮은 현상까지 벌어졌다. 당시 낙태는 '국가에 대한 범죄'로 처벌받았고, 이런 인구의 결함을 보충하기 위해, 외국 이민자들에게 문을 개방했다. 1920년 미국처럼 세계 제일의 이민국이 되었던 프랑스는 수백만 명의 폴란드·러시아·벨기에·이탈리아·스페인 사람들이 몰려와 프랑스의 광산이나 항구·산업 도시에서 노동을 했다. 또한 1960~70년대에 전후 복구와 경제 재건 때문에 프랑스는 마그레브 지역(알제리·모로코·튀니지)에서 많은 이주 노동자들을 받아들였다.

현재 프랑스 내 무슬림(이슬람 신자)들은 전체 인구의 약 9퍼센트인 600만 명에 달하는 것으로 추정된다. 이는 유럽 국가 중 무슬림 비중이 가장 높은 비율이다. 이에 따라 프랑스에서의 인종·종교 간 갈등이 이미 위험 수위에 도달했다는 지적 또한 끊이지 않는다.

현재 프랑스에서 태어나는 신생아 중 약 25퍼센트는 무슬림 자녀다. 무슬림 대부분은 과거 프랑스 식민지였다가 무장 투쟁을 거쳐 독립한 알제리·튀니지·모로코 등 북아프리카와 아랍 지역에서 건너온 이민자 및 후손들이다. 그러나 프랑스 무슬림 대부분은 주류 사회에 편입되지 못한 채 빈곤층을 벗어나지 못해 반(反)정부 정서가 강한 편이다. 한편 일부 가정과 학교에서는 여성의 복식이나 교육 등의 문제로 프랑스 사회와 갈등을 빚기도 한다. 또한 프랑스에는 유럽에서 가장 많은 약 70만 명의 유대교도들이 살고 있다. 그들이 지닌 미디어를 비롯한 사회·정치적 영향력은 결코 적지 않다.

프랑스에는 20~40만 명의 불법 이민자들이 있다. 유럽 국가들 중 비교적 이민에 대해서 관용적이었던 프랑스가 2005년 11월 이슬람 및 아프리카 이민 2세의 소요사태 이후, 이를 사회불안 요소로 작용한다는 우려로 이민을 억제하고 규제하는 방향으로 돌아섰다. 따라서 프랑스 이민정책이 강화되어, 현재 프랑스에 오는 합법적 이민자는 1년에 200만 명 정도다.

현재 프랑스 전체 인구의 약 7퍼센트를 차지할 정도로 프랑스에는 외국인들이 많이 살고 있다. 특히 빠리에는 순 토박이 빠리인은 드물고, 지방에서 온 프랑스인이나 아랍인을 포함해 아프리카인, 중국인, 인도차이나 3개국(캄보디아·베트남·라오스)에서 온 사람들, 미국인 등 외국인들이 많다. 즉 빠리 유동인구의 80퍼센트 정도가 외국인이며, 예전 싸르코지 대통령도 헝가리 이민자 2세다.

예전에 "누가 진짜 프랑스인인가"를 조사한 적이 있었는데, 그 당시 정통 프랑스인 기준은 조부모님과 부모님, 자녀, 즉 3대가 모두 프랑스인인 경우를 의미했다. 그런데 이 기준에 맞는 프랑스인들은 겨우 20퍼센트 정도였다고 한다. 이렇듯 프랑스는 아주 오래전부터 침략과 이주 등을 겪으며 다양한 민족들이 복합적으로 구성되었다.

### 종교적 상징물 착용 금지법

프랑스는 2004년 9월부터 전국의 모든 학교 등 공공장소에서 종교적 상징물의 착용을 금지하는 법안을 가결했다. 예컨대 이슬람권 여성들이 얼굴만 내놓은 채, 머리와 목을 가리는 '히잡'(hijab)이나, 역시 시크교도들이 머리 위쪽에 둘러감은 큰 역삼각형에 가까운 천 '터번'(turban), 하나님을 경외하는 마음으로 머리를 가리기 위해 유대인들이 쓰는 검은 모자 '키파'(kippa) 등도 이에 포함된다.

또한 2011년 4월 이슬람 여성이 온몸을 가리기 위해 입는 전통 복장 '부르카'(burka)의 착용금지법도 입법화되었다. 부르카는 가장 극단적으로 신체를 가리는 옷으로, 프랑스에서는 부르카를 착용한 채 거리에 나설 경우 벌금이 부과된다. 이러한 부르카 착용 금지 법안은 옆 나라 독일, 벨기에, 네덜란드, 스페인, 이탈리아, 오스트리아, 덴마크, 불가리아 등 전 유럽으로 확산되고 있다.

이 국가들은 부르카가 사회 통합을 막는다고 주장한다. 이렇듯 부르카 착용 금지국이 늘어나고 있지만, 부르카가 개인의 종교 자유인지, 사회 부조화의 상징인지 논란은 계속될 것으로 보인다.

한편 프랑스의 현재 경제 상황이 부르카를 벗기고 있다. 프랑스는 부르카를 착용하는 것은 남녀평등에 어긋난다고 간주하며, 베일을 쓴 여성에게는 거부감이 발생할 뿐 아니라 다른 사람들과 화합하는 데 장애가 되고, 거리감을 느낄 수 있다고 규정하고 있다. 따라서 이러한 법안 때문에 프랑스에서는 무슬림들의 항의와 시위가 잇따르고 있다.

# 2
# 노동

프랑스는 전통적으로 영미권보다 규제도 많고, 새로운 산업의 도입 속도가 느린 나라다. 아울러 프랑스의 경제정책은 “국가 관리형 자본주의 체제”로 불리기도 하는 정부주도식 경향이 강하다. 이러한 프랑스 모델의 뿌리는 루이 14세 당시 재경부 장관이었던 꼴베르(Colbert)의 '공업적 중상주의 정책'으로까지 거슬러 올라간다. 요컨대 프랑스는 국내 산업정책에 대해 오랜 '국가 개입주의' 전통이 이어져 내려왔다.

이렇듯 프랑스의 산업정책이 지나치게 보호주의적이라 공정경쟁을 해친다는 비판이 많았다. 지난 반세기 동안 신생기업이 대기업으로 성장한 사례도 없으며, 최근 프랑스에서는 글로벌 시장에 이름을 알린 신생 기업이 나오지 못했다. 즉 전체적으로 산업의 성장동력이 약하고, 경제 활력이 떨어진다는 게 프랑스의 고민이다. 예컨대 빠리 시내의 택시는 1만 5300대를 넘지 못한다는 식의 정부간섭과 규제가 심한 탓이다.

프랑스의 고속기차 '떼제베'

참고로 프랑스 노동법에 따라 50인 이상 모든 기업들은 의무적으로 3개의 근로자 조직을 설치해야 한다. 이때 기업들은 노조와도 힘든 협상을 해야 하는데, 그러다 보니 직원 50명은 프랑스 기업에 '마의 장벽'으로 작용한다. 즉 종업원 수가 50명이 넘는 회사로 키우지 않으려는 것이다. 프랑스에서 49인 이하 기업 숫자가 전체의 97퍼센트나 될 정도로 압도적 비율을 차지하는 이유다.

## 퇴직연금제 & 주 노동시간

### 퇴직연금제

프랑스는 현재 민간 기업과 공기업의 법적 정년이 62세로 규정되어 있으며, 이웃 다른 유럽 국가들보다 빨리 퇴직하는 편이다. 참고로 독일, 덴마크, 아이슬란드, 노르웨이 등에서는 정년을 67세로 규정했다. 한편 이웃나라 영국은 정년퇴직제를 폐지해 65세 이상 고용률이 늘어났다. 즉 영국은 2011년 연령 차별을 방지하는 차원에서 이를 없앴다. 정년퇴직은 경찰과 같은 직업 특성상 특정 직업군에서만 허용될 뿐이다.

프랑스에서는 최저생계비용을 보장하는 법으로 정한 연금을 준다. 즉 '최저연금제도'를 실시하고 있으며, 그 형태는 '세대연대시스템'이다. 즉 현재의 경제활동 인구가 버는 돈에서 일정액을 원천징수해 퇴직자에게 지급하는 식으로 운영된다. 즉 지금 내가 버는 돈의 일부를 내 윗세대에게 연금으로 지급하고, 내가 은퇴했을 때는 경제활동 인구인 아랫세대에게서 연금을 받아가는 방식이다. 말하자면 '세대 간 연대 정신'에 기반한 제도다.

참고로 '평등의 나라' 프랑스는 잘 살고, 지위가 높고, 봉급이 많을수록 아주 높은 세금을 낸다. 그 대신 사회 보장 제도, 연금제도가 잘 발달되어 있기 때문에 학교 등록금이나 병원비 등 갑자기 크게 목돈이 들어갈 경우가 별로 없다.

### 주 노동시간

프랑스는 과거 2000년 1월부터 리오넬 죠스뺑(Lionel Jospin) 예전 총리의 좌파(사회당) 정권 당시 실업률을 낮추기 위해, 주당 35시간 근무제(법정근로시간)를 도입했다. 2000년 당시 유럽연합에서 유일하게 35시간 근무제를 법으로 규정했다. 이러한 프랑스의 주 35시간 근무제는 OECD 국가들 중에 근로시간이 제일 짧은 것이다. 그 당시 근로시간을 줄이면 일자리가 늘어날 것이라는 판단이었다(프랑스의 직장인은 기본적으로 병가, 휴가를 써가며 1년에 2개월 가까이 일을 쉴 수 있다).

그런데 특히 프랑스 공무원들 중 약 3분의 1은 주 35시간을 채우지 않는 것으로 나타났다. 이들은 사적인 이유로 '추가 유급휴가'를 남발하고 있기 때문이다. 프랑스 공무원들은 주 35시간 일하고 연 5주의 유급휴가를 보장받는데, 지자체장들이 '추가 유급휴가'를 남발한 탓에 이에 못 미치는 것이다.

한편 노동시간을 단축했던 프랑스는 현재 생산성 향상을 위해 노동시간을 다시 연장하고 있는 추세다. 프랑스는 노동시간 단축만으로는 경기침체를 살릴 수 없다는 한계에 부딪혀, 노동시간을 다시 연장하는 방향으로 나아가고 있다. 프랑스의 노동시간은 현재 유럽연합 내에서 가장 낮은 수준을 기록하고 있다. 프랑스 정부는 노동시간 단축이 오히려 실업률 상승, 노동비용 증가, 생산성 하락으로 이어져 경기침체의 주요 원인으로 작용했다고 지적했다. 즉 노동시간의 단축은 일의 능률을 저하시키고, 경제성장 둔화를 가져왔다. 이러한 노동생산성 하락은 제조업 경쟁력을 약화시켜 수출에도 악영향을 주게 되었다. 아울러 단축근무제도가 오히려 프랑스 기업들을 궁지에 몰아넣고 있어, 이로 인해 프랑스 기업들은 공장을 해외로 이전하거나 자동화 시설을 도입하기에 이르렀다.

이에 따라 최근 프랑스 의회는 노동시간을 연장하는 법안을 승인, '주

35시간 근무제'를 사실상 폐지했다. 즉 회사에 따라 기존 주 35시간 노동에서 탄력적·유동적으로 근로시간을 자율 조절하고, 업무에 탄력성을 부여하고 있다.[1] 현재 프랑스는 주 35시간 초과 근무를 장려하고 있는데, 주 35시간 초과 근무를 할 경우에는 추가 수당이 지급되며, 기업에도 사회보장부담금을 깎아준다.

현재 프랑스 정부는 근로시간을 늘리기 위한 다양한 방안을 추진하고 있다. 즉 근로시간이 길수록 퇴직금 적립 비율을 높이고, 소득세를 줄여주는 대신 기준 근로시간을 늘리는 방안도 검토하고 있다.

## 프랑스의 최근 노동시장

과거 "세계화"로 불리는 영미식 신자유주의를 거부하고, 고비용 노동과 높은 수준의 복지 모델을 자랑하던 프랑스는 우선 각종 복지 및 정년 보장, 월급 및 연금 혜택의 측면에서 '철밥통' 공기업은 민간 기업보다 유리하다. 즉 현재 프랑스의 노동시장은 비대한 공무원 조직과 과도한 복지제도, 기업가 정신의 부재, 높은 세율 등을 개혁하지 않아 악화된 '프랑스 병'을 개선하고자 한다.

극도로 중앙집권화된 프랑스는 공무원 숫자가 약 566만 명이나 된다. 이러한 프랑스 공무원 조직은 노동인구의 약 20퍼센트를 차지할 정도로 거대해

1 요즘 프랑스는 회사와 근로자 간의 선택 폭을 넓히는 '유연한 근로시간 정책'에 심혈을 기울이고 있다. 특히 중소기업과 스타트업의 비용 부담을 줄여주는 데 집중하고 있다. 최근 근로자 50명 미만 기업은 근로시간을 사내 노조가 아닌, 근로자들이 자율적으로 선발한 대표가 협상해 결정할 수 있도록 했다. 소수가 좌지우지하는 노조의 영향력을 줄이기 위한 조치다. 특히 20명 미만의 기업은 근로자 각자가 회사측과 협상해 결정이 가능하도록 했다. 한편 '주 35시간'의 프랑스는 스타트업과 50인 미만의 중소기업에는 최대 60시간까지 일하는 게 가능하다.

개혁 방안이 잘 효과를 거두어들이지 못한다. 프랑스 사회에서는 공무원들의 태업 문화[2]에 대해 불만이 많지만, 이들 거대한 공무원 조직을 유지하기 위해 GDP 대비 세금 비율이 46.2퍼센트로, OECD 국가 중 1위다. 프랑스 공무원들은 고용 안정성, 10퍼센트 더 많은 연금 혜택, 여유 있는 근무 시간, 높은 봉급을 받지만, 툭하면 정년 단축을 요구하며 시위를 벌인다. 일찍 퇴직해 풍족한 연금을 받으며 제2의 인생을 즐기겠다는 것이다.

프랑스에서는 혁명과 세계대전을 거치면서 사회주의 영향이 커졌다. 즉 규제를 만들고, 노동자 보호를 우선시하는 주장이 박수를 더 받았다. 언제든 해고가 가능한 영미식 고용시장과 달리, 프랑스는 갖가지 고용보장 장치가 되어 있다. 이는 바로 프랑스 노동시장을 이중 구조로 만들어 버렸다.

일단 노동시장에 진입한 근로자들에게는 '철밥통'이 보장되지만, 젊은이나 비숙련 근로자 등 신규 취업자에게는 취업의 기회가 극히 제한되는 것이다. 프랑스 노동시장의 특징은 노조의 기득권 보호와 이에 따른 경직된 고용제도, 이를 피하기 위한 기업의 해외 탈출, 저성장에 따른 일자리 축소와 청년 실업률(25퍼센트) 악화 등이 특이할 만한 사항이다. 특히 아랍인들이 많이 사는 빠리 근교 북·동쪽 저소득 이민자들의 거주 지역은 청년 실업률이 40퍼센트를 웃돌고 있으며, 현재 프랑스의 전체 실업률은 9.3퍼센트 정도다(영국은 약 4퍼센트, 독일은 3.4퍼센트 정도이며, 유럽연합 평균은 8.3퍼센트 수준). 게다가 각종 노동 관련 규제도 첩첩하다. 해고도 힘들고 규제도 많아 기업들이 채용을 꺼리는 것이다.

프랑스 노동시장의 문화적 요인으로는 근로자들의 파워가 세, 경영상의 긴급한 이유라 해도 해고가 사실상 어렵다. 영미식 자본주의 문화권의 근로

---

2 민원인을 대하다가도 전화가 걸려오면 마냥 사적인 전화를 하고, 퇴근시간은 칼같이 지키는 등 바로 이런 데서 그 사례를 찾아볼 수 있다.

자들은 해고에 익숙하지만, 프랑스인들은 노동권 침해에 대한 내성(耐性)이 매우 약하다.

### 프랑스 노동 시장의 모습

프랑스는 인건비가 비싼 나라다. 프랑스를 포함한 유럽은 많은 부분에서 수요자 위주가 아닌 공급자 위주의 시장이 형성되어 있다. 따라서 경쟁이 제한적이고, 가격이 높게 책정되어 있다. 남들 쉴 때 일하면 평소보다 훨씬 많은 근무수당을 지불해야 한다. 초과비용은 곧 소비자가격에 반영된다.

프랑스 노동 시장의 인건비가 비싸고, 해고가 힘든 모습은 다음의 몇몇 경우들에서 보여진다.

a. 휴일에 열쇠공을 부르면, 평일에 50유로이던 것이 일요일에는 100유로를 줘야 한다.
b. 프랑스 개업의는 대부분 의사 혼자서 간호사와 사무직원 역할까지 모두 한다. 인건비가 비싸고, 사람을 한 번 고용하면 해고가 힘든 프랑스에서 의사가 사람을 채용하기가 무척 부담스럽기 때문이다.
c, 프랑스에서는 아기를 돌보는 보모도 바로 해고할 수 없으며, 3개월 전에 등기 우편으로 해당 기관에 통보해야 한다.

## 최근의 노동 정책사항

'평등과 분배의 나라' 프랑스는 사회적 약자에 많은 배려를 해준다. 결론적으로 이러한 프랑스의 노동환경은 신자유주의 시대 도래와 국가 경쟁력 재고 차원에서 현재 큰 도전을 받고 있다. 또한 그동안 기득권을 누려온 노조는 기업중심의 노동환경을 추진하고 있는 실정이다. 따라서 프랑스는 최근 고질적인 저성장과 고실업을 해결하기 위해, 복지 축소와 함께 좀 더 일을 많이 하는 프랑스를 만드는 데 주력하고 있다.

새로운 노동 개혁안의 핵심은 '공무원·공공기관 등의 비대한 공공 부문 축소'에 있다. 몇몇 주요 사항들을 보자면 친기업 정책, 법인세 인하, 기업 규제 완화, 노동 유연화, 초과 노동의 추가 수당 삭감, 노동시간 연장, 쉬운 해고, 투자 진작, 긴축 재정, 직업훈련 강화, 주택보조금과 노년연금 축소, 공공부문 일자리 12만 개 축소, 느슨한 행정처리 방지를 위한 공무원 성과평가제 도입 등이 그 대표적 사례다.

특히 프랑스 정부는 이러한 노동 정책을 토대로, 최근 15만 명의 SNCF(프랑스 국영철도공사) 철도 노조원을 개혁 대상으로 종신 고용을 폐지하고, 갖가지 복리후생을 줄였다. 요컨대 노동계의 힘이 강하고, 정규직 근로자의 지위가 철저히 보장된 노동시장의 문제를 타파하기 위해, 프랑스 정부는 노동단체와 정규직의 기득권을 깨뜨리는 노동 개혁에 심혈을 쏟고 있다.

## 3
# 사회보장제도

> 프랑스는 "누구나 보다 평등하고, 보다 균등한 기회를 조건 없이 받아야 한다"라고 생각하기에, 프랑스 정부의 사회복지 지원은 놀라울 정도로 섬세한 면이 있다. 이러한 프랑스의 가족수당 정책은 임신했을 때부터 자녀가 성인으로 독립할 때까지 지원하는 형태로 되어 있다. 특히 저소득층을 더 보호하는 정책이라, 취약계층에 대한 사회보장적인 성격이 강하다.
>
> 한편 프랑스에 사는 유학생, 어학연수생, 이민자들도 내국인과 똑같은 사회보장의 혜택과 가족수당, 주거수당 등 여러 수당들을 받는다. 수입이 없는 학생일수록 프랑스에서는 세금이나 사회보장비는 거의 안 내고, 누리는 복지 혜택은 훨씬 크다. 외국인 유학생도 집세 일부를 보조해주는 주택수당이 나오고, 아이를 낳으면 육아수당도 프랑스인과 똑같이 받는다. 또한 탁아소나 유치원에 무료로 보육과 교육을 맡길 수 있다. 이렇듯 외국인에게도 내국인과 똑같이 후한 복지 혜택을 준다.

프랑스는 세계에서 사회보장제도가 가장 먼저 발달한 나라다. 국민 개개인은 매우 검소하며 절약하는 습관을 가졌으며, 프랑스 가정의 저축률은 매우 높다. 퇴직한 노인들에게 혜택을 주며, 실업자들에게는 취직할 때까지 실업수당을 준다. 해직 후 2년간 월 60퍼센트에 해당하는 실업수당을 받는데, 프랑스에서는 실업자들에게 취업지원과 직업훈련을 제공해준다. 이러한 수당, 연금제도는 문화적 배경·국민성으로 볼 때, 프랑스 3대 혁명 정신 중에 '평등'에 기초함을 알 수 있다.

## 알로까씨옹(Allocation)

### 급여·수당 제도 알로까씨옹(Allocation)

'급여·수당 제도'를 의미하는 알로까씨옹은 바로 프랑스 사회보장제도를 대표한다. 프랑스에 공부하러온 1년 이상의 장기 유학생이나 어학 연수생이 일정한 서류(여러 종류의 서류들이 필요함)를 갖추어 정해진 사무국에 제출하면, 여권에 체류증 도장을 받고 정부로부터 알로까씨옹을 받는다. 매달 약 16~23만 원 정도의 학비 보조금(집세 보조의 성격을 띈 주거비 보조금)을 받는다. 이는 매년 일정한 서류를 갖추어 체류증을 갱신해야, 계속 알로까씨옹을 받을 수 있다.

### 프랑스 사회를 이해하는 표현

싸데빵(Ça dépend)은 '경우에 따라 달라질 수 있다'라는 표현으로 프랑스가 모든 것을 일률적으로 간주하지 않고, 개개인의 상황과 개성, 특수성을 인정하고 있음을 알 수 있다. 요컨대 상황에 따라 달리 행해질 수 있는, 탄력 있고 융통성 있는 대처 방식을 가리킨다. 싸데빵은 바로 프랑스의 모든 사회적 현상이며, 이는 프랑스인의 다양성·개방성·포용성·융통성 등 프랑스인의 사고방식을 말해준다. 이러한 점은 프랑스가 다양한 민족이 모여 형성된 나라로,

**싸데빵 현상의 예**

프랑스 사회 전반에 드러난 싸데빵 현상의 한 예로, 프랑스 학교에서는 무상 급식은 있지만 '일률적인 무상'은 없다. 무상 급식은 철저한 소득조사에 기초해, 서민층 자녀에게만 제한적으로 제공된다. 프랑스에서는 무상 급식 자격에 대한 심사와 집행 절차를 이원화해, 학교 교사와 아이들이 누가 점심값을 얼마 내는지 모르게 한다. 현재 프랑스의 학부모들이 자녀의 점심값으로 한 끼 평균 내는 돈은 한화로 약 5700원 정도다. 하지만 학부모가 부담하는 점심값은 실제 원가의 절반 이하로, 나머지는 지자체가 예산으로 보조한다.

따라서 프랑스의 경우 부모 소득 수준뿐 아니라 지방자치단체의 재정상황에 따라서도 점심값이 달라진다. 재정 사정이 좋은 지자체에서는 한 번 책정한 점심값의 등급을 1년 내내 적용하지만, 형편이 어려운 지자체는 가장의 취업 등으로 살림살이가 나아지면 즉시 '무상 등급'을 박탈한다.

프랑스에서는 모든 초중고 학생들이 학교급식을 이용하지는 않는다. 초등학교 2명 중 1명, 중고생의 3명 중 1명은 점심시간 때 집에 가서 밥을 먹고 온다. 학교 급식을 먹을지 말지, 어느 정도의 돈을 부담할지가 모두 학생과 학부모의 선택사항인 셈이다.

함께 살아가면서 뿌리 깊게 터득한 점이다. 즉 그들은 여러 개성과 특징들을 가지고 있으며, 그러한 점들을 인정하고 있는 것이다.

## 육아

프랑스는 저출산 극복에 성공한 대표적인 유럽 국가다. 20세기 초부터 저출산을 고민한 프랑스는 제1차 세계대전으로 인구가 급감했는데도 여성들이 아이 낳기를 꺼리는 '출산 파업'이 사회적 현상으로 등장했다. 따라서 프랑스에는 1932년 '가족수당법'이 생겼고, 1939년부터 초산에 대한 특별수당을 지급했다. 즉 프랑스는 1930년대부터 아이 부모들에게 감세 혜택과 보조금 정책을 유지해왔다. 프랑스는 이러한 '지속적 정책'에 대한 국민의 신뢰도가 상당히 높은 편이다.

한편 프랑스는 1994년 출산율(1.66명)이 최저로 떨어진 이후, 적극적인 출산·육아 지원정책을 통해 최근 합계출산율이 2.02명까지 높이는 데 성공했다. 이는 유럽에서 최고의 출산율이다(참고로 유럽연합 평균 출산율은 1.52명). 아이가 셋 이상인 가정도 100만 가구(전체 약 2668만 가구)가 넘는다.

프랑스는 육아를 개인의 문제로 보지 않고 국가문제(미래를 위한 투자)로 간주하고, 정부가 출산 붐을 주도한다. 즉 "육아 비용을 국가와 부모가 함께 부담하며, 같이 키운다"라는 생각을 지니고 있다. 1990년대 이후, 프랑스 정부가 꾸준하고도 강력하게 추진한 출산장려 정책의 초점은 경제적 지원 못지않게 여성의 사회활동에 대한 배려로, 출산·육아 여성의 '일과 육아의 양립' 지원에 맞춰져 있다. 25~49세 프랑스 여성들 중 84퍼센트가 직장을 갖고 있고, 그중 3분의 2가 자녀 2명을 키운다. 프랑스는 법적으로 기업체에서 50퍼센트를 여성 인력으로 고용해야 하는 법안이 제정되어 있다.[3]

증가추세의 프랑스 출산율

한편 개인주의가 발달한 프랑스에서는 해마다 결혼 건수는 줄어들고, 특히 빠리는 한 집 건너 독신 가구가 있다. 프랑스 전국의

3 아울러 프랑스는 성별에 따른 임금 차이 금지법을 1973년부터 시행하고 있으며, 앞으로 여직원에게 부당하게 임금을 적게 주는 기업에는 최대 총 임금의 1퍼센트에 해당하는 과태료를 물릴 예정이다.

1인 가구 비율은 세 집 중에 한 집꼴(32.6퍼센트)이다. 프랑스는 유럽의 국가들 중에서, 결혼을 가장 적게 하는 국가 중의 하나다. 현재 프랑스의 신생아 83만 4000여 명의 아이들(프랑스 신생아 중 25퍼센트는 이민자 2세 가정) 중에 59퍼센트가 법적 결혼을 하지 않은 커플(동거 관계) 사이에서 태어난다. 즉 프랑스의 경우, 10명이 태어나면 법률상 부부관계가 아닌 남녀 사이에서 태어나는 아이의 비율이 약 6명에 달한다.

동거 관계의 이들은 서로를 "파트너"라고 부른다. 1970년대 말부터 급속도로 확산된 동거의 주된 원인으로는, '결혼'이라는 전통관습에 대한 반발과 경제적인 독립에 대한 욕구에 기인한다. 동거 커플에 대한 국가의 법적인 보호 및 동등한 경제적 지원은 출산율 증가에 커다란 영향을 미쳤다.

### 시민연대계약(PACS)제도

프랑스는 세계에서 가장 빠른 속도로 전통적 의미의 가정이 해체되는 나라다. 1999년 리오넬 죠스뺑 정부에서 통과된 법안인 '시민연대계약'(PACS 팍스)제도에 의해 결혼 이외의 동반 관계를 합법화해 동거 커플도 결혼에 준하는 각종 사회적 권리(육아·교육 지원)를 인정했다. 이는 결혼과 단순 동거의 중간 형태로, 동거를 많이 하는 프랑스만의 특수한 사회 현상을 고려한 제도다.[4]

즉 PACS는 동거를 했다는 사실만 증명할 수 있다면 신청할 수 있는 제도로서, 결혼식을 올린 부부와 같은 동등한 지원, 즉 법적인 보호와 복지 혜택을 받을 수 있다. 법원에서 2명의 증인이 참석한 가운데, 시민유대계약서에 서명만 하면 두 사람은 재산권도 공유하고, 등록 후 3년이 지나면 배우자 관계

4 프랑스에서 법적 커플은 결혼한 부부, 단순 동거, PACS 커플로 나뉜다. 따라서 동거나 PACS 커플은 정식 부부가 되려는 준비 단계가 아니라, 그 자체로 가족 형태다. 국가 통계도 셋을 따로 분류한다. 이러한 정부 보조금, 세금 혜택뿐 아니라, 2006년에는 혼외 출생아가 어떤 경우에도 신분상 차별을 받지 않도록 프랑스 정부는 가족관계법을 개정했다.

를 법적으로 인정받는다. 또한 결혼한 부부와 같은 세제, 사회보장 혜택도 받을 수 있다. 즉 재산과 관련해 결혼한 부부와 같은 체제를 따른다. PACS의 또 다른 특징은 결혼과 달리 계약을 맺고 해지할 때 법적으로 기록이 전혀 남지 않는다. 한편 PACS로 사는 동거 커플이 정식 결혼으로 이어지는 경우가 많기 때문에, 결국에는 PACS가 결혼 장려정책으로 작동하고 있는 셈이다.

반면 한쪽이 결별을 원할 때는 통보 후 3개월이면 관계가 청산된다. 원래 PACS는 동성 커플의 권익을 보장해주기 위한 제도였는데, 이성 커플에까지 확대시켰다. 따라서 프랑스에서는 이혼하고 혼자 아이를 키우는 편부모, 동거 커플 사이에서 태어난 혼외 자녀들도 갖가지 수당을 받는다. 지금까지의 계약자들 중에서 계약을 해지한 경우는 약 12퍼센트 정도다. 동성 커플의 경우 40퍼센트가 PACS에 가입되어 있는데, 참고로 프랑스는 전 세계에서 처음으로 동성애를 개인의 취향으로 인정한 나라다. 일찍이 프랑스 혁명이 한창이던 1791년 동성애 처벌법을 없앴다.

**시민연대계약 PACS(Pacte civil de solidarité)**

| 적용 범위 | 동성끼리·이성끼리 다 해당 |
|---|---|
| 권리보장 범위 | 유산·재산 다 인정 |
| 사회보장 | O |
| 세제(세금) 혜택 | O |
| 입양 | X |

### 육아와 관련된 다양한 수당제도와 혜택들

프랑스는 부부의 소득과 자녀 수에 따라 육아·교육 수당, 각종 복지 혜택을 지급한다. 즉 프랑스에서의 세금 혜택, 사회보장 혜택은 결혼 여부보다는 자녀 수가 많을 때 더 많이 받을 수 있게 되어 있다. 한편 프랑스에서는 임신에서 육아에 이르기까지 각종 수당만 30여 개가 될 정도로 구체적이고 세심한 배려와 혜택이 있다.

a. 사회보장제도가 잘 발달되어 있어 자국 프랑스인들 뿐 아니라 프랑스에 유학온 외국 유학생 부부가 아기를 낳아도 육아수당 알로까씨옹, 즉 '신생아 환영수당'을 지원한다(프랑스는 속지주의 국가). 즉 신생아 환영수당(기초수당)을 연평균 소득에 따라 3년 동안 약 31만 원씩 매달 지원한다. 이때 수당 자격은 부양자의 연평균 소득이 수당수급 조건 한도를 넘지 않아야 한다.

   또한 프랑스에서의 가족수당은 소득에 상관없이 아기 둘을 낳으면 지급된다. 월 19만 원이고, 셋을 낳으면 43만 원으로 껑충 뛴다. 가족수당은 자녀가 20세가 될 때까지 지원한다.

b. 임신 7개월째는 특별수당인 출산장려금(출산보너스) 154만 원을 지급한다.

c. 셋째 자녀(다자녀 가정)부터 정부가 주는 각종 혜택이 늘어난다(2배의 가족수당과 세금감면(소득세), 장학금과 각종 수당들, 대중교통비와 쇼핑할인, 문화비와 이사비, 가사 도움 지원금 등의 혜택). 만약 셋째 아이를 낳고 직장을 그만둘 경우, 부모에게 1년간 매달 137만 원씩의 육아수당을 지급한다. 아울러 최소 자녀 셋을 둔 모든 남·여성에게는 퇴직 연금 10퍼센트를 추가 지급하며, 아이가 20세가 될 때까지 매달 28만 원의 가족보조금(Allocations familiales)[5]도 더 지원한다.

---

5 프랑스 정부는 프랑스인들이 더 많은 아이를 낳도록 권유하는 출산정책을 채택해, 온갖 장려금과 특별금을 부양 아이의 수에 따라 부모들에게 지급했다. 1940년에는 모든 가족으로 확대되었고, 이를 가족법으로 단일화했다.

d. 자녀 1인당 약 49만 원씩의 학용품비 '개학수당'이라는 사회보장금을 지급한다.

e. 만약 육아를 위해 다니고 있던 회사를 퇴직할 땐 6개월간 월 65만 원씩 지원한다.

f. 여성의 출산휴가 동안, 월급과 직장에 대한 염려를 하지 않는 것과 동시에 현재 프랑스에서 출산한 직장 여성은 첫 아이가 태어났을 때는 6개월, 둘째부터는 1년까지 100퍼센트 유급휴가를 받고, '휴직 후 원상 복직'이 법으로 보장된다. 이때 쌍둥이나 세 쌍둥이 등 경우에 따라 휴가 기간이 더 늘어난다. 이 기본 유급휴가 외에도 본인 의사에 따라 추가로 1년까지 무급휴가를 더 쓸 수도 있다. 더 나아가 세 자녀를 키운 여성들도 직업을 갖지 않더라도 퇴직연금을 받을 수 있다. 그만큼 프랑스를 위해 일한 공로가 있다고 인정받기 때문이다.

한편 아이가 태어난 후 4개월 이내에 남편도 회사에 2주 동안 휴가를 신청해(파파쿼터제) 양육을 돕는 것을 의무화하고 있다. 참고로 프랑스 남성의 가사노동 시간은 2시간 30분 정도다.

육아휴가를 다 쓰고 직장으로 복귀했을 때 출산 전에 받던 연봉은 그대로 유지하도록 법적 보장을 받는다. 만약 오래 쉬어서 일을 따라잡는 게 힘들다면, 익숙해질 때까지 이전에 수행하던 업무와 직급은 비슷하지만, 보다 쉬운 일을 선택할 수 있도록 편의도 봐준다. 바로 이러한 점에서, 프랑스인의 섬세한 면을 살펴볼 수 있게 된다.

아울러 프랑스 정부는 직장 여성을 위해 베이비시터를 고용하는 가정에 매달 아이가 세 살이 될 때까지 약 29만 원을 지원하고, 베이비시터도 알선해준다.

g. 홀로 자녀를 양육할 경우 가족지원수당액 형태로 월 15만 원씩 지급한

다. 또한 75세 이상의 노인을 부양하는 가족에게도 지원금이 있다.

h. 장애아 자녀의 교육과 치료에 드는 비용을 보조해주는 제도인 장애아 교육 수당 22만 원도 매달 지원한다.

i. 유아는 소득 관계없이 공공기관에서 무료로 보육을 맡는다.

j. 마트에는 임산부를 위한 계산대가 따로 있어, 오래 줄 서는 불편을 덜어준다.

k. 임신 검사비용과 진찰료, 출산 및 입원비, 아이 예방접종, 정기검진과 병이 났을 때 받는 진료와 약품비용도 전액을 국가가 부담한다.

l. '싸쥬팜'(sage femme)이라는 시스템이 있어, 임산부는 출산에 필요한 정보와 교육을 받는다. 국가가 모든 비용을 부담 관리해, 이 시스템은 임신 6개월부터 총 7번에 걸쳐 출산준비 교육을 진행 보조하면서, 아기를 출산한 후까지 돌봐주는 제도다.

**국립가족수당기금(CNAF)**

중앙정부기관인 국립가족수당기금은 출산·양육 지원정책(보조금 지원) 업무를 총괄 관리하면서, 아이가 20살이 될 때까지 꾸준히 지원금을 주고 있다.

한편 이 기관은 2018년부터 18~24세의 청년층에게 월 54만 원 정도의 활동연대수당(Revenu de Solidarité active)을 지급하기로 결정했다. 이에 따라 경제활동 중인 학생들에게도 활동연대수당을 지급함으로써, 학생들이 학업 및 재취업 기간에 겪을 수 있는 경제적 어려움이 감소할 것으로 예상된다. 이 외에 이 기관에서는 자녀가 3~16세인 자녀와 모든 가족을 대상으로 체류비를 지원한다.

**대가족 카드**

'대가족 카드 제도'는 프랑스 가족 정책의 가장 뚜렷한 목적인 저출산 문제를 해결하려는 의도를 가장 잘 나타내고 있다. 특히 가족수당 이외의 혜택을 의미하는 이 제도는 대가족 카드를 소지하고 있으면 특별할인으로 철도 이용 시 75퍼센트 할인과 구입 물건들에 대한 할인이 제공된다. 대가족 카드로 할인 받을 수 있는 구입 품목으로는 가전제품, 자동차 등 가정에 필요한 제품들과 일상생활에 필요한 서비스들로 보험이나 자동차 운전면허 학교 등의 할인을 받을 수 있다. 또한 취미나 운동, 문화생활 등을 지원해 극장·미술관·박물관·체육관 등의 입장, 그리고 여행지에서의 숙박료를 할인받을 수 있다.

**어린이를 우대하는 프랑스의 정책**

프랑스에서 어린이를 우대하는 정책은 여러 방면에서 나타난다. 우선 정해진 좌석이 없고, 무조건 선착순으로 자리를 선택하는 저가 항공기를 탈 때도 아이가 있는 가정만큼은 1순위로 먼저 태워준다. 또한 프랑스 철도공사 SNCF(프랑스 국유철도)에는 어린이 할인카드 '앙팡 쁠뤼쓰'(Enfant Plus)라는 것이 있다. 노인 우대나 학생 할인카드는 당사자에게만 할인 혜택이 적용되지만, 어린이 우대인 경우는 해당 어린이는 물론 동반하는 어른 4명까지 기차표를 30~50퍼센트 할인해주는 제도다. 또 다른 한편으로 2005년 11월 이슬람 및 아프리카 이민 2세의 소요사태 이후 프랑스 이민 정책이 강화되었다. 따라서 프랑스 당국은 2만 5000명의 불법 이민자를 강제 추방하겠다고 밝혔지만, 여기서도 아이가 있는 가정은 예외다. 즉 프랑스에서 태어난 자녀가 있거나, 프랑스에 도착할 당시 13세 미만이면서 프랑스 학교에 다니는 자녀를 둔 불법 이민자 가정은 구제해 주기로 방침을 세웠다.

프랑스가 저출산 대책(출산·양육 보조금 지원)에 파격적인 금전 지원(연간 약 150조 원, 국내 총생산(GDP)의 5퍼센트)이 전부는 아니다. 다양한 방식으로 가족 지원정책을 펴면서, 출산 및 육아 부담을 덜어준다. 프랑스가 수십 년간 안정적 출산율을 유지할 수 있던 비결은 비단 가족 지원책에만 있는 것이 아니라, 그

바탕에는 탄탄한 공교육 및 노후보장제도가 자리 잡고 있다. 즉 근본적으로 사회적인 인프라가 잘 깔려 있어, 여러 사회보장제도들이 종합적으로 맞물려 출산율을 높일 수 있었다. 프랑스는 현재의 성공에 만족하지 않고, 출산율이 더 높아질 때까지 계속 지원책을 강화하고 있는 추세다.

#### 프랑스의 보모 제도

출산율을 더 높이기 위해 프랑스 정부가 요즘 관심을 기울이는 정책은 '전문보육 인력 양성'과 탁아소·보육원 같은 '양육기관 수의 확충'이다. 참고로 프랑스에서는 만 3세 미만 유아를 대상으로 한 보육원 '크레슈'(crèche), 또는 '보모'(assistante maternelle) 제도가 발달했다. 따라서 프랑스 아기 2명 중 1명은 여기서 맡아준다. 대부분 국공립 유치원도 무상인데, 의무가 아닌데도 유치원 취학률은 100퍼센트에 육박한다. 바로 아이를 믿고 맡기는 시스템이 출산율을 받쳐주고 있음을 알 수 있다.

한편 프랑스의 보육교사는 최종적으로 15개월 실습을 거쳐야 자격증을 획득할 수 있다. 아울러 프랑스에서 보육교사가 되려면, 대학을 졸업한 후 전문양성 학교에서 2년간 교육과정을 마친 뒤, 국가시험도 치러야 한다. 프랑스

아이를 돌보는 보육교사

유치원 교육 '에꼴 마떼르넬'

각 부처의 출산장려정책을 총괄 관리하는 가족정책 위원장은 최근 국립가족수당기금과 계약을 체결해 영·유아 양육기관(현재 전국 9000개)을 20만 개(그중 탁아소 10만 개)로 늘리기로 확정했다.

## 치매 환자와 노인들의 요양 시설

프랑스는 60세 이상 인구가 1200만 명으로, 유권자의 30퍼센트나 된다. 프랑스는 오래전부터 고령사회를 대비해왔다. 젊었을 때부터 월급의 40퍼센트 이상을 연금 및 의료보험 등 사회보장비로 납부하고, 노후에 나라에서 연금을 받아 생활하는 복지국가다.

프랑스는 치매 환자의 경우, 병원비 전액이 의료보험에서 지원된다. 지방자치단체별로 60세 이상 병든 노인들에게 일종의 '노인자활수당'을 지급하는데, 치매 환자도 이 혜택을 받는다. 빠리와 인근 수도권 지역의 경우, 병든 노인의 수입과 병세 정도에 따라 매달 수당이 지급된다. 또한 치매 환자들이 정상인처럼 바깡스를 즐길 수 있는 전용 시설이 갖춰져 있다.

이 외 프랑스 요양 시설에서는 인간형 로봇이 노인들의 재활 훈련에 활용되고 있다. 즉 로봇이 탁자 위에서 봉을 드는 모습을 보고 노인이 따라 하는 등, 인간형 로봇은 노인들이 다양한 방식의 재활 운동을 쉽게 따라 할 수 있도록 시범을 보여주는 역할을 한다. 또한 인공지능(AI)을 활용해 사용자들의 표정과 감정을 읽고 소통할 수 있으며, 노래를 불러주는 기능 같은 것을 함으로써, 고령화가 가속화되는 프랑스의 현 상황에서 '노인 돌봄용 로봇 시장'은 앞으로 빠르게 성장할 것으로 보인다.

## 최근 프랑스 사회보장제도의 현황

프랑스는 조기교육과 차세대를 위한 문화교육활동에 너무 치우친 나머지, 성인들을 위한 교육활동이 미흡하다는 지적을 받고 있다. 특히 프랑스 자국민을 포함한 유럽연합 출신 유학생의 경우, 대학교 학사과정부터 대학원 박사과정까지 등록금이 없다(1년간 학생회비 30만 원 정도만 냄). 즉 일반교육 과정인 유치원 때부터 국민이 내는 세금으로 무상교육을 받지만, 그 효과를 잘 거두어들이지 못하는 부정적인 측면도 강하다. 다시 말해 교육효과의 비효율성을 낳고 있다(현재 프랑스에서는 실업률이 매우 높으므로).

프랑스는 현재 고액의 연금 지급(물가 상승에 따른 연금 수령액)과 평균수명 연장(인구 고령화) 등에 따른 연금제도의 위기 문제를 안고 있다. 참고로 프랑스 전체 인구의 4분의 1이 연금생활자다. 각종 비대한 복지 정책이 낳는 비효율성이 프랑스 정부가 앞으로 해결해야할 과제이며, 의료보험·노령수당·가족수당 등을 포함한 프랑스의 전체 사회보장제도는 사회적으로 만성이 된 문제들로 인해 현재 위기에 봉착해 있는 실정이다.

결론적으로 1980년대 이후 경제적인 저성장과 높은 실업률로 인해 프랑스의 사회보장제도는 큰 도전을 받고 있고, 많은 문제점이 나타나기도 한다. 프랑스뿐 아니라 복지국가의 대명사인 유럽 선진국들이 적자 위기(프랑스의 경우, 최근 약 48조 원 연금 적자)에 처한 연금제도를 되살릴려고 전전긍긍하고 있다. 한편 프랑스는 1987년 이후, 연금제도의 누적 적자가 약 132조 원에 이른다. 프랑스는 일종의 릴레이 연금제도 형식을 취하고 있기 때문에, 사회가 노령화되면서 프랑스 연금제도도 큰 난관에 봉착해 있다. 즉 일하는 사람이 은퇴한 사람보다 많을 때는 효과적이었지만, 일하는 사람에 비해 은퇴한 사람이 급격히 늘어나는 고령사회에서는 재정 부담이 커져 심각한 재정적자가 초래된 것이다. 이는 평균수명 연장으로 연금 수급자는 매년 폭증하는 데 반해, 청년 실업 증가 등 노동인구의 감소로 연금 재원이 고갈되고 있기 때문이다.

## 앞으로의 사회보장제도 정책사항

글로벌 경제위기 이후 프랑스 정부는 경제위기로 악화되고 있는 재정적자 문제 해결방안과 노년연금 개혁방안 등 향후 개혁정책의 지속적인 추진을 제시했다. 아울러 최근 프랑스 정부는 '나랏빚을 억제하겠다'라는 취지 아래, 연금 지급액을 0.3퍼센트씩만 인상해, 적자 재정에서 벗어나겠다는 방침을 밝혔다. 즉 물가상승률보다 적게 올려주니 실질적으로 연금을 깎는 셈이다. 이러한 정책은 "재정을 건실하게 하겠다"라는 취지이지만, 물가 상승률을 밑도는 인상률로 실질적으로 연금이 깎인 은퇴자들의 원성이 들끓었다.

따라서 프랑스의 연금제도·사회보장제도는 사회적으로 만성이 된 문제들로 인해 현재 위기에 봉착해 있는 실정이며, 각종 비대한 복지 정책이 낳은 비효율성이 프랑스 정부가 해결해야 할 과제다. 결론적으로 프랑스는 현재 복지를 낮춰가는 쪽으로 정책이 진행 중이다.

제3부

# 프랑스 문학

1. 대중작가들의 문학 경향
2. 현대 부조리연극

# 1
# 대중작가들의 문학 경향

프랑스의 폭넓은 예술적 유산은 회화, 문학, 영화, 음악, 건축 등에 이르기까지 다방면에 걸쳐 '다양한 프랑스식 삶의 형태'를 드러낸다. 이 단원에서는 여러 프랑스식 예술적 삶의 기술에서, 특히 프랑스 문학의 위상을 소설과 연극을 통해 알아보겠다.

프랑스 문학 분야를 예술·문화적인 측면에서 쉽게 접근하기 위해, 대중적으로 잘 알려진 프랑스의 몇몇 작가들을 선별해, 그들의 문학 경향과 주요 대표작 위주로 살펴보도록 한다. 아울러 프랑스의 새로운 문학사조 '앙띠 로망(Anti-Roman)'을 의미하는 '누보 로망'(Nouveau Roman)에 대해서도 고찰해본다.

## 앙뜨완느 드 쌩떽쥐뻬리(Antoine de Saint-Exupéry) – 행동적 휴머니즘

1943년 뉴욕에서 리옹 출신의 작가이자 파일럿인 쌩떽쥐뻬리(1900~1944)에 의해 프랑스 문학의 영원한 베스트셀러 『어린 왕자(Le petit prince)』가 탄생되었다. 그는 1920년대 항공계 초창기의 비행사로서 모험적인 비행생활을 계속하는 동안 다섯 번의 추락사고를 겪었다. 그간 하늘의 개척자로서 '인간의 대지'뿐 아니라 '인간의 정신'에 관해서도 많은 새로운 발견들을 가져왔고, 그 절실한 체험에서 발견된 진실을 기록해 수효는 적지만 천금의 무게를 가지는 작품들을 남겼다.

앙뜨완느 드 쌩떽쥐뻬리

즉 프랑스와 남미 간의 항공로 개척사업에 숨은 영웅적인 모험과 희생을 기록한 『남방 우편기(Courrier sud)』(1929), 남미대륙과 유럽에 걸친 하늘과 땅 위에서 자연의 장애와 인간의 약점을 극복하며 악전고투하는 의지의 승리를 기록한 『야간 비행(Vol de nuit)』(1931), 오랜 비행생활을 통해 체험, 목도한 비상한 사건들과 처절한 시련 속에서 발견한 진실들을 사색인의 명상과 시인의 서정으로 엮은 자전적 걸작 『인간의 대지(Terre des hommes)』(1939) 등이 해당된다.

특히 이 작품은 프랑스 최고의 지성을 의미하는 아까데미 프랑쎄즈(Académie française)에서 소설 부문 대상을 수상하기도 했다. 직업 비행사로 살았던 15년간의 경험을 토대로 한계 상황에 처한 인간의 의지력과 책임감, 휴머니즘을 시적이면서 철학적인 표현으로 그려낸 항공 문학의 걸작으로 평가된다. 아울러 『야간 비행』은 행동주의 문학으로, 지드(Gide)의 격찬을 받았으며, 프랑스의 문학상인 페미나(Fémina)상을 수상하기도 했다.

제2차 세계대전 시에는 공군으로 출전해, 패전군 조종사로서의 비통한 종군기록 『전시 조종사(Pilote de guerre)』(1941)를 발표했고, 패전 후에는 미국에 망명해 세계적으로 잘 알려진 시정과 철학적인 깊이에까지 도달한 『어린 왕자』를 출간했다. 연합군 반격작전에 참가하기 위해 북아프리카에 주둔한 연합군 공군에 지원, 출격하던 중 지중해 근방에서 전사했다.

자신의 내면에 엄청난 체험을 간직한 그는 서재인의 지식, 탁상의 이론 등을 경멸한다. 그의 모든 행동과 명상은 고독한 인간에게 '대자연과의 교감'과 개인들이 저마다 지니고 있는 '위대한 인간'을 깨우쳐주며, 참여하는 행동으로 하여 죽음을 초극하는 '행동적 휴머니즘'의 전개를 보여준다.

## 알베르 까뮈(Albert Camus) - 부조리·반항·고독한 자유인

까뮈(1913~1960)는 알제리에서 태어나 철학을 전공한 후, 신문계에 투신해 문학수업을 받았다. 그러던 중 제2차 세계대전이 폭발하자 '꽁바'(Combat)지의 주필로 항독운동에 참가했다. 종전과 더불어 젊은 세대의 영도적인 작가로 등장해 전 세계에 명성을 떨쳤다. 까뮈는 자신의 철학적 핵심인 부조리를 소설로 구현한 『이방인(L'étranger)』(1942)을 통해 1957년 노벨문학상을 받았다. 한편 짧은 작가생활임에도 불구하고 그는 문학뿐 아니라 전쟁 후 정신계의 고민을 대변하는 한 지도자로써 높은 신망을 받았다.

알베르 까뮈

잘 알려진 소설 『이방인』에서는 자기 자신과 사회에 대해 낯설게 느끼는 자, 혹은 사회가 이상한 사람으로 치부하는 자이고, 보통사람들과 다르게 생각하고 다르게 행동하는 괴팍한 인간 뫼르쏘(Meursault)가 등장한다. 이 외 철학적 에세이 『시지프의 신화(Le mythe de Sisyphe)』(1942), 희곡 『칼리귈라(Caligula』(1944) 등을 통해 인간과 세계의 무의미와 근원적인 부조리 속에 살며 감각에만 의지하던 인간이 홀연 그 부조리 앞에 눈을 뜨는 '각성', 이어서 그 반사적인 반응으로서의 '반항'을 제시한다. 그 후 소설 『페스트(La peste)』(1947), 희곡 『정의의 사람들(Les justes)』(1949), 철학적 에세이 『반항인(L'homme révolté)』(1952)에서 부조리한 인간이 반항으로 니힐리즘을 극복할 수 있는 가치를 발견하게 된다.

작품들을 통해 인간의 본성과 공동체를 위한 정의·절도 등을 정립한 그는 『전락(La chute)』(1957)을 거쳐 다음 단계로의 상승적 전개를 약속한 채 뜻하지 않은 교통사고로 세상을 떠났다.

## 장 뽈 싸르트르(Jean-Paul Sartre) - 무신론적 실존주의·자유의 철학자·참여문학가

싸르트르(1905~1980)는 일찍이 아버지를 여의고 명문 슈바이처 가문 출신의 홀어머니 밑에서 성장했다. 명문 빠리고등사범학교(에꼴 노르말 쉬뻬리외흐)에 다녔으며, 이 무렵부터 평생의 여인 보브와르(Beauvoir)와 알게 되며 2년간의 계약 동거에 들어갔다. 다른 이성과의 관계를 배제하지 않고 서로의 자유를 최대한 인정하면서, 최상의 연인이자 이해자로서 결합한 이들은 일생에 걸쳐 관계를 유지했으며, 세인의 주목을 받았다.

그는 1929년 교수 자격시험에 수석으로 합격한 후 교직 생활을 했다. 항구도시 르아브르에서 고등학교 철학교사로 일하다가 1932년, 후에 싸르트르의 실존주의의 기초가 되었던 후설(Husserl)의 현상학('순수의식'의 탐구)에 접하고, 그 다음해 베를린으로 유학했다. 귀국 후 현상학 소개자로써 철학 연구에 몰두하는 한편, 7년여 동안 걸쳐 집필한 소설 『구토(La nausée)』를 1938년에 출간

싸르트르와 보브와르

실존주의 철학과 문학의 대표 작가들

했다. 『구토』는 자유와 의무, 의식, 그리고 시간을 섬세한 절제로 탐구한 작품이며, 세상의 주목을 끈 신진 작가로서의 기반을 확보했다. 또한 이 책은 20세기 사상과 문화의 가장 중대한 성장이 된 실존주의를 세상에 선언한 소설로, 싸르트르가 『존재와 무(L'être et le néant)』에서 그의 사상을 구체화하기 전 "존재가 본질에 우선한다"라는 개념이 최초로 넓은 의미에서 사용된 작품이기도 하다.

한편 1943년에 완성한 방대한 분량의 철학서 『존재와 무』는 실존주의의 성전이라 할 수 있다. 싸르트르는 제2차 세계대전 중 프랑스의 패배와 점령 속에서 한때 포로 생활을 했고, 레지스탕스 운동에도 참여했다. 이때의 경험으로 자유로운 선택과 책임을 주장하는 '앙가쥬망'(engagement 참여)의 사상가로 변모했으며 세계적 명성을 얻었다.

또한 전쟁이 끝난 직후인 1945년 9월 싸르트르는 보브와르와 함께 문예지 '레 땅 모데흐느'(Les Temps Modernes)를 창간해 개인의 자유와 책임을 중시하는 실존주의의 유행을 알리게 된다.

아울러 싸르트르는 1973년에 진보적 언론지 '리베라씨옹'(L'libération)을 창

**싸르트르의 문학**(실존주의 문학)

실존주의는 의식에 비치는 대로의 존재를, 특히 인간적인 존재의 양태를 분석함을 출발점으로 한 모든 방법적 고찰을 말한다. 1940년대에 이르러서는 비평이나 일상어 중 당대의 가장 특징적인 문학사조를 가리키는 말로 사용하게 되었다.

실존주의란 원래 철학적 용어로 키에르케고르(Kierkegaard), 후설(Husserl), 하이데거(Heidegger), 야스퍼스(Jaspers)와 같은 철학자들이 발전시켰고, 이 용어는 일종의 삶의 태도를 나타낸다. 싸르트르는 움직일 수 없는 진리나 천부의 인간성은 믿지 않았다. 진리나 인간성은 인간이 각자 만들어나가는 것이기 때문이라고 간주했다.

인간은 사색과 행동에 의해 시대와 상황에 따라 자기를 형성하고, 역사를 만들어 나가야 한다. 그러기 위해서는 시대를 파악하고 상황을 포착해야 하며, 근원적인 문제로서 인간 존재란 무엇인가를 고찰해야 한다. 인간은 존재 이유도, 궁극적인 목적도 없는 부조리한 세계에서 태어난다. 인간은 자기가 원하는대로 자기의 삶을 만들어나가는 절대적인 자유를 가지고 있다. 따라서 여러 가지 조건과 상황 속에서 모든 행동을 자기 의사에 의해 결정해나가야 한다.

"실존은 본질에 선행한다" 즉 인간이 존재한다는 것은 인간의 본질보다 앞서는 것이며, 인간은 자기의 뜻에 의해 태어난 것이 아니라 자연히 태어나 그저 존재하는 것이고, 인간이 '인간이 되려고 하는 것'은 그 다음의 일이다. 극히 자유로운 모습으로 태어난 인간이 그 자유를 구사해 인간의 본질이라는 것을 확립하지 않으면 안 된다.

간하는 등 사회에 비판적인 참여 지식인으로도 더욱 유명하다. 또한 그는 당대의 모든 정치 문제에 적극적으로 개입했고, 제2차 세계대전 전후 시대의 사조를 대표하는 위대한 사상가로 평가받았다. 작가로서의 인기는 『파리떼(Les mouches)』, 『갇힌 방(Huis clos)』, 『더러운 손(Les mains sales)』 등의 희곡 작품으로 더욱 견고해졌으며, 1964년 『말(Les mots)』이라는 작품으로 노벨문학상 수상자로 선정되었으나 수상을 거부했다.

싸르트르는 그의 영원한 동반자였던 보브와르와 함께 빠리 좌안 14구 몽빠르나쓰(Montparnasse) 묘지에 나란히 잠들어 있다.

## 씨몬느 드 보브와르(Simone de Beauvoir) – 여성해방운동 · 싸르트르와의 '계약결혼'

제2차 세계대전 후 빠리 남쪽 좌안의 '까페 레 되 마고'(Les Deux Magots)와 '까페 드 플로르'(Café de Flore) 등에서 보브와르(1908~1986)는 싸르트르, 까뮈와 벌인 활발한 토론을 통해 실존주의가 전개되었다.

보브와르는 쏘르본느(Sorbonne) 대학교를 졸업했으며, 1929년 최연소 철학 교수의 자격을 얻었다. 그때부터 사귄 싸르트르의 영향을 받아 실존주의 철학을 익혔으며, 이를 사상과 행동의 기조로 삼았다. 교사생활을 몇 년 계속한 후 작가생활에 들어갔으며, 1943년 소설 『초대받은 여자(L'invitée)』를 출판하고, 『레 망다랭(Les mandarins)』(1954, 꽁꾸르상 수상작) 등의 소설을 발표했으며, 소설 · 희곡 · 에세이 · 기행문 등 다양한 문필활동을 했다.

가장 엄혹한 시대에 가장 자유로운 사상이 싹텄다. 여성주의 역시 이 시기의 성과다. 특히 그녀의 개성적인 여성론 『제2의 성(性)(Le deuxième sexe)』(1949)은 큰 반향을 불러일으켰다. 이 책에서는 "여성이 '여성성'을 타고나는 것이 아니라 사회에 의해 수동성, 의존성, 대상화된 실존을 받아들이도록 길들여진 것"이라며 "직업과 경제적 독립만이 여성이 자주성과 자유를 얻을 방법"이라고 주장했다. 오늘날 여성학자들은 "사람은 여자로 태어나는 것이 아니라, 여자로 만들어지는 것이다"라고 주장하고 나선 『제2의 성』 출간을 페미니즘 이

론과 연구의 시발점으로 잡는다. 이 작품은 고대신화 분석은 물론 인류학, 심리학, 사회학, 철학, 문학에 대한 해박하면서도 깊이 있는 지식을 두루 동원하면서 여성이란 무엇인가, 여성 억압의 근원은 무엇인가를 규명한 책으로, 1960년대 미국에서 여권 운동이 활발해지면서 재조명을 받기 시작했다.

보브와르는 50대까지 왕성한 저술 활동을 전개했지만, 60세 이후에는 주로 여성 운동의 실천가로 활동했다. 여성과 연관된 각종 여러 시위대열에 참가했고, 전 세계 여권 운동가들의 모임에서도 주요 인물이 되었다.

싸르트르의 경우처럼 보브와르의 집요한 논리 추구는 일관된 강점이며, 사상과 행동의 일치를 위한 끊임없는 노력 역시 그녀의 문학활동의 정신적인 지주가 되었다. 만년의 저작으로는 『위기의 여자(La femme rompue)』(1968) 등

### 누보 로망(Nouveau Roman) – 1950년대의 대전환

1950년대의 누보 로망은 젊은 작가들이 새로운 서사 구조를 찾아가는 방식이었다. 1950년을 전후해 심각한 철학과 탐구를 냉소하는 나머지, 지나친 불신·풍자·우롱·해학·관능 위주에 의해 변화되는 현상이 시류를 타고 휩쓸기 시작한다. 드디어 1954년 급진적인 젊은 작가 프랑쓰와즈 사강(Françoise Sagan 1935~2004)이 18세에 『슬픔이여 안녕(Bonjour tristesse)』을 발표해 세계적인 성공을 거두자, '새 물결'은 영화의 대중적인 영향력과 더불어 도도한 풍조를 이루기에 이른다.

누보 로망의 개척자 '알랭 로브 그리예'

한편 누보 로망의 등장은 갑작스러운 것은 아니다. 이미 그보다 10년 전부터 소설의 새로운 길이 열린 셈이었으며, 그 길을 연 사람으로 사무엘 베케트(Samuel

Beckett)와 나딸리 싸로트(Nathalie Sarraute)를 들 수 있다. 베케트는 이미 1945년에 『와트(Watt)』, 1947년에 『머피(Murphy)』를 쓰면서 소설적 언어의 새로운 경지를 개척했으며, 특히 1951년에 발표한 『몰로이(Molloy)』에서 누보 로망 시대의 시작을 알린다.

요컨대 언어의 한계성을 다루고 그것을 극복하기 위한 새로운 시도를 했다는 점에서, 바로 소설 『몰로이』는 프랑스 문학사에서 소설 작법의 새로운 지평을 열어준 누보 로망의 선구적 역할을 담당했다. 이 당시 소설 변혁의 선구적인 시도를 대담하게 밀고 나가 거의 실험적이라고 할 만큼 종래의 소설 요건을 완전히 파괴한 작품이 등장하기 시작하는데, 1950년부터 문학의 중심 문제는 바로 '아무것도 아닌 것'(rien)의 문제가 되는 것이다.

즉 전통 소설의 사실적인 묘사와 이야기의 치밀한 구성을 중요시 여기는 형식을 부정하고, 작가가 자신의 머리 속에 떠오른 순간적인 생각이나 기억을 새로운 형식과 기교를 통해 재현하려는 소설을 의미한다. 이 소설 부류는 달리 말해 "앙띠 로망"(Anti-Roman 반소설)이라고도 불린다. 이는 전통적인 소설의 규범인 특정한 줄거리나 뚜렷한 인물이 없으며, 심리묘사의 부정, 작중인물의 해체 등 새로운 기법의 소설 양식을 추구하는 실험적인 소설을 가리킨다. 어떠한 윤리나 관습, 일관성이나 논리, 사상성의 통일을 전면적으로 거부하는 등 자유로운 시점에서 세계를 묘사한다는 특징이 있다.

이 시기에 해당하는 주요 작품으로는 『질투(La Jalousie)』의 알랭 로브 그리예(Alain Robbe-Grillet), 『어느 미지인의 초상(Portrait d'un inconnu)』의 나딸리 싸로트(Nathalie Sarraute), 미쉘 뷔또르(Michel Butor)의 『변심(La modification)』 등을 예로 들 수 있다. 누보 로망은 그 후 1960년대 초에 이르기까지 소설의 혁명을 일으키는 놀라운 문학운동으로 발전하게 된다.

이 있다.

보브와르의 실존주의는 대학 시절부터 친교를 맺어온 싸르트르의 이론을 기본적으로 받아들인 것이다. 인간적인 모든 영위는 무로부터의 자유로운 주체로서의 생성이라 믿었다. 다만 보브와르와 싸르트르의 작품 경향은 매우 다른 양상을 보인다. 즉 여러 장르에 걸친 보브와르의 대다수 작품들은 타인에 대한 관계를 테마로 삼고 있고 거기에는 생생한 체험과 고뇌 등이 그려져 있는 데 반해, 싸르트르의 작품은 거의 이론적인 증명을 위한 창작의 경향을 띠고 있다.

# 2
# 현대 부조리연극

이 단원에서는 앞서 살펴본 누보 로망과 연관지어 프랑스 현대 부조리연극의 전반적인 문학사조와 여러 특성에 대해 알아보겠다. 따라서 이 시기를 대표하는 '사무엘 베케트'(Samuel Beckett)의 작품세계 및 몇몇 부조리극의 작가들을 선별해 그들이 추구하는 연극의 세계관에 대해 살펴보고자 한다.

## 부조리극의 문학사조와 특성

20세기 프랑스 연극의 거장들 장 아누이(Jean Anouilh), 장 지로두(Jean Giraudoux), 장 꼭또(Jean Cocteau)등은 전통적 휴머니즘에 입각한 심리극을 표현했다. 그 기법으로는 구성의 치밀함, 함축적인 대사, 인물의 성격과 심리에 대한 세밀한 묘사, 일관된 줄거리 등의 형식을 내포하고 있다. 이러한 그들의 전통극 확립 이후, 두 차례의 세계대전을 통해 드러난 파괴된 인간성에 대한 재건을 위해 갖가지 인생이나 인간 조건과 같은 근원적인 문제를 제기하는 시대가 도래하면서, 부조리 속의 인간 드라마가 성장하게 된 것이다.

아울러 제2차 세계대전 후, 쟝 뽈 싸르트르(Jean-Paul Sartre), 알베르 까뮈(Albert Camus)와 같은 부조리의 전형을 그리는 작가들의 작품 세계는 전통적 의미의 사실주의(리얼리즘 réalisme)를 거부한다. 그리고 부조리에 대해 극히 논리적으로 추구하며, 각각 현대의 역사 상황 속에서의 실천과 현대 지식인의 내면적 고뇌를 중점적으로 다루게 된다.

한편 부조리 자체의 비논리성으로 일관된 반연극(Anti-Théâtre), 신연극(Nouveau Théâtre)의 작가들은 그 방법론에서 인간의 불행을 역설적으로 조롱과 익살로 표현함으로써 현대인의 당면과제인 불안의 문제를 더욱 부각시키게 된다.

그중에서도 인간에 대한 신뢰감마저 상실한 황무지에서 인간과 세계의 새로운 판도를 추구해 나가는 측면에서 볼 때, 부조리극(Théâtre de l'Absurde)의 대표 작가 사무엘 베케트(Samuel Beckett)는 막다른 세계, 종말과 죽음을 확인한 세계, 완벽한 혼돈의 세계에 사는 난해한 인물들을 등장시킨다.

베케트는 그의 작품에서 버림받고 소외된 다양한 인간 군상의 모습을 통해 너무나 특이하고도 비전통적인 방식으로 하나의 뚜렷한 방향을 제시해준다. 그것은 급속히 변질되어가는 인간의 존재 이유를 풍자적·역설적으로 표현함으로써, 관객에게 신선한 충격을 불러일으킨 점에서 이를 잘 증명해 보이고 있다.

한편 아일랜드 출신의 사무엘 베케트 이외의 또 다른 부조리극 작가로는 외젠 이오네스코(Eugène Ionesco), 쟝 쥬네(Jean Genet), 로베르 뺑제(Robert Pinget) 등을 들 수 있다. 이들이 활동한 시기의 작품들은 고전극과 달리 종래에 있어왔던 형식을 완전히 파괴하고, 종래의 연극을 지배해왔던 일정한 줄거리나 심리·성격·대사를 거부하며, 시작도 종말도 가지고 있지 않은 채, 심각한 갈등을 빛는 현실적인 인물들이 없다는 것이다.

또한 부조리극의 두드러진 특징으로는 토막지어진 사건들 간의 연관성이 없으며, 도대체 극에서의 '진전'이라는 것은 찾아볼 수 없게 된다. 무대에서의 등장인물들도 극의 진전을 끌고 나가는 중심에 서 있지 않고, 극의 진행과 상관없는 방관자적인 입장을 취하고 있다. 그것은 하나의 실천도 행하지 못하는 육체적 활동을 통해 참고 견디어야만 하는 인간의 부조리를 있는 그대로 드러내는 데 연극의 목적이 있기 때문이다.

## 사무엘 베케트(Samuel Beckett)

아일랜드 태생인 베케트(1906~1989)는 1937년부터 프랑스에 살면서 1946년부터 프랑스어로 작품을 썼다. 그는 제임스 조이스(James Joyce)의 비서였고, 아일랜드 트리니티 대학에서 마르셀 프루스트(Marcel Proust)를 공부했다. 또한 베케트는 카프카(Kafka)와 조이스의 영향을 받아 본격적으로 작품활동을 시작하게 된다.

1937년 영어로 소설『머피(Murphy)』를 발표한 후 1947년에 그 자신이 프랑스어로 번역했고, 곧이어『몰로이(Molloy)』(1951),『말론느 죽다(Malone meurt)』(1951),『이름붙일 수 없는 것(L'innommable)』(1953),『그건 어떻게(Comment c'est)』(1961) 등 일련의 소설을 발표함으로써 누보 로망의 선구자적 역할을 한다. 이들 작품을 통해서 인간의 본질적 빈약성으로 축소된 삶의 이미지, 혹은 존재론적 축소의 반영이라고 할 수 있는 애벌레 상태로 퇴화된 인간성을 제시한다. 이어서 그 퇴화된 인간은 입만 커진 존재로 축소되어 끊임없이 그를 가로막는 '말'을 토하지만, 결국 쓸데없는 것이 되고 만다.

베케트를 세계적인 작가로 만든 것은 희곡 『고도를 기다리며(En attendant Godot)』(1952)이다. 2막으로 되어 있는 이 작품에서 두 부랑자 블라디미르(Vladimir)와 에스트라공(Estragon)이 대화를 계속하는데, 그 대화의 공허성은 인간의 모든 말의 공허성으로 나타난다. 한편 주인 포조(Pozzo)와 그 희생자 노예 럭키(Lucky)가 무대에 등장해 인간의 완전한 고독과 허무를 충격적으로 상기시킴으로써 연극을 완성시킨다. 여기에서 이루어지지 않는 기다림은 신(God)의 기다림을 암시하지 않을까 추측된다. 대단히 해학적이면서도 존재의 밑바탕을 울리는 힘을 보여주는 희곡이다.

즉 황량한 무대 위 오지 않는 무언가를 기다리고, 그 공백을 사소한 일상과 의미 없는 말들로 채워나가는 이들의 모습은 기승전결, 인과관계가 뚜렷한 어떤 연극보다도 우리네 인생과 닮아 있다.

이어서 폐쇄된 내부 공간 『놀이의 끝(Fin de partie)』(1957), 고통 속에 있는 존재가 가련한 기쁨에 매달리는 『오 행복한 날들(Oh les beaux jours)』(1961), 주인공이 자신의 목소리와 함께 홀로 있는 『마지막 테이프(La dernière bande)』(1959), 세 주인공들이 항아리 속에 갇혀져 있는 『연극(Comédie)』(1972) 등을 발표했다.

세계와 존재에 대한 부조리한 인식에서부터 출발한 베케트의 희곡 작품들은 표면적인 희극성 속에 담겨진 등장인물의 말과 몸짓에 의해 인간 파멸의 근원을 파헤친다. 베케트는 근원적으로 인간 구원의 문제를 인물이 내뱉는 무의미한 말들로 표현하고 있다. 따라서 무의미한 존재를 드러내는 수단인 '목소리'(voix)가 베케트 극작품에서 가장 중요한 역할을 하고 있으며, 그 표현은 독백에 가깝게 그려나가고 있다.

또한 베케트 극의 무대는 좌절감과 절망만을 느끼는 비어 있는 공간을 이루고 있다. 그리고 벗어날 수 없는 구속감과 심리적인 압박의 장소에서 주인공들은 자신들이 위치한 곳으로부터 결코 헤어나올 수 없게 된다.

사무엘 베케트

베케트의 대표작 〈고도를 기다리며〉

베케트의 소설들에서처럼 그의 희곡들은 등장인물들이 떠날 수 없는 장소에 놓여진다는 공통점을 갖는다. 『고도를 기다리며』에서 극이 진행되는 황량한 길 위에는 블라디미르(Vladimir)와 에스트라공(Estragon)을 가로막는 그 어떠한 자연 울타리도 없다(그들이 고도(Godot)를 꼭 만나야 하는 약속 이외에는). 『놀이의 끝』의 함(Hamm)과 클로브(Clov)는 그들의 방에 격리되어 있고(쓰레기통 안에 쑤셔 넣어진 나그(Nagg)와 넬(Nell)은 말할 것도 없거니와), 『오 행복한 날들』에서 위니(Winnie)는 점점 그녀를 뒤덮는 언덕에 파묻히게 된다. 마침내 『연극』에 이르러

〈놀이의 끝〉의 무대공간 '쓰레기통'

〈오 행복한 날들〉의 무대공간 '불에 탄 언덕'

서는 세 주인공들이 항아리 속에서 꼼짝 못하게 되는 지경에 이르고 만다.

그러므로 이러한 모든 경우에서 보면 등장인물들이 빠져나올 수 없고, 이와 동시에 왜 떠나는 것이 불가능한지를 이해시켜줄 만한 어떠한 특수한 사정도 암시되어 있지 않은 '장소'(espace)가 문제 되는 것이다.

한편 베케트는 1969년 노벨문학상을 수상할 당시 수상은 받아들였지만, 시상식에는 참석하지 않았다. 그는 모든 인터뷰를 거절한 채, 우리는 누구이고, 우리의 본성은 무엇인지를 생각하며 스스로 '고도'를 기다리는 마음으로 작품에 열중했다. 그는 두 차례의 세계대전을 겪으면서 현실의 절망을 목격하며, 역사의 무질서함과 인류의 무능함, 존재의 부조리함을 깨달았고, 그 속에서 자아의 본질을 찾기 위해 부단히 노력했다.

## 외젠 이오네스코(Eugène Ionesco)

외젠 이오네스코

프랑스의 극작가 이오네스코(1909~1994)는 『수업(La leçon)』(1951), 『의자들(Les chaises)』(1952) 등의 연극을 통해 전위극의 대표작가로 인정받았다. 루마니아 출생인 그는 어머니가 프랑스인이라, 소년 시절을 프랑스에서 보냈으며, 1939년부터는 프랑스에 정착해 작품활동을 계속했다. 문예지 '까이에 뒤 쒸드'(Cahier du sud)의 동인으로 부조리극의 대표주자다. 사실상 그의 작품은 전통적 연극에 대한 도전적인 태도로 일관되었으며, 초기 작품일수록 대담한 면을 드러냈다.

그의 첫 희곡은 '반희곡'이라는 부제를 붙인 『대머리 여가수(La cantatrice chauve)』(1950)라는 긴 단막극이었다. 이후 『수업』, 『의자들』에 의해 전위극의 대표적 작가로 인정받았다. 『알마 즉흥극(Impromptu de l'Alma)』(1956) 등을 발표한 이오네스코는 인간이 그 언어에 의한 세계의 지배력을 상실했을 때 말은 단절되며 불연속적 파괴된 형태로 바뀌어지고, 물체, 예를 들면 의자라든가, 부풀어오르는 시체 등의 지배가 시작된다는 것이 그의 지론이다. 이렇듯 이오네스코는 연극적 상상력과 아울러 그 몽환의 무대를 선보였다. 그는 일상적 회화를 해체해 그 무의미성을 폭로하기도 하고, 아울러 현대생활의 밑바닥에 깔려 있는 형이상학적 불안감을 인간의 생래적인 고통으로 극화했다.

그 후 이오네스코는 『코뿔소(Rhinocéros)』(1960), 『죽어가는 왕(Le roi se meurt)』과 같은 문학성 짙은 희곡을 발표했으며, 이 외에 평론집 『노트 반(反)노트(Notes et contre-notes)』(1963)가 있다. 한편 『공중보행자(Le piéton de l'air)』(1963)가 일급 연출가 '장 루이 바로'(Jean-Louis Barrault)에 의해 프랑스 5대 국립극장 중 하나인 '오데옹(Odéon) 극장'에서 공연되기도 했다. 이어 1966년 프랑스 전통 국립극장인 '꼬메디 프랑쎄즈'(Comédie Française)에서도 『목마름과 배고픔(La soif et la faim)』이 공연되었다. 1970년 이오네스코는 학술원 개념의 '아까데미 프랑쎄즈'(Académie française) 회원이 되었으며, 그는 베케트와 마찬가지로 빠리 남쪽 몽빠르나쓰(Montparnasse) 묘지에 잠들어 있다.

## 쟝 쥬네(Jean Genet)

쟝 쥬네(1910~1986)는 태생적인 보헤미안으로 현대 문학사를 통틀어 가장 특이한 작가다. 프랑스의 소설가 · 극작가 · 시인으로, 불우한 어린 시절과 청년 시절을 보냈다. 즉 어머니가 그를 공립 산모원에 유기했기 때문에, 일찍이 빈민 구제시설에서 보육되었고, 7세 때 지방 농가의 양자로 입양되었지만, 10세 때 절도죄로 소년원에 수용되었다. 어린 시절 전혀 교육을 받은 적 없이, 각지의 소년원을 전전하는 사이 탈주해 외국을 방랑하며 거지, 절도, 마약 밀수를 거드는 등 밑바닥 생활을 했다.

장 쥬네

23세 때부터 여러 번 절도 현행범으로 체포되었으며, 그때마다 여러 형무소에서 복역하면서 시집 『사형수(Le condamn mort)』(1942), 소설 『꽃의 노트르담(Notre-Dame des fleurs)』(1944)을 비밀 출판했다. 그가 1947년 절도죄로 종신 유형이 선고되자, 싸르트르(Sartre)·보브와르(Beauvoir)·장 꼭또(Jean Cocteau) 등이 대통령에게 청원해 형의 집행이 유예되었다. 이처럼 쥬네는 범죄의 자기파괴적 힘을 통해 불합리적 사회체제를 해체하고 전복하고자 했다. 쥬네의 이러한 악마주의는 무대에도 그대로 발화된다.

1942년 작가 생활을 시작해, 그의 대표작으로 가장 잘 알려진 희곡 『하녀들(Les bonnes)』(1947), 소설 『도둑 일기(Journal du voleur)』(1949) 등을 잇달아 발표했다. 연극 『하녀들』은 마담을 모시던 두 하녀가 마담을 살해하려다 결국 파국을 맞는 내용인데, 극 중에서 자매인 하녀들은 '권력'을 뜻하는 마담을 미워하며, 연극놀이를 통해서 현실에서는 맛볼 수 없는 자신들의 욕망을 채운다. 『하녀들』은 '극중극'이라는 독특한 기법을 취한다. 이것은 연극 속에 삽입된 또 다른 연극을 의미한다. 이때 극중극은 현실을 반사하는 거울과 같은 기능을 취한다. 아울러 하녀들의 극중극은 인간 욕망의 허구성을 의미하는 동시에, 연극 자체의 허구성을 비추는 거울이 된다.

한편 사회에서 버림받은 자신의 경험담을 주제로 한 그의 대담한 소설은 초기에는 비밀 출판을 통해 높은 평가를 받았는데, 화려한 이미지와 웅변적인 서정에 넘친 그의 작품들은 악을 찬미하고, 미의 근원으로 삼았다. 쥬네는 후에 극작에 전념해 1947년부터 총 5편의 희곡들을 발표했다. 또 다른 대표작들인 『발코니(Le balcon)』(1956), 『흑인들(Les nègres)』(1958)과 같은 문제작들을 발표했다. 그는 다채로운 문체로 오욕과 영광 등의 가치 전환을 전개한 전위작가들 중에서도 특이한 세계를 확립했다.

제4부

# 프랑스 문화

1. 와인
2. 음식과 빵
3. 패션과 명품
4. 언론
5. 건축양식
6. 학교제도
7. 만화
8. 대중영화와 도서관
9. 문화정책과 정치제도

# 1
# 와인

**와인의 향기를 찾아서**(행복 · 나눔 · 자유)

스페인 속담에 "한 잔의 와인이 담을 수 있는 말은 너무나 많다"라는 이야기가 있듯이 와인은 대화하기 편한 사람, 좋아하는 사람들과 마셔야 제맛을 느낄 수 있다. '귀로 마시는 술' 와인이 진정 가치를 발휘할 때는 바로 사람과 사람을 가깝게 해주고 이어주는 존재이며, 서로 간을 융화시켜줄 때다. 즉 와인은 자연스럽게 옆 사람과 오랜 이야기를 나누며 즐거운 분위기를 만들어낼 수 있는 것이다. 최고의 와인은 함께 마셔서 기쁨을 주는 와인이며, 종류와 관계없이 즐거움을 주는 매개체이면 충분하다.

한편 '살아 있는 술' 와인은 느린 문화의 중심이 되는데, 화학주와 달리 천천히 숙성해 술이 되고, 또한 천천히 음미하며 마셔야 제맛을 느낄 수 있는 와인은 가장 전형적인 '슬로 푸드'(slow food)에 해당한다.

프랑스에서는 와인의 양조 기술보다 더 중요하게 여기는 '토양'을 치는데, 바로 탄생지의 자연 환경을 잘 전달해주는 와인이 좋은 와인이 된다. 프랑스에서의 포도밭은 농경지 이상의 의미가 있으며, 전통 깊은 양조장은 이미 프랑스 역사의 일부가 되어 있다. 한마디로 프랑스 와인은 역사이며 정신, 아울러 프랑스 문화 그 자체를 대변하는 것이다.

## 특색 있는 와인들

와인에 익숙하지 않은 이들에게는 달콤한 와인이 무난하다. 예를 들어 샤르도네 품종의 화이트 와인이나, 혹은 벌꿀처럼 달콤한 아이스 와인, 또한 신선하고 탄닌·알코올 도수가 약한 로제 와인 등은 와인을 처음 접하는 이들에게 와인에 대한 좋은 기억을 갖게 한다. 또한 레드 와인을 고른다면, 떫은 맛이 강한 까베르네 쏘비뇽보다는 탄닌의 양이 적고 과일향과 산뜻한 맛의 메를로 품종의 와인이 더 낫다. 여기에서는 잘 알려진 레드 와인과 화이트 와인을 제외한 독특한 와인의 종류들을 살펴보고자 한다.

### 분홍색 로제 와인(rosé wine)

분홍색 로제 와인은 가벼운 딸기향, 과일향이 나는 일명 "피크닉 와인"이라 불린다. 예쁜 색깔의 로제 와인은 일반 와인을 발효하다가 중간 단계에서 더 붉어지기 전에, 즉 색소가 주춤할 때 걸러내는 방식을 취한다. 즉 레드 와인과 달리, 적포도의 즙과 껍질을 빨리 분리시켜 투명한 핑크빛을 만들어내는데, 껍질을 우려내는 시간이 짧으므로 텁텁함보다는 약간 단맛이 나며, 뒷맛 또한 깔끔해 화이트 와인에 가까운 맛을 지녔다.

### 아이스 와인(ice wine)

한여름 좋은 햇살에 잘 익은 포도를 영하 8도 이하의 혹독한 겨울 날씨에 자연 그대로 놓아두어, 크리스탈 얼음 모양의 얼려진 상태로 압축되어 만들어지기 때문에 "아이스 와인"으로 불린다. 즉 포도송이에 얼음이 얼 정도로, 포도 수확을 늦게 해서 빚은 와인을 말하며, 이는 열매가 얼면서 당도가 응축된 것이다. 즉 혹독한 겨울의 차가운 바람과 눈을 맞으며 얼었다 녹았다를 반

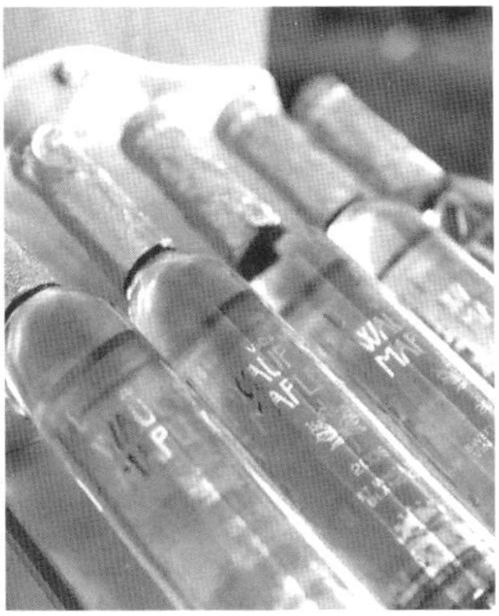

가늘고 길쭉한 아이스 와인병

보르도(왼쪽)와 부르고뉴(오른쪽)

복하는 동안 수분이 날아가 포도송이가 쪼글쪼글해지고 돌멩이처럼 딱딱해진다. 그러한 포도송이를 압축하면 고농축 과즙이 한 방울씩 떨어지고 발효 과정을 거쳐 귀한 아이스 와인이 탄생되는 것이다.

진한 금빛색의 아이스 와인은 일반 와인과 달리 그 맛이 매우 달콤하고 향이 풍부해서 술로 느껴지지 않을 정도이며, 디저트용으로 좋다. 아이스 와인은 당도가 상당히 높은데, 일반 포도주의 10배 정도에 해당된다. 고농축으로 만들어 그 맛이 상당히 진하며, 일반 포도주 10병을 만들 수 있는 포도로 1병밖에 만들 수 없기 때문에 가격 또한 비싸다.

와인숍에서 대체로 가늘고 긴 아이스 와인병을 발견할 수 있는데, 아이스 와인은 당도가 가장 높은 초겨울에 수확한다. 아이스 와인이 생산되기 좋은 천혜의 자연환경과 조건을 가진 나라는 캐나다산과 독일산을 손꼽을 수 있다. 특히 캐나다에서는 세계적으로 가장 좋은 품질의 아이스 와인을 생산한다.

### '햇와인' 보졸레 누보(beaujolais nouveau)

누보(nouveau)는 '새로운'이라는 뜻으로, 보졸레 누보는 부르고뉴 지방 남쪽 보졸레 지역에서 그해 포도를 수확해 따로 숙성하지 않고, 바로 마시는 '햇와인'을 가리킨다. 엷은 보랏빛을 띠는 와인 '보졸레 누보'는 출시되는 날짜가 정

와인 저장고의 오래된 와인들 　 오크통에 숙성시키는 와인

해져 있다. 즉 매년 11월 셋째 주 목요일 자정을 기점으로, 전 세계에서 동시에 발매된다. 보졸레 누보가 출시되는 이 날은 오늘날 세계적으로 유명한 '보졸레 축제일'이 되었다. 자연스러운 알코올 강도와 떫은 성분이 덜해 적당한 과일향과 신선하고 산뜻한 맛이 특징이다. 이는 햇포도를 1개월 동안 발효시킨 후, 발효통에서 바로 포장하는 것과 같은 기발한 판매 전략으로 성공한 와인이다. 보졸레 누보는 발효 즉시 내놓은 신선한 맛이 생명이기 때문에 보통 출시된 지 2~3주 지나면 모두 사라진다.

## 와인의 에티켓(étiquette)

에티켓은 '예절'이라는 뜻으로 흔히 알고 있지만, 프랑스어로 와인 병에 붙어 있는 '정보 등록 상표'를 의미한다. 프랑스의 몇몇 지역별 와인은 주요 산지 특유의 고유한 병 모양을 지니고 있다. 이는 시각적으로 판단할 수 있을 뿐이며, 와인의 정확한 정보는 바로 에티켓에 담겨 있다.

에티켓에는 상표, 생산자, 또는 병입한 회사의 이름 등 여러 기재 사항이 포함되어 있지만, 가장 중요한 정보는 바로 와인의 '등급'이다.

이것은 와인의 품질을 알려주는 매우 기본적인 사항으로, 나라마다 차이가 있는데, 프랑스의 경우 뱅 드 따블(VDT), 뱅 드 빼이(VDP), 뱅 델리미떼 드 깔리떼 쉬뻬리외르(VDQS), 아뻴라씨옹 도리진 꽁트롤레(AOC)와 같이 크게 4가지로 구분되어 있다. 여기에서는 중간 단계들의 설명은 생략하고, 제일 밑 등급과 최고 등급에 대해서만 자세히 알아보기로 한다.

### 뱅 드 따블(VDT Vins De Table)

해석을 하면 '식탁용 포도주'인데, 와인의 등급 가운데 저렴한 가격으로 서민들의 식탁에 자주 올라 마시는 '일반대중 소비용 와인'이다. 마실 때 끝 여운이 없고, 가볍게 마실 수 있는 특징을 지녔다. 이 등급의 와인은 여러 지방의 와인을 블렌딩해서 만드는데, 지역과 생산되는 연도를 알 수 없다. 뱅 드 따블 등급은 와인의 전체 생산량에서 12퍼센트 정도를 차지한다.

### 아뻴라씨옹 도리진 꽁트롤레(AOC Appellation d'Origine Contrôlée)

이 등급은 '원산지 명칭 통제 와인'을 가리킨다. 프랑스는 일찍이 1935년 와인 생산관련 법규로 AOC를 제정해 와인의 품질을 철저하게 관리해왔다. 떼르와르를 바탕으로 지역별 차이를 세밀하게 가려 별도의 호칭인 아뻴라씨옹(appellation)을 붙이고, 다른 재배업자들이 그 지역 호칭을 사용하지 못하도록 규정했다. 즉 포도의 재배장소의 위치와 명칭을 지방별로 관리하는 제도다.

AOC 용어 중 가운데 원산지(origine)에 해당하는 것은 '지역명' 혹은 '마을명'을 가리킨다. 즉 원산지의 지명이 세분될수록 더 한정된 마을의 와인을 가리킨다.

이 등급은 와인을 증류한 술 '꼬냑'(cognac)과 사과로 만든 증류주인 사과 브랜디 '깔바도스'(calvados)에도 같이 적용하고 있다. 이 외에 이러한 규정을 치즈와 같은 유제품과 다른 농산물 등 모든 식품에까지 확대했다. AOC 등급은 와인 전체 생산량의 53퍼센트 정도를 차지한다.

참고로 프랑스 와인이 전통을 중시하는 반면에, 신대륙 와인은 유럽과 같은 체계적인 등급 대신 단일 품종을 어느 정도 사용했느냐에 따라서만 분류하고, 산학 협동과 신기술 개발로 자유로운 와인 생산이 가능하다.

**빈티지(vintage)**

'와인 생산연도'(와인을 제조하기 위해 포도를 수확한 해)를 뜻하는 용어로 알아두면 유용하다. 즉 어느 해 수확된 와인이 기후 조건이 좋았는지 빈티지를 통해 알 수 있으며, 와인의 품질을 비교하는 기준이 된다. 빈티지에 따라 값이 천차만별인데, 특히 포도 수확이 좋은 연도를 "그레이트 빈티지"(great vintage)라고 부른다. 한편 같은 브랜드인데도 빈티지에 따라 오묘한 맛의 차이가 있음은 바로 와인의 심오한 맛의 세계를 짐작하게 한다.

**그랑 크뤼(grand cru)**

일급 와인 중에서도 상위 1~2퍼센트를 차지하는 '최고급 와인'을 가리킨다. 이는 AOC 등급 중에서도 더 특별한 등급을 받으며, 한마디로 '프랑스 고급 와인'을 통칭하는 용어다.

## 샤또(château)의 이미지

'샤또'(château)라는 말은 프랑스어로 '성'을 가리키지만, 17세기부터 사용하고 있는 와인 용어로, 바로 '보르도 지역의 포도원'을 말한다. 보르도 지역에는 현재 약 1만 개의 샤또가 있는데, 그중에 약 100여 개 정도만이 잘 알려져 있다. '샤또'라는 고풍스러움과 귀족적 이미지는 보르도산 포도주를 브랜드화 하는 데 큰 몫을 담당하고 있다.

반면에 '도맨느'(domaine)라는 용어는 '부르고뉴 지역의 포도원'을 가리킨다. 소규모 농작, 마을 단위의 부르고뉴에서는 한 농가가 꾸려가는 대체로 작은 양조장으로 한 명의 생산자가 포도 재배에서 수확, 양조, 판매까지 전부 관리한다. 따라서 소유주가 복잡하게 나뉘어져 있다. 그래서 부르고뉴 와인은 비슷한 지역에서 생산된 와인이라도 맛이 제각기 다르다. 지층이 다양한 토양 때문에 같은 포도밭이라도 10미터만 떨어져 있어도 다른 성격의 와인이 되는 독특한 지역이다. 즉 포도밭마다 다른 개성을 지닌 부르고뉴 와인은 보르도와는 또 다른 섬세하고 복잡하며 심오한 재미를 맛보게 한다.

## 포도 품종(cépage)

'쎄빠쥬'(cépage)의 의미는 각종 포도나무, 즉 포도 품종을 말한다. 와인의 품질과 맛은 쎄빠쥬에 의해 크게 좌우되는데, 쎄빠쥬에 따라 포도의 맛과 향, 색깔이 결정되기 때문이다. 즉 쎄빠쥬는 와인의 맛과 스타일을 결정하게 된다. 현재 프랑스에서는 30여 종이 와인을 생산하는 데 주로 사용된다. 크게 화이트·레드 와인용으로 구분되는 쎄빠쥬는 각각 색깔, 향기, 포도 알의 크기, 잎 등 고유한 특성을 지니고 있다.

포도 수확철의 농사 모습

와인의 대표격 몇몇 품종을 알고 있다면, 레스토랑에서 와인을 선택하기 쉽다. 즉 어느 정도 미리 와인의 맛을 예상할 수가 있게 된다. 프랑스에서는 전통적으로 에티켓에 포도 품종을 명시하지 않지만 미국, 호주, 뉴질랜드, 칠레, 아르헨티나 등 신대륙에서 생산하는 와인의 에티켓에는 포도 품종을 표시하고 있다. 즉 프랑스 와인은 지역 명칭을 중심으로 한 반면에, 신대륙 와인은 회사명과 포도 품종의 표시를 중요시한다.

한편 여기에서는 화이트·레드 와인용으로 구분되는 쎄빠쥬 중 가장 잘 알려진 대표격 포도 품종만을 집중적으로 다루고자 한다.

**화이트 와인용 포도 품종**

a. 샤르도네(chardonnay): 영어식 발음은 '샤도네이'다. 프랑스 내륙 부르고뉴 지방의 샤블리(Chablis) 지역과 프랑스 북동부 샹빠뉴(Champagne) 지방의 주요 품종으로 캘리포니아, 호주, 이탈리아 등 세계 각국에서 널리 재배되고 있다. 샤르도네의 특징은 섬세하면서 깊고, 석회 성분 때문에 미네랄 향(광물질에서 느껴지는 향)이 강하고 산도가 높으며, 특히 향이 풍부한 특성을 지니고 있다. 이 포도 품종은 열대과일과 같은 과일향, 너트향, 버터향이 물씬 풍기는 고품격 와인이 된다. 오크통(참나무통)에서 숙성 시 바닐라 향기, 혹은 불이나 연기에 그슬린 듯한 훈제향이 난다. 샤르도네 화이트 와인은 굴, 해산물 요리와 잘 어울린다.

b. 뮈스까데(muscadet): 부르고뉴(Bourgogne) 지방이 원산지이며, 뮈스까데

의 특징은 맛과 향이 은은하고 부드럽다.

c. 쏘비뇽 블랑(sauvignon blanc) : 샤르도네와 더불어 화이트 와인의 대표적인 쎄빠쥬다. 쏘비뇽 블랑의 주요 재배지는 프랑스 르와르(Loire) 지방과 보르도(Bordeaux) 지역이 중심이며, 미국 캘리포니아, 뉴질랜드 등에서도 생산한다. 쉽게 마실 수 있는 가볍고 드라이한 와인으로 허브, 올리브, 풀 냄새가 혼합된 듯한 향기가 난다. 허브향, 가벼운 여름 풀향기가 특징인 쏘비뇽 블랑은 그 맛 또한 상큼하고 달콤하며 깔끔하다. 르와르 강 유역의 유명한 쌍세르(Sancerre), 뿌이 퓌메(Pouilly-Fumé) 지역이 쏘비뇽 블랑 화이트 와인으로 유명하다.

귀부병에 걸린 포도 송이

d. 쎄미용(sémillon) : 주로 보르도 지역에서 재배되는 쎄미용은 특히 그라브(Graves) 지역의 쏘떼른(Sauternes)에서 재배한다. 쏘떼른의 고급 화이트 와인으로 생산되는 쎄미용은 '귀부균'('귀하게 부패한다'의 의미)이라는 미세한 버섯 곰팡이가 번식하는 '고귀한 썩음 현상'이 생겨난다. 이러한 현상 덕분에 포도에서 수분이 말라버림으로써 풍미가 농축되어 보통 수확한 포도보다 10배가 넘는 당분이 함유될 뿐 아니라 신맛을 없애주고 익은 과실향, 벌꿀향 등을 생성시킨다.

e. 리슬링(riesling) : 리슬링은 서늘한 곳에서 잘 자라며, 추위에 강한 품종이다. '화이트 와인의 꽃' 리슬링은 새콤달콤한 맛을 지녔다. 레드 와인이 떫은 맛(탄닌)의 묵직하고 거친 반면에, 화이트 와인의 맛은 대체로

신선하고 상큼한 편이다. 즉 화이트 와인은 껍질을 제거한 포도나 청포도를 사용하기 때문에 신맛이나 쌉쌀한 맛이 나는 것이 많다. 또한 레드 와인이 발효를 먼저 한 후 1년에서 2년 반 정도 오크통에서 숙성시킨다면, 화이트 와인은 먼저 즙을 짜서 발효시킨다는 차이점이 있다. 독일의 모젤(Moselle) 리슬링 와인보다 단맛이 적은 대부분의 알자스(Alsace) 화이트 와인은 우리나라 한식뿐 아니라, 생선, 가금류 등 아시아 요리와 잘 어울린다.

알자스 와인의 병모양

f. 게뷔르츠트라미네(gewurztraminer) : 이 포도 품종은 상큼하고 드라이하면서도 스파이시하다. 게뷔르츠트라미네의 '게뷔르츠'(gewurz)는 독일어로 '양념'이라는 뜻을 지녔다. 일반적으로 생각하는 매운 맛이 아니고, 일종의 '후추 같은 미묘한 향'이라고 할 수 있다. 이 포도 품종은 알자스(Alsace)에서도 가장 귀하게 취급되며, 재배하기도 까다로운 품종이다. 게뷔르츠트라미네의 주요 산지는 프랑스 알자스 지방과 독일에서 재배된다. 알자스 화이트 와인의 특징은 과일향이 강하게 느껴지고, 아로마가 풍부하며, 그 풍미가 매우 섬세한 데 있다.

### 레드 와인용 포도 품종

a. 까베르네 쏘비뇽(cabernet sauvignon) : 까베르네 쏘비뇽은 레드 와인 품종의 최고봉으로 가장 잘 알려져 있다. 입 안에 꽉 찬 느낌의 중후하고 묵직한 풀 바디(full body) 와인이다. 보르도에서도 특히 메독(Médoc)과 그라브(Graves) 지역의 주요 품종이다. 이곳에서는 까베르네 쏘비뇽을

60~70퍼센트 혹은 그 이상 사용한다. 한편 보르도 지역은 까베르네 쏘비뇽과 더불어 다른 품종들과 블렌딩해 많이 사용하는데, 까베르네 쏘비뇽은 메독 지역의 그랑 크뤼(grand cru)급 와인으로 인식되어진다. 프랑스 이외에 캘리포니아, 호주, 칠레 등 세계 곳곳에서 재배하고 있다.

포도알이 작고, 껍질이 두꺼운 모습을 지닌 까베르네 쏘비뇽은 까막까치밥 나무열매(프랑스 전나무 숲 밑 주위에 나는 조그만 산딸기 일종) 향이 난다. 또한 남성적인 이미지로 짙은 자주색과 탄닌이 풍부해 텁텁한 맛을 지니며, 숙성 속도가 느리다. 즉 장기숙성용의 쎄빠쥬로, 일반적으로 묵직한 스타일의 떫은 맛이 강하고, 탄닌 성분이 많은 와인은 바로 마시기에 너무 거칠게 느껴져 수년간 와인 셀러에 보관한다. 그리고 마실 때에는 오랫동안 장기 숙성되어 맛과 향기를 열어주기 위해 디켄터를 사용

**디켄팅(decanting)**

이 와인 용어는 코르크 마개를 딴 와인병에서 "디켄터"(decanter)라고 불리는 호리병처럼 생긴 용기로 와인을 옮겨 따르는 과정을 말한다. 이는 와인병 속에 가라앉은 침전물을 와인과 분리하기 위함이며, 와인을 디켄터로 옮기면서 와인을 공기에 접촉시켜 병 속에서 잠자고 있던 와인의 독특한 향기를 불러일으키기 위한 것 또한 디켄팅을 하는 이유다.

특히 5년 미만의 보르도 와인은 탄닌이 강해 아직 충분히 숙성되지 못한 탓에, 떫고 강한 맛이 제대로 열리지 않은 상태다. 따라서 이런 경우 디

디켄팅을 하는 모습

켄팅을 해주면 공기와 호흡시켜 닫혀 있던 와인의 향기를 단숨에 열어주게 된다.

**바디(body)**

한마디로 '입 안에 꽉 차는 느낌'을 말하며, 와인의 무게감이나 점성도, 질감을 표현하는 와인 용어다. 보통 라이트 바디(Light Body), 미디엄 바디(Medium Body), 풀 바디(Full Body)로 나뉜다. 라이트 바디 와인은 가벼운 느낌의 와인으로 주로 화이트 와인, 로제 와인이나 경쾌한 보졸레 와인, 젊은 레드 와인 등이 해당된다. 또한 미디엄 바디 와인은 중간적인 무게감을 나타내며, 풀 바디 와인은 특히 알코올 농도가 높고, 쏘떼른(Sauternes) 와인처럼 단맛이 강하거나, 혹은 떫은 맛이 많이 느껴지는 보르도 메독과 그라브 지역에 해당된다.

하기도 한다.

b. 메를로(merlot) : 보르도에서도 쌩떼밀리옹(Saint-Emilion) 지역의 주요 품종으로, 까베르네 쏘비뇽에 비해 탄닌이 적어 텁텁한 맛이 덜해 순하면서도 산뜻하고 부드럽다. 포도 알이 크고 껍질이 얇은 모습이며, 과육의 질감이 잘 느껴진다. 즉 맛이 달콤하고 과즙이 많으며 과일향을 느낄 수 있다. 최근 세계 여러 나라에서 재배하고 있다. 보르도 지역은 주로 메를로를 까베르네 쏘비뇽과 혼합해 사용하며, 신대륙에서는 단일종으로 와인을 생산한다. 보르도 뽀므롤(Pomerol) 마을에서 생산하는 뻬트뤼스(Pétrus)는 메를로만 95퍼센트 이상 사용하는 특급 와인이다.

c. 까베르네 프랑(cabernet franc) : 이는 보르도 지역에서 까베르네 쏘비뇽과 메를로를 섞을 때 주로 들어가는 포도 품종 중 하나다. 즉 까베르네 프랑은 까베르네 쏘비뇽의 단단하고 떫은 맛을 줄이며, 와인을 부드럽고

가볍게 만들어준다. 또한 까베르네 쏘비뇽보다 색깔이 엷고, 탄닌 함량이 적은 특징을 지니고 있다.

d. 삐노 느와르(pinot noir) : 부르고뉴 지역을 대표하는 포도 품종으로, 고유의 붉은 과일류 향이 지배적이다. 삐노 느와르는 기후에 민감하고, 재배하기도 다루기도 까다로운 품종으로 만들어진 고급 와인이다. 얇은 과일 껍질로, 엷고 밝고 부드러운 앵두색을 띄었으며, 벨벳처럼 우아하고 부드러운 촉감을 지녔다. 탄닌도 비교적 적어 섬세하고 화사한 여성적인 맛을 낸다. 삐노 느와르는 딸기향과 꽃향기가 뛰어나며, 약간 신맛의 와인을 생산해낸다. 부르고뉴 지방 이외에 알자스와 샹빠뉴 지방의 일부에서도 역시 재배된다.

e. 시라(syrah) : 삐노 느와르와 달리, 이 포도 품종은 서리와 추위에 강하고 적응력이 뛰어나다. 주로 프랑스 남부 론느강 유역과 프로방스 지방에서 재배된다. 론느강 유역의 프로방스 지방은 프랑스에서 가장 오래된 포도원이 있는 곳으로, 바로 프랑스 와인의 역사가 시작된 지역이다.
한편 시라는 페르시아인에 의해 처음 경작되었으며, 아주 오래된 품종 중의 하나로, 검은색에 가까울 정도로 색깔이 짙고, 과일향이 풍부하며, 탄닌의 함유량이 높다. 호주(특히 이곳에서는 이 포도 품종을 "쉬라즈"라고 호칭), 칠레와 같은 신대륙에서 많이 생산한다. 그윽한 향이 가득한 와인으로 주로 '스파이시한 후추향'이 난다. 즉 강렬한 아로마와 탄닌이 주는 조밀함을 잘 보여주는 시라는 자극적인 와인으로 간주된다. 특히 후추 계열의 스파이시한 향신료가 느껴지는, 론느 지역의 레드 와인은 우리나라 음식인 불고기, 양념 닭과 잘 어울린다.

f. 가메(gamay) : 부르고뉴(Bourgogne) 지방의 남쪽 보졸레(Beaujolais) 지역에서 재배되는 토속 품종이다. 즉 가메는 초기에 마실 수 있는 가벼운 과

일 맛에 신선한 타입의 레드 와인으로, 장기숙성에 적합하지 않은 품종이다.

**탄닌(tannin)**

탄닌은 입안을 떫게 만드는 요소로 포도 껍질, 줄기, 씨앗 등에 들어 있다. 또한 오크통 숙성을 통해서도 얻어질 수 있는데, 새 오크통일수록 탄닌의 성분이 많다. 한마디로 탄닌은 적당한 떫은 맛과 텁텁한 감촉을 결정짓는 중요한 물질이다. 한편 탄닌에는 해충을 방지하는 기능이 있어 일종의 '천연 방부제' 역할을 하기에 오랜 기간 숙성시키려는 와인일수록 껍질을 더 많이 우려낸다. 와인에 탄닌이 많이 함유된 경우에는 와인이 쉽게 변질되지 않고 복합미가 있는 와인이 된다. 요컨대 탄닌은 레드 와인을 장기숙성시키는 요소가 된다.

**마리아쥬(marriage)**

프랑스어로 '결혼'이라는 뜻인 마리아쥬는 '와인과 음식의 조화·매칭'을 말한다. 음식의 기름진 정도, 향과 소스 맛의 강한 정도에 따라, 다시 말해 음식의 조리법을 고려해 와인을 선택하는 것도 좋은 기준이 된다. 즉 기름지고 맛과 향이 풍부한 요리는 레드 와인을, 담백하고 부드러운 맛의 요리에는 화이트 와인을 고르는 것이 적당하다.

한편 와인은 '국물 음식'으로 볼 수 있는데, 서양 문화에서는 와인을 식사에 곁들이는 '일상적인 음식'으로 생각한다. 즉 식사를 할 때 와인으로 목을 축여가며 식사를 하는 것이다. 따라서 와인을 즐겨 마시는 서양문화에서는 당연히 음식과 와인의 조화를 매우 중시하게 된다.

### 프랑스 각 지역별 포도 품종의 특징

우선 보르도산 와인은 여러 포도 품종들을 섞어서 만드는 것을 선호한다. 특히 보르도 지역에서는 까베르네 쏘비뇽, 메를로, 까베르네 프랑과 같은 세 가지 포도 품종을 주로 함께 블렌딩하기 때문에, 와인 맛이 다소 묵직하고 떫은 맛이 있으며 무겁다. 즉 보르도 지역은 탄닌을 느낄 수 있는 풀 바디 와인으로, 농후한 향과 진한 색상을 띠게 된다. 이러한 블렌딩 과정을 통해 보르도 지역은 다양한 개성을 지닌 여러 종류의 와인을 만든다.

반면 부르고뉴 지방의 주요 포도 품종은 보르도와 달리 획일적이다. 레드용 품종으로는 오로지 삐노 느와르 한 가지 품종만으로 깔끔한 맛의 와인 제조를 선호한다. 따라서 이 지역 와인의 맛은 보르도산보다는 탄닌 성분이 적어 섬세하고 부드러우며, 향이 화려하고 와인의 색상은 엷고 밝다. 즉 부르고뉴산은 과일 맛과 신맛이 풍부하고, 떫은 맛이 적으면서 섬세하고 산뜻하다. 이와 더불어 부르고뉴의 보졸레 지역에서는 소량이지만 가메 품종도 재배된다. 또한 부르고뉴의 화이트용 품종으로는 샤르도네가 주로 재배된다.

한편 남프랑스 지방은 와인을 만들 때 여러 포도 품종을 블렌딩하는데, 랑그독 지역은 3~5가지 정도, 혹은 그 이상이 혼합되는 경우가 많다. 특히 론느강이 흐르는 프랑스 론느(Rhône) 남부 지역은 무려 총 13가지의 포도 품종을 섞기도 한다.

### 부르고뉴와 보르도 지역의 비교

부르고뉴는 보르도 지역과 함께, 프랑스 와인의 양대 산맥을 이룬다. 보르도가 '대규모 와이너리'라면, 부르고뉴는 '소규모의 가족 경영체제'로 볼 수 있다. 부르고뉴 지방은 프랑스에 합병되기 전까지 오랜 세월 동안 독특한 자신들만의 문화를 간직한 곳으로, 부르고뉴에는 보르도처럼 대규모의 샤또가 없고, 영세한 소규모의 포도밭들이 죽 이어져 있다.

프랑스 대혁명 이후 수도원 소유였던 보르도 및 부르고뉴 지역의 포도밭은 정부에서 거의 몰수했다. 그중 보르도 지역의 포도밭은 영국과의 무역을 통해 많은 부를 축적한 무역상이나 귀족들이 다시 사들여 소유하게 되었지만, 부르고뉴 지역의 포도밭은 당시의 소작인들에게 분배되었다. 그 후 시간이 경과함에 따라 프랑스의 복잡한 상속법에 의해 포도밭은 더욱 세분화되어 오늘날에 이르렀다.

부르고뉴 와인 산지는 대체로 보르도 전체 면적의 약 3분의 1에 불과하다. 부르고뉴는 3500개의 양조장으로 세분화되어 있으며, 각각의 포도밭마다 소유주가 여러 명이 존재한다. 부르고뉴에서는 전통적으로 포도밭을 사고파는 게 드물다.

한편 보르도 지역을 "와인의 여왕"이라고 부른다면, 부르고뉴 지방은 "와인의 왕"이라 할 수 있다. 또는 "왕의 와인"이라고 일컬어지는데, 일찍이 루이 14세 때 주치의 파콩에 의해 궁전에서 선택된 와인이기 때문이다. 부르고뉴는 지리적으로 보르도에 비해 빠리와 가까운 편이었고, 워낙 맛이 좋아 프랑스 왕실과 귀족층에서는 19세기 전반까지 부르고뉴 와인만 마셨다.

## 부르고뉴(Bourgogne) 지역의 특징 – 황금의 언덕에서 캐다

### 부르고뉴 지역의 전반적인 특징

빠리와 더 가까운 곳에 위치한 부르고뉴(Bourgogne) 지역은 프랑스 내륙에 위치해 있다. 부르고뉴는 영어식 발음인 '버건디'(Burgundy)로도 알려져 있다. 흔히 "부르고뉴의 와인 산지"라고 부르는 곳은 북쪽 샤블리(Chablis)지역의 오세르(Auxerre)에서 디종(Dijon)을 거쳐, 쏜느(Saône)강을 따라 리옹(Lyon)에 이르는, 남북으로 300킬로미터의 좁고 긴 지역을 가리킨다. 상당히 높은 위도와 내륙 특유의 대륙성 기후로, 포도의 생육조건으로 본다면 그다지 적합하지 않다. 그러나 양질의 토양과 일조량이 좋은 구릉지에 포도밭을 만듦으로써 오늘날 세계적인 포도 산지가 되었다.

부르고뉴식 전통 문양의 건물

부르고뉴의 담장으로 둘러싸인 포도밭

또한 '햇 와인'으로 유명한 보졸레(Beaujolais) 지역은 부르고뉴 최남단에 위치해 있어 행정구역상 부르고뉴에 속하나 와인 산지로서는 전혀 다른 특성을 가지고 있다. 즉 이곳에서는 가메 품종을 사용해 신선하고 산뜻한 맛의 레드 와인을 생산하는데, 서민적이고 대중적인 와인의 특성을 띤다. 한편 부르고뉴 지역의 와인 잔 모양은 다른 지역과 달리 둥글어서 부드러운 향을 모아주는 역할을 한다.

부르고뉴 지역은 포도밭의 위치에 따라 와인의 맛이 달라진다. 가까이 붙은 밭이라도 저마다의 특성이 있다. 단 로마네 꽁띠는 밭 전체를 한 회사가 차지하고 있는 유일무이한 와인이다. 반면에 끌로 드 부조는 80명의 땅 주인이 있어 80구역으로 나뉘어진다(세포 분열된 포도밭). 부르고뉴의 모든 토지는 프랑스 혁명 이전까지 교회와 왕실의 소유였다. 혁명 이후 시민에게 매각되었는데, 그때 넓은 포도밭은 시민들이 구입할 수 있을 정도의 소규모 단위로 나뉘어졌다. 또한 나폴레옹 시대 때 만들어진 파격적인 상속법으로 모든 자녀는 남녀 공평하게 토지를 상속받게 되었는데, 이런 과정에서 포도밭은 다시 한 번 더 쪼개졌다. 이렇게 해서 오늘날 부르고뉴의 포도밭은 대부분 여러 주인들이 분할 소유하는 형태를 띠게 되었다.

### 토양과 기후

부르고뉴 지역의 포도밭은 완만한 경사로 이루어진 구릉지대의 사면에 위치한다. 석회암과 점토가 주성분인 토양이 양파 껍질과 같이 복잡하게 걸쳐져 있어 각각의 밭마다 토양의 성질이 다르다. 또한 여름에는 따뜻하고 겨울에는 추운 대륙성 기후를 보이며, 남과 북이 뚜렷한 기온 차이를 가지고 있다.

한마디로 부르고뉴는 흐린 날씨에 비가 잦고 바람이 많다. 즉 겨울에는 춥고 봄에는 서리가 내리며, 수확기에는 비가 자주 내려 포도를 재배하는 데 많은 노력이 필요하다. 이렇게 포도재배에 어려움이 있지만, 포도밭들이 남향과 동남향 방향으로 길게 형성되어 있어 일조량은 충분하다.

부르고뉴는 땅의 기운이 중요하다. 궂은 날씨와 변덕스러운 기후에도 불구하고 포도를 제대로 익힐 수 있어 이러한 토양의 비결을 "떼르와르"라고 부른다. 그러므로 와인의 맛은 떼르와르에 따라 달라지며, 떼르와르는 오직 땅에서만 비롯되므로 부르고뉴 와인의 품질은 진작 밭에서 결정된다. 부르고뉴는 마을에 따라 지명도가 정해져 있는 게 특징이다.

### 네고씨앙(négociant)

부르고뉴 지역의 가장 큰 특징은 동일한 밭에 다수의 소유자가 존재한다는 것이다. 다시 말하면 단위당 재배 면적이 다른 지역에 비해 좁다. 따라서 부르고뉴 지역의 포도원은 소규모로 분할했기 때문에, 각각의 수확량이 적다. 그 결과 와인 유통에 종사하는 중간 판매상(네고씨앙)이 영세한 재배자들로부터 포도를 사들여 양조하는 것이 일반화되었고, 이들은 와인을 통째로 구입해 병에 담거나, 혹은 숙성시켜 유통시키기도 하고, 또는 만들어진 와인을 사들여 유통시키기도 한다.

포도재배 농가의 규모가 극히 작은 부르고뉴 지역에서는 다른 지역에

비해 네고씨앙이 활약하는 경우가 많으며, 따라서 부르고뉴 지역 와인은 마을 이름보다 술상인의 이름을 중시하는 면이 있다. 즉 부르고뉴 와인을 선택할 때, 네고씨앙의 명성이 와인 선택에 있어 중요한 단서가 된다. 이 중간 판매상들은 부르고뉴 와인을 전 세계에 알리는 데 중요한 역할을 해왔으며, 그 역사는 200년 이상 거슬러 올라간다. 현재까지 역사와 전통을 자랑하는 최고의 와인 판매상으로 부르고뉴의 명문 중개상 '루이 라뚜르'(Louis Latour) 가문을 들 수 있다.

한마디로 네고씨앙과 도맨느의 차이점은 도맨느가 소량 생산해 자기 밭에서 나온 포도로 만드는 반면에, 네고씨앙은 자기 밭에서 나온 포도로 만들기도 하지만, 한편으로 포도를 사서 와인을 만들어 자신의 상표를 붙이고 대량 생산해 수출한다는 데 있다.

## 부르고뉴(Bourgogne) 지역의 마을들

### 샤블리 (Chablis)

'화이트 와인의 대명사' 샤블리는 부르고뉴 지역 최대의 재배지로, 부르고뉴 화이트 와인 생산량의 27퍼센트에 해당한다. 샤블리는 부르고뉴에서 화이트 와인만 생산하는 지역이다. 부르고뉴 서쪽 최북단에 위치한 곳으로 주로 샤르도네 품종을 재배한다. 이곳은 전 세계적으로 유명한 샤르도네 화이트 와인을 생산하는 지역이다.

또한 이 마을은 진흙과 굴 껍질로 이루어진 석회질 토양으로 이루어져 있으며, 기후가 서늘해 화이트 와인을 생산하기에 적합한 조건을 갖춘 곳이다. 샤블리 화이트 와인의 매력은 미네랄이 풍부하며, 부싯돌의 풍미에 섬세한 맛과 과일향, 적절한 꿀향과 약간 드라이하면서 떫은 맛이 난다. 이곳의 와인이 독특한 맛을 내는 비결은 이 지역의 토양 특성 때문이다. 샤블리는 중생대 바닷속에서 형성되었던 빠리 석회암 분지의 북쪽 언덕을 형성하고 있어, 토양 속에 수많은 작은 굴화석들과 진흙질이 함께 어우러져 있는데, 특히 작은 굴화석들이 포도농사에 중요한 배수에 큰 도움을 준다. 한편 샤블리 와인은 굴과 해산물 요리와 잘 어울린다.

**꼬뜨 도르(Côte d'Or, 황금의 언덕) – 부르고뉴 와인 산지의 중심부**

꼬뜨 도르는 폭이 1000미터도 채 안 되며, 반면에 길이는 50여 킬로미터에 달하는, 남북으로 좁고 길게 뻗은 비탈 지역이다. 북쪽의 '꼬뜨 드 뉘'와 남쪽의 '꼬뜨 드 본'으로 나뉘어진다. 이 지역에서는 오로지 삐노 느와르만을 사용해 최고의 와인을 생산해낸다.

a. 꼬뜨 드 뉘(Côte de Nuits 부르고뉴의 북쪽 지역 & 레드 와인의 유명 산지) : 디종의 남쪽에서 시작되는 이 산지에서는 거의 레드 와인만을 생산한다. 북쪽에서부터 길이 20킬로미터에 달하는 긴 포도밭으로 구성되어 있다. 서늘한 기후로 삐노 느와르를 재배하기에 가장 이상적인 떼르와르를 가지고 있어, 세계적으로 품질이 뛰어난 레드 와인을 생산해낸다. 부르고뉴의 전설, 꼬뜨 드 뉘에 속하는 마을들은 다음과 같다.

- 쥬브레 샹베르땡(Gevrey Chambertin) – 쥬브레 샹베르땡은 나폴레옹이 즐겨 마셨던 와인으로, 붉은 과일을 연상케 하는 향과 빛깔을 띈다. 또한 이 와인은 감미로우며, 적절한 산도에 탄닌 성분이 힘을 더해주어 균형이 잘 잡힌 장기숙성형에 해당한다. 즉 전통적인 방식에 따라 탄탄한 골격이 느껴지는 와인으로 포도나무의 평균 나이는 70년 정도다.

- 샹볼 뮈지니(Chambolle Musigny) - '연인의 와인' 샹볼 뮈지니는 화려한 향기와 비단 같은 감촉 가운데 가장 여성스럽고 섬세한 와인으로 느껴진다. 한편 이 마을은 술병 모양의 포도밭을 형성한다.
- 부조(Vougeot) - '부르고뉴의 심장이자 핵심'으로, 부르고뉴 와인의 탄생이 이곳에서 시작되었다(중세 와인 문화의 씽크탱크). 담으로 쌓인 포도밭을 "끌로"라고 부르는데, 끌로 드 부조는 담으로 감싼 부조 포도밭, 작은 경작지를 가리킨다('끌로 드 부조'는 수도원 이름이면서, 포도밭 이름이고, 또한 와인 이름이기도 함). 대부분 특급 포도밭인 경우가 많으며, 장기 숙성 타입의 레드 와인을 생산한다.
- 뉘 쌩 조르쥬(Nuits-Saint-Georges) - 바로 꼬뜨 드 뉘의 중심지에 해당된다.
- 본 로마네(Vosne Romanée) - 산이 약간 낮고 과일 맛이 풍부한 와인을 만들어내는 곳으로, 특히 이 마을에서는 세계적으로 유명한 최고급 레드 와인이 생산되는 명산지 로마네 꽁띠(Romanée Conti)가 있다. 본 로마네 마을은 로마네 꽁띠[1] 이

로마네 꽁띠 포도밭의 상징 '십자가'

---

1 세계에서 가장 비싼 와인으로, 한 병에 2000만 원에 이른다. 1년 동안 단 6000병만 생산한다. 로마네 꽁띠 1병 + 다른 종류 11병 = 12병이 한 세트. 삐노 느와르 품종 100퍼센트로만 만들어지며, 동양의 음력 농사법으로 포도 농사를 짓는다. 모두 일일이 손 수확으로 철저한 포도의 선별 작업을 거친다. 숙성은 100퍼센트 새 오크통에서 이루어진다. 오래 둘수록 점점 그 맛이 깊어지는 로마네 꽁띠는 매우 우아하고 부드러운 와인으로, 연한 색깔의 아주 담백한 느낌이 든다. 한마디로 이 와인 맛의 특징은 '벨벳, 고혹, 미스터리'로 요약된다. 흔히 이 와인을 가리켜 "DRC"(Domaine de la Romanée Conti)라고 부른다.
로마네 꽁띠는 일찍이 로마 시대부터 내려온 진주 같은 포도밭이다. 이 밭을 둘러싼 귀족간 다툼도 발생했는데, 루이 15세 애인 퐁파두르(Pompadour) 후작 부인과 꽁띠(Conti) 공작 사이에 벌어진 쟁탈전이 그와 같은 경우에 해당한다. 결국에는 꽁띠 공작이 승리한 뒤 그 이후 귀한 손님에게만 대접하게 된 유래를 가지고 있다.

외에 라 따슈(La Tâche), 리슈부르(Richebourg), 로마네 쌩 비방(Romanée-Saint-Vivant), 그랑 에쎄조(Grands Echezeaux), 에쎄조(Echezeaux), 몽라쉐(Montrachet)와 같은 그랑 크뤼(grand cru)급 와인 등으로 구성된다. 한편 이 마을은 꼬뜨 드 뉘에서 가장 남쪽에 위치한다.

b. 꼬뜨 드 본(Côte de Beaune 부르고뉴의 남쪽 지역 & 화이트 와인의 유명 산지) : 이 지역의 중심지 본(Beaune)은 와인 박물관이 위치해 있고, 옛 성곽으로 둘러싸인 매우 아름답고 고색창연하며 매력적인 곳이다. 길이 25킬로미터의 완만한 구릉에 위치한다. 꼬뜨 드 본 지역은 삐노 느와르와 샤르도네 품종을 재배해 레드 와인과 화이트 와인 모두를 생산한다. 이 지역의 토양은 자갈이 많고 철분이 함유된 점토와 석회질 토양으로 구성되어 있어 샤르도네 품종 재배에 적합하다. 꼬뜨 드 본에 속하는 마을들은 다음과 같다.

- 뫼르쏘(Meursault), 퓌리니 몽라쉐(Puligny Montrachet), 샤싸뉴 몽라쉐(Chassagne Montrachet) 등이 있다. 뫼르쏘는 몽라쉐와 함께 프랑스를 대표하는 화이트 와인이 된다. 특히 주목할 만한 화이트 와인으로 샤싸뉴 몽라쉐, 퓌리니 몽라쉐가 있는데, 이 중 퓌리니 몽라쉐는 섬세한 기운, 뛰어난 품질, 높은 수준으로 부르고뉴 지역에서 최고로 꼽힌다. 즉 뫼르쏘를 지나 남쪽으로 이어지는 퓌리니 몽라쉐 와인의 특징은 신맛과 향이 좋고, 깔끔한 뒷맛과 귀족적인 우아함을 갖고 있다.

꼬뜨 샬로네(Côte Chalonnais)와 마꼬네(Maconnais) 지역은 그리 훌륭한 와인이 나오지 않으며, 그랑 크뤼와 프르미에 크뤼급 와인은 전혀 없다.

## 보르도(Bordeaux) 지역의 특징

'와인의 대명사' 보르도는 매우 중요한 와인 산지로, 이미 로마 시대에 와인 명산지가 되었듯이 바로 와인과 함께 발전해온 지역이다. 대서양 연안에 위치한 보르도 지역은 대양성 기후이며, 프랑스 4대 하천 중의 하나인 가론느(Garonne)강이 흐르는 등 천혜의 자연환경을 지녔다. 즉 보르도 위쪽으로 도르도뉴(Dordogne)강이 흐르고, 아래로 가론느강이 흘러 이 두 강이 합쳐져 지롱드(Gironde)강을 이루어 대서양으로 흘러간다.

보르도는 프랑스 와인 전체 생산량의 10퍼센트를 차지하며, AOC 등급은 25퍼센트를 생산한다. 그중에서 레드 와인은 75~80퍼센트 정도 차지하며, 최고 서열의 와인들이 대부분 이 지역에서 나온다. 한편 화이트 와인은 15퍼센트 정도를 생산한다.

보르도 지역은 봄과 가을에 서리가 내리는 위험이 있지만, 대서양 해양의 온화한 지중해성 기후 영향 아래, 약 400만 년 전에는 바닷속에 있었다. 따라서 지금도 보르도 지역의 땅을 파면 조개 껍데기가 발견된다.

2000년의 와인 역사와 함께 보르도 와인이 가지고 있는 특유의 우수성은 바로 '떼르와르'에 있다. 즉 보르도 지역은 천혜의 떼르와르를 지녔다. 보르도 지역에서는 세계 최대 규모인 한 해 6억 병 이상을 생산해내는데, 보통 9월에 포도를 수확해 20일 정도 발효시킨 후, 1년 반 동안 오크통에 숙성시킨다.

한편 보르도에서는 2년마다 한 번씩 프랑스 최대 와인축제가 개최된다. 6월말에서 7월 초에 가론느강변을 따라 와인 연회 이외에도 불꽃쇼, 다양한 문화행사 등이 펼쳐진다. 아울러 보르도 지역에서 즐길 수 있는 와이너리 투어는 보르도 관광청 웹사이트에서 예약할 수 있다.

**떼르와르(terroir)**

와인의 품질과 맛에 영향을 주는 포도밭의 토양뿐 아니라 토양의 물리·화학적 성질, 포도밭 지형의 경사도나 방향, 배수량, 품종의 상호작용, 햇볕·바람·일조량·온도·강수량 등과 같은 날씨, 땅과 공기 중에 사는 미생물 등 포도가 자라는 데 필요한 모든 자연환경 요소와 조건을 모두 다 포괄한다. 한마디로 '포도밭의 모든 종합적 환경'과 포도나무가 자라는 '환경적 요인'을 말한다. 포도로 만들어지는 와인은 포도가 자라는 데 필요한 자연환경에서 자유로울 수 없다. 즉 자연적 조건에 크게 영향을 받으므로, 따라서 '떼르와르'란 와인 생산지에 따른 특성, 성격과 개성을 가리키며, 이에 따라 나라와 각 지역마다 와인의 맛과 향이 다름을 알 수 있다.

## 보르도(Bordeaux) 지역의 마을들

보르도 지역은 크게 메독(Médoc), 쌩떼밀리옹(Saint-Emilion), 쏘떼른(Sauternes)과 같이 3개의 구역으로 나뉜다.

### 메독(Médoc)

메독 지역은 지롱드강을 사이에 두고 강 왼쪽에 위치한다. 강을 끼고 양쪽의 토양과 기후가 완전히 다르다. 강 왼쪽에 위치한 메독(Médoc)과 그라브(Graves) 지역의 특징은 주로 배수가 잘 되는 척박한 자갈 땅이며, 포도 품종은 이곳의 토양에 적합한 까베르네 쏘비뇽을 주로 재배한다. 이 지역은 비옥하지 않은 토양이지만, 거칠고 돌이 많아 배수가 잘 되기에 포도나무의 뿌리는 필요한 물과 양분이 흐르는 곳을 찾아 좀 더 깊숙이 토양을 파고든다.

보르도 포도밭의 척박한 자갈땅

보르도 와인산지의 샤또

메독 지역을 다시 세분하면, 북쪽의 메독과 남쪽의 오-메독(Haut-Médoc)으로 나눌 수 있다. 'Haut'는 프랑스어로 '높은', '우월한', '고귀한'이라는 뜻을 지녔는데, 오-메독은 세계적인 명성을 얻고 있는 최고의 와인 생산지이다. 오-메독 구역은 다음과 같이 여러 유명 산지 마을들로 구성된다.

**오-메독(Haut-Médoc)**

a. 쌩떼스떼프(Saint-Estèphe) : 이 마을의 대표적인 와인으로 샤또 몽로즈(Château Montrose)가 있다. 포도 품종은 까베르네 쏘비뇽을 주요 품종으로 쓰며, 메를로와 까베르네 프랑을 부속 품종으로 사용한다. 풍성하고, 과일향이 두드러지며, 단단한 골격을 갖추었다. 장기 숙성형 잠재력이 뛰어난 와인이다.

b. 뽀이악(Pauillac) : 한마디로 뽀이악 와인은 풍부하고 밀도감을 느낄 수 있다. 무엇보다 뽀이악 마을은 보르도 특 1등급 5대 샤또 가운데 3개가 생산되는 유명한 와인 산지다. 즉 샤또 무똥 로칠드(Château Mouton Rothschild), 샤또 라피트 로췰드(Château Lafite Rothschild), 샤또 라뚜르(Château Latour)를 말한다. 특히 샤또 무똥 로췰드는 1945년부터 샤갈(Chagall), 피카소(Picasso), 달리(Dali), 앤디 워홀(Andy Warhol) 등 매년 당대의 예술가들에게 와인의 라벨 디자인을 맡겨 와인을 '문화상품'으로 끌어올렸다. 즉 이 와인명가는 '와인과 예술의 만남'을 시도했으며, 프랑스 와인 업계 최초로 샤또 병입(오크통 속의 와인을 병에 담는 공정)을 실현시켰다.

c. 쌩쥘리앵(Saint-Julien) : 이 마을에서는 레몬 향이 나는 와인이 생산된다. 이곳의 와인 명문가로는 비교적 큰 포도원에 속하는 샤또 딸보(Château Talbot)가 있다. 역시 이곳도 까베르네 쏘비뇽을 주요 품종으로 메를로를 부속 품종으로 사용한다. 또한 소량의 까베르네 프랑이 사용되기도 한다. 쌩쥘리앵은 힘과 밀도가 여성적인 섬세함과 우아함을 동시에 잘 표현하는 와인이다.

d. 마르고(Margaux) : 향이 복잡한 최고급 샤또 마르고(Château Margaux)를 생산해낸다. 특히 어니스트 헤밍웨이가 이 와인을 매우 사랑했으며, 샤또 자체는 1802년 건립된 우아하고 훌륭한 건축물이다.

우아한 샤또 마르고

마르고 와인의 좋은 빈티지는 섬세하고 우아한 타입으로, 풍부한 알코올과 섬세한 부께가 탁월하다.

**보르도 특 1등급 5대 샤또**

가장 심오하고 귀족적이고 지적인 와인으로, 연간 생산량이 90만 병에 불과하다. 이러한 특급 와인은 품질을 유지하기 위해, 10년 이상 자란 포도나무의 열매만 사용한다. 즉 샤또 무똥 로췰드·샤또 라피트 로췰드·샤또 라뚜르(뽀이약), 샤또 마르고(마르고), 샤또 오 브리옹(그라브) 등이 바로 '보르도 5대 샤또'에 해당한다. 현재 이 포도원들은 외국인들에게 팔 수 없도록 법으로 규정하고 있다. 여기에 샤또 뻬트뤼쓰(뽀므롤), 샤또 디켐(쏘떼른) 등이 포함되면 '보르도 7대 샤또'가 된다.

**쌩떼밀리옹(Saint-Emilion)**

평온하고 아름다운 쌩떼밀리옹 마을

지롱드강 오른쪽에 해당하는 쌩떼밀리옹 지역의 특징은 물을 많이 필요로 하고, 서늘한 점토성 토양인 찰흙, 진흙으로 되어 있다. 이 지역은 이러한 진흙 토양에 적합한 메를로를 주요 포도 품종으로 쓴다. 이에 쌩떼밀리옹에서는 풍부한 맛과 향, 부드러운 와인을 생산해낸다.

한편 중세의 건물들이 잘 간직된 쌩떼밀리옹은 보르도에서 가장 아름다운 로마 시대의 포도마을로, 이 지역 자체가 유네스코 세계문화유산이라 볼거리가 풍부하다. 쌩떼밀리옹에서는 아주 오래전부터 보르도 지역을 대표하는 와인을 만들었고, 그 역사는 1000년을 넘어서고 있다. 쌩떼밀리옹은 700년 전 영국의 지배를 받았던 곳으로, 아직도 이 마을에는 영국인들이 많이 살고 있다. 이곳은 대략 3000명이 거주하는 마을이지만, 샤또가 1000개, 와인 상점 또한 100여 개가 있으며, 매년 약 100만 명의 관광객이 찾아온다. 이 지역에는 총길이 200킬로미터나 되는 지하 동굴이 미로처럼 얽혀져 있다. 대부분의 마을 사람들은 이 지하 동굴을 와인 저장고로 이용하고 있다.

흰색 퇴적암들이 병풍처럼 온 마을을 둘러싸고 있어서 언덕 위에서 내려다보면, 마치 고대의 원형극장을 보는 듯하며, 마을 외곽 지역에는 작은 성들과 이들이 소유한 포도밭들로 이루어져 있다. 아울러 쌩떼밀리옹 지역에서는 뽀므롤(Pomerol) 마을을 눈여겨볼 만하다. 특히 고가로 거래되는 최고급 와인 샤또 뻬트뤼스(Pétrus)가 유명하다.

### 그라브(Graves)

샤또 오 브리옹(Château Haut-Brion)은 그라브(Graves) 지역의 유명한 특급 와인이다. 그라브의 특징은 보르도 지역의 양조장을 처음 "샤또"(Château)라 불렀고, 와인에 처음으로 브랜드를 도입한 곳이기도 하다. 현재 이곳의 양조장과 포도밭 모두 중요 문화재로 지정되어 있는데, 전체 면적의 약 70퍼센트는 샤또와 저장고가 차지하고 있고, 포도나무가 심어진 포도밭은 42.4헥타르다. 이 중 55퍼센트는 까베르네 쏘비뇽, 20퍼센트는 까베르네 프랑, 25퍼센트는 메를로가 있다.

### 쏘떼른(Sauternes)

그라브에 둘러싸인 쏘떼른 구역은 세계적으로 유명한 화이트 와인 '샤또 디켐'(Château d'Yquem)을 생산한다. 이 초장기 숙성형 단맛 와인은 꿀처럼 달콤하고 꽃향과 과일향이 녹아내리는 듯한 복잡미묘한 향과 맛을 발산한다. 짙은 황금색을 띤, 아주 다디단 디저트용 스위트 와인이다. 이는 '귀부균'이라는 곰팡이가 핀 포도로 만들어, 일명 "귀부(귀하게 부패한) 와인"이라고 불리는데, 이 때문에 포도의 당도가 높아져 맛있고, 달콤한 디저트 와인이 된다.

대개 포도나무 한 그루에서 와인 한 병이 생산되는 데 반해 샤또 디켐은 소량의 포도만을 가지에 열리게 하고, 그중에서도 적합하지 않은 품질의 포도는 양조에 사용하지 않는다. 따라서 포도나무 한 그루에서 만들 수 있는 와인의 양은 단지 1잔 정도밖에 되지 않으므로 가격 또한 상당히 비싸다. 이 와인은 병입하기 전에 3~5년간 오크통에서 숙성을 시키며, 병입 후에도 20년 이상은 기다렸다가 마셔야 와인의 맛과 향의 진가를 느낄 수 있다. 한편 이 와인은 시간이 지날수록 점점 더 좋아져 100년 이후에도 마실 수 있는 와인으로 유명하다.

## 남프랑스(Midi France) 지역의 특징

### 남프랑스 와인의 역사

와인은 살아 있는 존재로 주위 환경을 흡수한 포도나무가 자신만의 개성으로 태어나는 것이다. 프랑스 지역별 와인의 특징은 같은 언덕에 조성된 밭이라 해도 경사도나 방향에 따라 와인의 품질이 또 다를 수 있다.

프랑스 남쪽으로 가면 꽤 이국적이면서도 낭만적인 곳을 만나게 된다. 와인에 있어서 남프랑스는 행정구역상 랑그독(Languedoc), 루씨용(Roussillon) 등이 대표적이고, 론느(Rhône) 일부 지역, 프로방스(Provence) 등 아름다운 지중해 연안을 따라 형성된 와이너리들이 이 범주에 속한다.

남프랑스는 기원전 5세기경 그리스를 통해 포도나무가 심어졌고, 로마인에 의해 발전된 와인 양조법으로 발전했다. 루이 14세의 통치하에 만들어졌던 운하 '까날 뒤 미디'(Canal du Midi)를 통해 대서양에서부터 보르도로 흘러간 와인 역사의 흐름을 보여주고 있다. 즉 포도나무는 프랑스 론느에서부터 시작해 보르도 지역까지 확산되었다.

### 남프랑스 와인의 특성

특히 프로방스 지역에서는 레드 와인과 얼음을 넣은 시원한 로제 와인이 주를 이룬다. 프로방스인들은 이 달콤한 로제 와인을 물처럼 마시기도 한다. 각각의 와이너리 포도농장에서는 대부분 무료 시음과 더불어 할인된 와인 구매가 가능하다.

올리브와 와인이 주로 생산되는 남프랑스에서는 전체 인구의 70~80퍼센트가 와인 산업에 종사하고 있다. 남프랑스 지역은 전 세계적으로 많은 양의 와인이 생산되는 프랑스 와인 중 전체 생산량의 40퍼센트를 차지하고 있다. 한편 남프랑스는 오랜 와인의 역사를 지니고 있기 때문에 이 지역에서 생산되는 포도 품종은 매우 다양하며 와인을 만드는 사람도, 와인 스타일도 소박한 편이다. 오래된 와인 역사를 지니고 있는 랑그독-루씨용 지역은 로마 시대부터 포도를 재배해 평균 수령 60년 이상의 포도나무들로 이루어져 있다. 현재 론느 북부 지역의 계단식 밭은 바로 로마인들이 만들었다.

### 론느 지역 와인의 특징

현존하는 포도원 중 가장 오래된 포도원은 프랑스 론느 지역에서 찾을 수 있다. 바로 이 지역은 프랑스의 포도 재배와 와인 생산에 큰 영향을 미쳤던 로마인들의 중요한 포도 재배지이기도 했다. 론느 밸리는 론느 지역 전체 와인 생산량의 약 80퍼센트를 차지하는 꼬뜨 뒤 론느(Côtes-du-Rhône), 이보다 조금 더 고급 산지라 할 수 있는 꼬뜨 뒤 론느 빌라쥬(Côtes-du-Rhône Villages), 또한 론느 지역에서 가장 고품질 와인이 생산되는 꼬뜨 뒤 론느 크뤼(Crus de Côtes-du-Rhône)로 나뉜다.

아울러 론느 밸리는 론느강을 따라 북부와 남부로 와인 산지가 구분되며, 두 지역은 뚜렷한 기후 차이를 보인다. 즉 론느 북부는 대륙성 기후로, 겨울에는 혹독하게 춥고 습한 편이며 여름은 무덥고 초가을에는 안개가 자주 낀다. 반면 남부의 여름도 무덥지만, 겨울에 햇빛이 많아 온난한 지중해성 기후를 나타낸다.

특히 '미스트랄'(mistral)은 론느 지역의 포도 재배에 영향을 주는 가장 큰 특징적인 기후다. 미스트랄은 알프스에서 론느강 계곡을 통해 불어오는 차갑고 건조한 북서풍으로, 포도나무 성장기 동안에는 포도나무의 열을 식혀줘 포도가 산도를 유지하도록 돕는다. 또한 수확기에는 잎 사이를 건조시켜주어 포도나무가 곰팡이 피해를 입지 않도록 도와주는 중요한 역할을 하게 된다.

### 론느 지역의 포도 품종

한편 갈로-로망 시대의 대표적인 포도원이 있는 곳은 론느 북부 지역에 위치한 꼬뜨 로띠(Côte-Rôtie) 마을이다. 프랑스에서 바디감이 가장 풍부하고 밸런스가 좋으며 입안에서의 피니시가 긴 고급 레드 와인 중 하나다. 이 마을은 주로 적포도인 시라(syrah)를 최소 80퍼센트 재배하면서 포도밭 사이사이에 청포도인 비오니에(viognier)를 심어 한꺼번에 수확해 레드 와인을 만든다. 향이 매우 풍부한 비오니에는 꼬뜨 뒤 론느의 북부에서만 재배되며, 시라와 함께 블렌딩해 시라의 강렬한 풍미를 어느 정도 부드럽게 완화해준다. 척박하고 자갈이 많은 토양에서 잘 자라며 당도가 매우 높은 포도 품종으로, 고급 와인을 만들어낸다. 반면에 론느 남부 지역은 여러 품종을 다양하게 블렌딩해 와인을 생산해낸다.

꼬뜨 로띠 와인은 약간 자극적이고 색깔이 진해 오래 보관할 수 있으며, 시라로 만든 '세계 최고의 와인'이라 불린다. 이 지역의 몇몇 포도원은 마치 박물관을 보는 것처럼 로마 시대의 낮은 담장이 잘 보존되어 있다.

이 외에 론느 밸리 남부의 주요 와인 산지로는 세계적 명성을 지닌 샤또뇌프 뒤 빠쁘(Châteauneuf-du-Pape)를 들 수 있다. 이는 '교황의 새로운 성'이라는 뜻으로 로마 교황청이 아비뇽으로 옮겨진 것에서 유래한 이름이다. 다시 로마로 교황청이 옮겨가기 전까지 이 지역에 머물렀던 7명의 교황들은 포도를 재배하고 와인을 만드는 데 많은 노력을 기울였다.

론느 남부 지역에서 광범위하게 재배되는 주요 레드 품종으로는 그르나슈(Grenache)가 있는데, 스페인이 원산지로 장기 숙성 와인을 만들기 위해 주로 시라와 블렌딩한다. 이 포도 품종은 바람과 건조한 기후에 특히 잘 견디며, 우아한 체리향, 라즈베리잼의 풍미, 높은 알코올 도수, 낮은 산도 등 입 안에서 풀 바디한 레드 와인을 만들어낸다. 또한 그르나슈의 화이트 형태로, 역시 알코올 함량이 높고 산도가 적은 그르나슈 블랑(Grenache Blanc)이 있다. 주로 풀 바디한 질감과 긴 여운의 고급 와인을 만든다. 요컨대 론느 지역은 레드 와인과 화이트 와인을 모두 생산하며, 화이트 와인의 강한 맛이 특징이다.

## 샹빠뉴(Champagne)

### 샹빠뉴 지방

거품이 나는 와인, 즉 '축제의 술'이자 '축하의 술' 샴페인(Champaign)은 프랑스어식 발음으로 "샹빠뉴"(Champagne)라고 한다. 1927년부터 법에 따라 오로지 프랑스의 북동부 샹빠뉴 지방에서만 생산되는 발포성 와인을 "샹빠뉴"(샴페인)라고 지칭한다. 한편 프랑스 다른 지방에서 생산되는 거품 포도주는 "크레망"(Crémant)이라고 하며, 미국이나 호주, 칠레 등에서는 "스파클링 와인"(Sparkling Wine), 이탈리아에서는 "스푸만테"(Spumante), 스페인에서는 "까바"(Cava), 독일에서는 "젝트"(Sekt)라고 하는 등 나라마다 불리는 용어가 제각기 다르다.

샹빠뉴 지방은 빠리의 북동쪽 샴페인의 고장 랭스(Reims)를 중심으로 형성되어 있다. 이곳은 프랑스의 포도 산지 가운데 가장 내륙에 위치하고 있다. 이 지역의 기후는 겨울에 춥고 여름에 더운 대륙성 기후이다. 이곳의 600킬로미터에 펼쳐진 샴페인 관광코스는 포도밭으로 뒤덮여진 채, 언덕 너머 구불구불하게 이어져 있다.

### 샹빠뉴의 특성

샹빠뉴의 에티켓에는 생산연도가 없는 것이 특징이다. 샹빠뉴는 삐노 느와르와 삐노 뫼니에(pinot meunier) 2/3에다 샤르도네를 섞어서 제조한다. 또한 샴페인을 제조할 때는 섞는 것이 기본이다. 샹빠뉴 지방은 한랭지대라 해마다 포도의 품질 차이가 크기 때문에 평준화시키기 위해서 여러 해의 와인을 섞기도 하고, 다양한 포도 품종 혹은 다양한 구획에서 만든 와인을 섞기도 한다. 따라서 포도 수확의 연도를 정확하게 기재할 수가 없다. 그러나 수확량이 좋았던 해는 예외적으로 빈티지를 표시한다. 샴페인은 대부분 2년 6개월에서 3년 정도 숙성시키는데, 특급 샴페인은 10~12년, 또는 그 이상 오랫동안 숙성된 것도 있다.

한편 모든 샹빠뉴가 쎄빠쥬를 섞어 만든 것은 아닌데, 특히 블랑 드 블랑(blanc de blancs)은 '흰 것 중의 흰 것'을 뜻하며, 이때 화이트 와인용 포도 품종인 '샤르도네'만을 사용한다. 반면에 블랑 드 느와르(blanc de noirs)는 '검은 것 중의 흰 것'을 뜻하며, 이것은 레드 와인용 포도 품종인 '삐노 느와르'만을 사용한다. 이와 더불어 아름다운 색깔의 분홍빛 '로제 샹빠뉴'(champagne rosé)도 있다.

### 샹빠뉴 제조법

샹빠뉴 지역의 특징인 기포를 형성하기 위해 샹빠뉴에서는 두 번의 발효 과정을 거친다. 2차 발효 단계에서는 침전물을 없애기 위해 병들을 약간씩 두드리며 돌려주는 과정을 행한다. 이를 "르뮈아쥬"(remuage)라고 부르는데,

병을 돌려주는 르뮈아쥬 작업

샴페인을 만들 때 병 속의 침전물을 모으기 위해 병을 비스듬히 세워두고 약 6~8주 동안 정기적으로 가볍게 돌려주는 작업을 가리킨다. 그리고 마지막 단계에서 불순물들이 제거되고, 코르크 마개를 막기 직전에 단맛을 돋우기 위해 소량의 설탕 시럽(감미료)을 첨가한다.

### 샹빠뉴 잔

샴페인의 미묘한 맛과 향을 올바로 즐기려면 샴페인을 차갑게 해서 조용하게 열어야 고유의 맛을 느낄 수 있다. 늘씬한 샴페인 잔은 튤립 모양의 가늘고 긴 잔으로 디자인되어 있는데, 이는 바닥을 차고 지속적으로 올라오는 이산화탄소 버블을 제대로 감상할 수 있을 뿐 아니라 탄산 손

가늘고 긴 튤립모양의 샴페인잔

실을 최소화하기 위해서다. 바로 탄산가스는 샹빠뉴를 산화로부터 지켜내는

데, 잔 유리 두께가 얇을수록 입술에 닿는 샴페인의 진가를 제대로 느낄 수 있게 된다. 잔에 샴페인을 절반 정도만 따르고, 우선 눈으로 색깔과 미세한 거품을 감상해본다.

### 샹빠뉴 브랜드

샹빠뉴의 특징은 모두 AOC 등급이기에 에티켓에 '원산지 통제 표시'가 없다는 것이다. 샹빠뉴의 유명한 회사로는 모에 에 샹동(Moët et Chandon, 'M&C'로 표시)이 있다. 이 회사의 프리미엄급 브랜드로는 향과 맛이 부드러운 전통 샴페인 '동 뻬리뇽'(Dom Pérignon)을 들 수 있다. '샴페인의 아버지' 동 뻬리뇽(1638~1715)은 샴페인을 처음으로 만든 수도사의 이름이다. 장님이었던 그는 미각과 후각이 무척 뛰어났다. 그는 난제였던 샴페인에서 발생하는 기포를 없애지 않고 2차 발효 때의 침전물을 제거하는 방법을 발견했다. 즉 발효 중에 생기는 탄산가스를 병 안에 가둘 수 있다는 걸 알아낸 것이다. 동 뻬리뇽 이외에도 크뤼그(Krug), 크리스탈(Cristal)과 같은 명품 샴페인 브랜드가 있다.

'와인의 보석' 샴페인에 가장 중요한 것은 고급스러운 즐거움의 이미지를 가꾸고 보호하는 마케팅 전략이다. 이렇듯 샴페인은 그냥 와인의 한 종류라기보다는 "하나의 스타일"이라는 말이 있을 정도로, 술의 최고 정점을 차지한다.

## 꼬냑(Cognac)

### 꼬냑 마을

꼬냑은 와인을 증류시켜 만든 향기가 진한 술로, 보르도 쪽 '꼬냑'(Cognac)이라는 작은 마을 이름에서 유래되었다. 이 마을의 전체적인 모습은 다른 지역보다 밑으로 움푹 들어간 형태를 취하고 있다. 이곳은 프랑스에서 가장 더운 지역으로 여름에 보통 영상 45도까지 올라간다. 예로부터 이 지역의 와인은 신맛이 무척 강해서 와인을 만들기에 원래 좋은 땅은 아니었다. 그 후 17세기 때 와인을 끓여본 데서 착안한 꼬냑은 바로 황무지에서 찾아낸 명품인 것이다.

### 꼬냑 제조법

꼬냑의 원료는 와인을 이중 증류해 얻은 포도 원액이다. 꼬냑을 만드는 방법은 포도로 술을 담가서 그 술을 다시 끓여, 그 김이 식어 생겨진 이슬을 나무통에 꼭 봉해 적어도 3년 이상을 묵히면 독특한 향을 풍기게 된다. 꼬냑은 숙성될수록 향이 짙어지는 특성이 있다. 아무리 비슷한 조건을 가졌어도 꼬냑 마을이 아닌 다른 지역에서는 제대로 자라지 않는 등 꼬냑 마을 또한 다른 와인 산지에서처럼 꼬냑을 생산해내는 데 있어 천혜의 자연 조건을 지녔다.

특별하고 귀한 '신의 술' 꼬냑은 제한된 지역에서 어려운 공정을 거쳐 만들어지기에 태생부터 '대중화'와 거리가 멀다. 요컨대 꼬냑 1병을 만들려면 와인 9병 이상이 필요하다. 그만큼 맛과 향기가 압축되는 것인데, 통 안에 있지만 증류하면서 1년 동안 2.5~3퍼센트 정도가 증발되며 15년이 지나면 그 양은 절반으로 줄어든다. 또한 색깔도 맑은 색이 점차 캐러멜색으로 변하게 된다. 꼬냑은 참나무통에서 숙성되면서 호두, 개암 같은 견과류향이 생기기도 한다.

### 꼬냑의 특성

한편 숙성 기간은 가격을 정하는 절대적 기준이 된다. 즉 2년 간격으로 등급이 올라가고, 가격 또한 기하급수적으로 비싸진다. 그리고 오랫동안 숙성될수록 꼬냑의 향은 짙어지는데, 신선한 향에서 진한 과일향으로, 나중에는 설탕에 절인 과일향이 되는 등 서서히 농축된다. 보통 4~10년 정도의 숙성 기간이 일반적이며 간혹 40~50년 된 것도 존재한다.

#### 꼬냑 브랜드

가장 오래된 진귀한 포도 원액(꼬냑의 원료)을 대량 보유한 곳으로는 꼬냑 지역에 설립한 헤네시(Hennessy)가 있으며, 그 밖에 까뮈(Camus), 레미 마르땡(Remy Martin) 등이 꼬냑 브랜드로 잘 알려져 있다.

꼬냑잔으로 시음하는 모습

특히 꼬냑은 프랑스 요리 정식에서 맨 마지막 코스인 커피를 마시고 난 다음, 실제적으로 가장 마지막 순서에 해당한다. 즉 식사를 한 후 소화가 잘 되게 마시는 꼬냑은 일종의 소화주처럼 여겨진다. 꼬냑은 샴페인처럼, 또는 그 이상으로 값비싼 '고급 브랜디'로 인식된다.

## 2
# 음식과 빵

**예술로 승화시킨 음식 문화의 본고장 – 프랑스 미각기행**

프랑스인들에게 요리는 단순한 본능 충족의 수단이 아니다. 같이 나누어 먹는 '식사'가 삶에서 굉장히 중요한 요소이자 문화의 핵심적인 요소이기 때문이다. 프랑스인들은 예로부터 음식에 대한 도전 정신이 강하고, '오픈 마인드'를 지녔다. 한 나라의 음식은 곧 민족의 핵심적인 문화이며, 민족성을 반영하게 된다. 음식은 결국 문화를 소비하는 일이며, 음식 문화에는 전통과 관습이 배어 있기에, 그 민족의 기질과 문화를 이해하는 방법이 된다. 외국 문화를 접하고 배우면서 가장 쉽게 접근할 수 있는 방법은 바로 식생활 문화를 익히는 것이다. 식생활 문화에는 그 나라의 역사·사상·환경이 녹아 있으며, 음식 역시 여행처럼 아는 만큼 즐길 수 있다.

한편 프랑스 식탁과 식문화에서 빠지지 않는 메뉴인 빵과 디저트는 한마디로 프랑스를 대표한다. 매력적인 맛의 빵과 디저트는 바로 프랑스 문화를 만들어내는 원동력이 된다. 음식 분야에 이은 빵 문화 단원에서는 프랑스 문화 그 자체로 볼 수 있는 빵과 디저트의 종류별 특색을 살펴보고, 아울러 프랑스에서 빵과 디저트가 차지하는 위상에 대해 알아보고자 한다.

## 프랑스 요리가 다채로운 이유

### 좋은 기후 조건과 자연환경

우선 프랑스는 육지의 삼면이 바다로 둘러싸여 수산 자원이 풍부하다. 또한 산보다는 초원과 구릉지대가 발달되어 있어 소, 말, 양, 염소 등이 자라고, 넓은 비옥한 토지에서는 각종 농산물이 풍부하다. 즉 다양한 식재료를 얻을 수 있는 프랑스는 유럽 최대의 농업 국가다. 국토의 80퍼센트 정도가 비옥한 땅이라 질 좋은 농축산물이 생산되고 있다. 한마디로 프랑스는 음식 문화에 있어 천혜의 자연 조건을 갖추었다고 볼 수 있다.

### 프랑스인들의 왕성한 입맛

여러 다른 민족들, 즉 켈트족, 라틴족, 게르만족 등이 모여 사는 나라이므로 온갖 입맛이 다 모여 있다. 아울러 무엇이든 호기심을 갖고 잘 먹는 프랑스인들의 왕성한 입맛을 들 수 있다. 다시 말해 그들은 다양한 음식들을 먹으면서 미각이 예민해졌다. 여러 나라와 국경을 맞대고 있는 프랑스는 이탈리아, 독일, 스위스, 스페인 등 주변 국가들로부터 받은 음식 문화의 영향이 그들의 다양한 음식에 여실히 드러남을 알 수 있다.

프랑스인들은 요리뿐 아니라 문화 전반에서 다른 나라의 문화에 많은 호기심을 느껴, 맛 보고 받아들이는 데 거리낌이 없다. 특히 빠리에는 다른 도시들에 비해 유난히 아시안 음식점들이 많음을 알 수 있다.

### 프랑스 요리의 고급화

예전에 왕과 귀족들의 호화찬란한 생활과 까다로운 입맛 등이 프랑스 요리의 고급화를 추구해 오늘의 명성을 얻게 되었다. 한편 음식 문화의 역사적인 면을 보자면, 프랑스 혁명은 요리에도 큰 변화를 가져왔다. 단두대를 피한 귀족의 요리사들은 레스토랑으로 몰려와 요리를 발전시켰다. 즉 프랑스 대혁명 이후 왕실의 주방장들이 거리에 쏟아져 나와 레스토랑을 차리게 되자 서민들이 왕처럼 귀족 음식을 즐기게 되었다.

또한 앙리(Henri) 2세의 왕비 까뜨린느 드 메디시스(Catherine de Médicis)[2]는 이탈리아 명문 귀족인 '메디치 가문' 출신으로, 앙리 2세와 결혼하기 위해 프랑스로 오면서 당시 솜씨가 뛰어난 피렌체 출신의 요리사들을 데리고 온다. 그 후 이탈리아 요리가 프랑스에 전해져 바로 프랑스 음식 문화의 르네쌍스가 시작되었으며, 이때부터 빠리에 요리 학교가 생겨 많은 요리사가 양성되기 시작했다. 한편 까뜨린느 드 메디시스는 포크를 사용하게 되는 식사예법을 도입했다. 그녀가 주도한 식사예절 교육이 있기 전, 프랑스에서는 포크가 없어 나이프로 자른 음식을 손으로 집어 먹었다.

### 섬세한 조리법과 수용적 음식 문화의 형성

프랑스 음식은 복잡하면서도 섬세한 맛, 다양한 소스의 발달, 아름답기까지 한 데커레이션 등으로 세계 최고의 음식으로 꼽힌다. 특히 소스가 프랑스 음식의 중심이 된다. 그 배경에는 그리스와 로마를 통해 배우고, 식민지로부터 다양한 식품과 수백 가지의 향신료, 그리고 조리법을 가져온 그들의 역사가 있었다. 여기에 특유의 예술적 성향까지 보태졌으니 더욱 섬세하게 다듬어질 수밖에 없었다.

---

2 그녀는 음식 뿐 아니라 그 외 중요한 문화 요소를 들여왔다. 즉 '향수 문화'인데, 그녀는 개인 조향사와 함께 와서, 프랑스에 향수 문화가 상류층을 중심으로 빠르게 퍼져 나가게 된 계기를 만들었다.

## 프랑스인들의 식습관

### 현대 프랑스 요리의 특징

'미식의 나라' 프랑스에서는 한마디로 먹는 것을 좋아하고, 이에 많은 관심을 가진다. '먹는 즐거움'은 바로 프랑스 여행의 참맛처럼 인식될 정도다. 프랑스에서는 음식을 준비하고 먹는 것이 '한 편의 연극을 연출하는 것'과 같다고 본다. 즉 프랑스인들은 음식을 하나의 예술로 평가한다.

한편 프랑스 현대 요리의 경향은 간소화, 퓨전화, 스낵 레스토랑, 지역 음식의 득세, 아시아 음식의 선호, 와인과 음식의 새로운 조합, 건강식 등을 들 수 있다.

'프랑스식 식사'는 이미 유네스코 세계무형유산으로 등록되었다. '프랑스식 식사'의 개념에는 요리와 궁합이 잘 맞는 와인의 매치, 코스별 식사 순서, 아름답고 대칭된 테이블 세팅, 식사하면서 "음식이 참 맛있다"와 같이 끊임없이 요리를 칭찬하는 대화 주고 받기, 즉 '대화법' 등이 이에 해당된다. 프랑스인 중 95퍼센트가 프랑스식 식사가 자신의 전통 및 정체성에 중요한 부분을 차지한다고 믿는데, 프랑스인들은 함께 식사를 하며 '맛'이라는 즐거움을 나누길 좋아한다.

### 프랑스 여성들의 생활 다이어트

프랑스는 전통적으로 신선 식품을 많이 먹는 건강한 식습관을 갖고 있어 비만 문제를 보면, 그리 심각하지 않다. 건강한 삶에 많은 관심을 가지고 있고, 날씬한 몸매를 유지하려는 프랑스인들의 욕망은 그들의 식습관에서 알 수 있다. 프랑스 아이들은 어릴 때부터 '바른 식생활' 연습을 한다. 아이들에게 식사 시간에 과식을 하지 않도록 하기 위해, 식사 시간에 맞춰 과일과 물을 섭취하게 한다. 성인이 된 프랑스 여성들은 집 근처 공원 등을 이용한 규칙적인 운동과 급하게 먹지 않는 식생활, 탄산 음료가 아닌 물을 즐겨 마시는 습관 등이 몸에 배어 있다.

또한 코스 요리를 다 즐기는 대신 조금씩만 먹으며, 대형 할인점에서 냉동식품과 조리식품을 잔뜩 사다 냉장고, 다용도실에 쌓아놓는 장보기를 하지 않는다. 대신 그때그때마다 재래시장에 나가 상인들과 대화를 나누며 과일 하나를 고를 때도 오늘 먹을 것인가, 내일 먹을 것인가에 따라 각각 다른 것을 산다. 다시 말해 반드시 제철 재료를 사고, 직접 요리하길 즐긴다. 아울러 집에서 야채를 직접 재배해 먹는 것을 선호하며, 평소에 자주 걷고 산책하는 등 많이 움직이는 '생활 습관'에서 자연스럽게 몸매를 유지한다.

**프랑스인들의 식사 문화**

a. 프랑스에서의 아침식사는 대체로 적게 먹으며, 가볍고 담백하게, 그리고 약간 달게 먹는 편이다. 특히 커다란 잔에 밀크를 넉넉히 넣은 커피(까페 오 레[café au lait])를 버터와 잼을 바른 바게뜨 몇 조각, 혹은 크르와쌍과 함께 즐겨 마신다. 경우에 따라 아침 일찍 문을 여는 까페에서 가볍게 커피와 크르와쌍 한 개 정도만 먹기도 한다. 많은 프랑스인들은 아침식사로 오로지 커피, 혹은 차 한 잔만 마시거나, 전혀 아무것도 들지 않는 경우도 있다. 아이들은 코코아와 함께 버터와 잼을 바른 빵 몇 조각들, 때때로 시리얼과 과일을 먹기도 한다.

프랑스의 아침식사 차림

b. 요즘에는 점심식사의 속도가 예전보다 많이 빨라졌다. 즉 과거 점심시

간에 2시간씩 들여 코스 요리를 즐기는 프랑스인의 식사 습관도 최근에는 싸고 간편한 식사로 옮겨가고 있다. 햄, 토마토, 양상추 등을 넣은 간단한 바게뜨 샌드위치나 빠니니(panini), 샐러드, 과일 등으로 보다 더 가볍게, 빨리 점심식사를 마친다. 요즘 프랑스 청소년과 젊은이들은 햄버거나 바게뜨 샌드위치 등 패스트 푸드점을 많이 이용하는 추세다. 특히 프랑스 10대와 20대 소비계층에서는 값싸고도 빨리 서비스를 받을 수 있는 패스트 푸드에 대한 선호도가 점점 높아지고 있다. 공원이나 길거리의 벤치에는 이렇게 샌드위치 종류로 식사하는 사람들의 모습이 종종 눈에 띈다. 보통 점심시간에 많은 상점들이 2~3시간 정도 문을 닫기까지 하며, 일부 초중고 학생들은 점심을 먹으러 2시간 정도 집에 다녀오기도 한다.

바게뜨 샌드위치 가두판매점

젊은이들의 간편한 점심식사

c. 한편 프랑스에서는 저녁식사를 더 중요시하는 경향이 있는데, 저녁식사는 대부분 늦게 9시 정도에 먹는다. 일반 레스토랑에서도 저녁 9시에서 10시 사이가 가장 붐비는 시간이다. 한편 프랑스 가정식은 식재료 고유의 맛과 향을 잘 간직하고 있다.

## 프랑스의 대표적인 음식 - 프랑스인들이 즐겨 먹는 요리

**달팽이(escargot)**

에스까르고는 부르고뉴(Bourgogne) 특산의 식용 달팽이 요리로, 포도나무 잎을 좋아하기 때문에 와인으로 유명한 지역의 달팽이가 맛이 좋은 것으로 알려져 있다. 약간의 흙 냄새와 쫄깃한 씹는 맛이 좋으며, 소라맛과 비슷하다. 달팽이를 데치고, 껍데기에서 살을 빼 손질한다. 그런 후 다시 껍데기에 살을 넣고 다진 파슬리, 레몬즙, 마늘 버터, 향신료로 입구를 메운 뒤 오븐에 구운 음식으로 전채 요리 중 하나이며, 차가운 화이트 와인과 함께 먹는다. 즉 요리한 달팽이를 껍질에 다시 담고 장식해 내놓는데, 왼손으로는 집게 모양의 도구를 잡고, 오른손으론 막대 모양의 도구를 들고 내용물을 먹는다.

서빙된 달팽이 요리

에스까르고는 뜨거울 때 먹어야 살이 연하고 맛있다. 요즘 프랑스 마트에서는 전자레인지에 바로 데워 먹을 수 있는 간편식 형태의 달팽이도 판다. 그러나 요즘 웰빙을 추구하는 프랑스인들에게 달팽이가 콜레스테롤이 높은 음식으로 인식되어, 현재는 예전처럼 많이 먹지 않고 명절에만 먹는 음식이 되어버렸다.

**생굴(huître cru)**

레몬즙을 뿌려 유일하게 날것으로 먹는 차가운 전채 요리다. 나폴레옹, 발자끄 등이 무척 즐겨 먹었다. 프랑스에서는 토마토, 올리브유 등으로 맛을 낸

석화 플레이트 형태로 먹는다.

### 양파 수프(soupe à l'oignon)

비스트로 전통의 대표적인 수프다. 이는 식사 대용으로, 또한 감기에 걸렸을 때도 좋은 프랑스인들이 즐겨 먹는 수프다. 특히 겨울철 인기 전채 요리로, 서민적인 양파 수프는 옛날 새벽 시장에서 일하는 노동자들이 먹는 음식이었다. 이 수프는 잘게 썬 양파를 푹 끓인 다음 치즈를 얹어 함께 즐길 수 있으며, 양파와 닭고기 육수에서 우러나는 소박하고 깊은 맛이 일품이다.

비스트로 인기메뉴 '양파 수프'

### 프와그라(foie gras)

프와그라는 '기름진 간'이라는 뜻으로 살이 통통하게 오른 거위 간을 이용해 만든 고급 요리다. 캐비어, 트뤼프("땅속의 다이아몬드"라고 불리는 감자처럼 생긴 송로버섯으로, 암모니아 향의 독특한 냄새가 나며, 프랑스와 이탈리아가 주요 산지)와 함께 세계 3대 진미 중의 하나이며, 전채 요리에 해당한다. 이는 거위를 특수한 사육법으로 길러 간을 인위적으로 비대하게 만든 프랑스 북동부 알자스 지방의 특산품이다. 지방질이 풍부해 혀에서 녹아내릴 만큼, 부드러

거위 간 '프와그라'

우면서 고소한 맛이 짙다. 독특한 육질이 일품으로 요리할 때는 술, 향신료 등을 첨가한다.

프와그라는 조리법, 불 조절, 송로버섯(트뤼프) 유무에 따라 맛도 다양하다. 간을 그대로 굽기도 하고, 섬세하고 부드러워 빵에 얇게 발라 먹기도 한다. 또한 스프에 넣어서 먹는 등 다양한 요리법이 있다. 레스토랑에서도 먹을 수 있지만, 시장이나 식료품점에서 판매하는 통조림과 병조림 등도 있다.

**홍합(moule)**

감자튀김이 곁들여진 홍합찜

화이트 와인, 버터 크림, 파슬리, 로즈마리, 셀러리, 다진 양파, 마늘 등 야채로 만든 국물에 홍합을 쪄낸 후 여러 소스에 찍어 먹는다. 유럽에서는 홍합요리를 먹을 때 포크를 사용하지 않고, 홍합 껍데기 2개를 집게처럼 사용해 홍합을 빼먹는다. 벨기에의 브뤼셀이 본점인 '레옹'은 프랑스에 여러 홍합요리 전문 체인점을 운영하고 있다. 서빙할 때 바게뜨와 감자튀김이 함께 곁들여진다.

**부이야베쓰(bouillabaisse)**

지중해식 생선스튜 '부이야베쓰'

바다와 인접한 항구도시 마르쎄이유(Marseille) 등 남부 지방에서 많이 먹는다. 깊은 맛이 나는 프랑스의 푸짐한 가정 음식으로 서너 가지의 큰 생선에 토마토, 마늘, 올리브유, 각종 허브와 향신료 등을 같이 넣고 푹 끓인 지중해식 얼큰한 해물탕 생선수프 요리다. 원래 마르쎄이유의 어부들이 자신들이 잡은 생선들 중 값싼 것들만 따로 모아서 자신들이 먹기 위해 한꺼번에 넣고 끓여 먹었던 데서 유래한다. 여기에 감자까지 넣어 많은 양을 만들어 푹 끓여 먹었던 부이야베쓰의 어원은 '끓이다'(bouillir)와 '낮추다'(abaisser)와 같은 두 동사에서 온 합성어다. 즉 예전에는 가난한 사람들의 한 끼 배부른 식사였지만, 지금은 마르쎄이유를 비롯한 지중해 연안 도시의 고급 레스토랑에서 파는 음식이 되었다.

붕장어, 쏨뱅이, 농어 등 다양한 종류의 생선과 게, 왕새우, 홍합 등 지중해에서 나는 해산물과 어패류를 재료로 쓰는데, 맛을 내는 데는 사프란과 화이트 와인, 토마토 등이 사용되고 있다. 구운 빵을 바닥이 깊은 접시에 깔고, 그 위에 스프를 붓는다. 서빙될 때는 수프와 생선으로 나누어 제공된다.

**꼬꼬뱅(coq au vin)**

프랑스에는 300여 년이나 내려오는 전통으로 일요일에 닭고기를 먹는 관습이 있다. 꼬꼬뱅은 프랑스에서 매우 대중적인 음식이며, '가장 대표적인 닭 요리'라고 할 수 있다. 닭 한 마리를 레드 와인에 넣어 삶는 요리로, '포도주 안의 수탉'이라는 뜻을 가진다. 꼬꼬뱅은 일반적으로 면을 곁들이는데, 닭고기나 와인의 질에 따라 맛이 결정된다. 보졸레나 부르고뉴 레드 와인, 양파, 마늘, 버섯, 셀러리, 월계수 잎, 허브, 토마토 등을 넣고 오랜 시간 동안 졸여 만들며, 보졸레나 부르고뉴 와인을 곁들여 먹는다.

프랑스 국민음식 '꼬꼬뱅'

꼬꼬뱅은 크리스마스에 빠지지 않는 음식인데, 꼬꼬뱅의 유래는 큰 수탉의 질긴 육질을 부드럽게 만들기 위해 고안된 요리라는 설과 백성들의 가난한 생활을 본 왕이 일요일에 닭을 먹으라고 명령해 만들었다는 설이 있다. 와인의 풍미와 담백한 닭고기가 잘 어우러진 요리로, 포도주를 많이 생산하는 부르고뉴 지방에서 특히 발달했다.

**뵈프 부르기뇽(boeuf bourguignon)**

쇠고기 찜요리 '뵈프 부르기뇽'

일종의 쇠고기 찜 형태의 요리로, 소의 넓적다리 부위를 사각형으로 잘라서 야채를 넣고 적포도주에 하룻밤 재워두었다가 은근한 열로 2시간 정도 푹 익히는 요리다. 프랑스에서는 기본적인 가정 요리이자 부르고뉴 지방의 전통 음식에 해당하며, 꼬꼬뱅과 마찬가지로 적포도주로 양념을 해 깊고 다소 짠맛이 난다. 뵈프 부르기뇽은 '비프 스튜의 원형'이기도 한데, 이 요리의 주 양념 재료는 마늘, 양파, 당근, 각종 허브, 셀러리, 버섯, 향신료 등이 들어간다. 부르고뉴산 포도주와 함께 먹는다.

**포토푀(pot au feu)**

프랑스 가정식 요리 '포토푀'

쇠고기 스튜인 포토푀는 쇠고기와 야채를 오랜 시간 동안 같이 끓인 가정식 요리로 '가장 프랑스적인 요리'에 해당한다. 한편 이 음식은 수백 년 전부터 서민들이 즐겨 먹은 대중적인 보양식이기도 하다. 중세 시대 프랑스인의 소박한 멋이 담겨 있는 포토푀는 육수의 깊은 맛이 인상적이며, 겨울에 온 가족이 둘러앉아 먹기에 좋은 뜨끈한 국물요리다. '불에 올린 냄비'라는 뜻의 포토푀는 불 위에 커다란 냄비를 걸고 고기를 물에 넣고 끓였다는 데서 그 이름이 유래했다. 즉 소뼈와 여러 부위의 소고기를 함께 끓이다가 감자, 당근, 순무, 양파, 양배추, 대파, 셀러리 등의 채소를 크게 썰어 넣고, 소금과 통후추, 각종 향신료로 밑간을 한다. 그런 다음 뭉근하게 오랫동안 끓인 것으로, 포토푀는 고기를 오랜 시간 채소와 함께 끓여 깊은 맛과 향을 우려내는 것이 핵심이다. 보통 먼저 건져낸 고기와 채소는 접시에 먹을 만큼 덜어 놓고, 곰국처럼 진하게 우러난 육수는 크루통(튀긴 빵조각)과 치즈를 얹어 나중에 먹는다.

한편 포토푀는 국물 없이 삶은 요리만 먹기도 하는데, 먹을 때는 소금과 겨자에 찍어 먹는다. 오늘날 프랑스인들은 단조로운 포토푀에 와인으로 국물을 내어 변화를 주거나 좀 더 다양한 재료를 사용하기도 한다.

### 슈크루뜨(choucroute)

알자스식 슈크루뜨

슈크루뜨는 수북히 담은 양배추 절임에 돼지고기, 햄, 소시지, 베이컨, 감자 등을 첨가한 요리다. 소시지와 베이컨, 돼지고기 등의 기름진 맛을 깔끔히 씻어내는데 소금에 절인 발효 양배추가 무척 잘 어울린다. 알자스(Alsace)식 슈크루뜨가 유명하며, 이 지역 특산물인 리슬링 화이트 와인이나 맥주와 함께 매칭한다. 이 요리는 뜨거울 때 겨자를 살짝 뿌려 먹는다.

### 퐁뒤(fondue)

끓는 치즈에 찍어먹는 퐁뒤

퐁뒤는 '녹이다'(fondre)라는 어원에서 비롯된 뜻으로 스위스 음식으로 많이 알려져 있다. 한편 프랑스에서도 스위스와 가까운 알프스 '싸브와(Savoie) 지방'의 토속음식에 해당한다. 긴 꼬챙이 끝에 바게뜨 조각을 찍은 후 그것을 화이트 와인과 갖은 향신료가 첨가된 지글지글 끓는 치즈(프로마쥬[fromage]) 녹은 것에 찍어 먹는다. 한편 기름을 넣은 냄비에 꼬챙이 꽂은 고기를 익혀 다양한 소스와 함께 먹는, 고기(미트) 퐁뒤도 있다.

특히 꽁떼(comté) 치즈를 주로 사용하는 싸브와 지방의 퐁뒤 요리법은 불에 올리기 전 미리 마늘 한 쪽으로 그릇 내부를 닦아내듯 문질러 마늘 냄새가 살짝 배게 하는 특징이 있다.

### 크레쁘(crêpe)

프랑스의 대중적인 음식으로 브르따뉴(Bretagne) 지방의 특산물이다. 길거리 가판대에서 버터를 녹인 프라이팬에 메밀가루를 넓게, 종잇장 같이 얇게

테두리를 접은 프랑스식 크레쁘

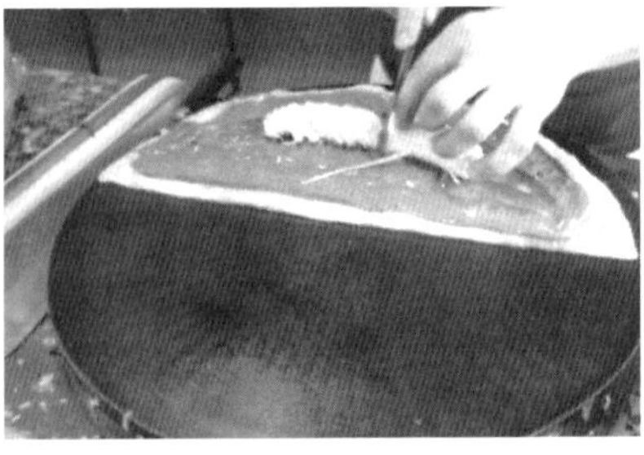
길거리 간식으로 즐겨먹는 크레쁘

부쳐 그 위에 설탕이나 잼, 초콜릿 시럽 등을 뿌려 간식처럼 판다. 또는 식사 대용의 정식 요리로 크레쁘(crêpe) 위에 과일이나 야채, 달걀, 햄, 치즈, 베이컨, 버섯, 해물 등을 얹어 먹기도 한다. 또는 후식으로 먹을 때에는 크레쁘 위에 아이스크림이나 생크림, 호두, 아몬드, 초콜릿 등을 얹어 먹는다.

### 갈레뜨(gallette)

프랑스 브르따뉴 지방에서 유래한 둥글 넓적하게 만들어진 빵과자다. 종류는 프랑스 지방별로 특색 있는 갈레뜨가 있는데 "왕의 과자"라고 일컬어지는 갈레뜨 데 르와(Gallette des Rois)가 가장 대중적이고 보편적이다. 갈레뜨 데 르와 이외에 갈레뜨 브르똥은 브르따뉴 지방에 전해 내려오는 동글납작한 비스킷으로, 바삭바삭한 질감이 특징이다. 아몬드 크림을 넣지 않아 맛과 모양이 심플하면서도 브르따뉴 산 유염버터를 듬뿍 넣어 감칠맛이 돈다.

브르따뉴 지방의 갈레뜨 브르똥

프랑스에서는 전통적으로 14세기부터 새해맞이 카톨릭 명절인 '주현절'(1월 6일)에 갈레뜨를 먹는 풍습이 있다. 사기로 만든 작은 인형인 '페브'(fève)를 갈레뜨 데 르와에 숨겨놓고 여러 사람이 모여 앉아 페브가 들어 있는 빵 조각을 고른 사람이 하루 동안 왕이 되는 놀이를 한다. 페브는 본래의 모양인 누에콩을 비롯해 사람, 동물, 인형, 만화 캐릭터 등 그 종류가 매우 다양

갈레뜨 속에 숨겨놓은 페브

하다. 타르뜨 모양의 갈레뜨는 담백하면서도 고소한 맛을 지녔으며, 바로 '스토리텔링 기법'이 가미된, 재미난 문화적 요소가 듬뿍 담겨져 있다. 갈레뜨는 윗면에 잎 모양 등의 무늬를 내주는 것이 갈레뜨의 전통적인 스타일이다.

### 크로끄 무슈(croque monsieur)

프랑스식 샌드위치 '크로끄 무슈'

크로끄 무슈는 프랑스인들이 까페에서 즐겨 먹는 간식이자 프랑스식 브런치로, 겉은 바삭하고 속은 부드러운 '프랑스식 샌드위치'다. 이 간식은 뜨거울 때 먹어야 제맛을 느낄 수 있는 샌드위치로 테이크 아웃은 안 된다. 식빵 사이에 베샤멜 소스(흰색 소스)를 바르고 슬라이스햄과 치즈를 올린 뒤 오븐에 구워 맛이 고

### 크로끄 마담(croque madame)

달걀 프라이를 얹은 크로끄 마담

크로끄 무슈를 더 맛있게 먹기 위해 그 위에 반숙된 달걀 프라이 하나를 더 얹은 형태를 가리킨다. 따라서 좀 더 고소한 맛과 더불어 든든함까지 느낄 수 있다. 크로끄 마담이라는 이름은 크로끄 무슈 위에 올린 달걀 프라이가 당시 여성들이 썼던 고전적인 모자의 모습과 닮은 데서 유래되었다. 상큼한 과일이나 샐러드를 함께 곁들이면 영양 밸런스까지 잘 잡아준다.

소하다. 여기에 간단한 샐러드까지 곁들이면 한 끼 식사로도 충분하다. 예전에 광산에서 광부들이 식어서 굳은 샌드위치를 난로에 올려놓아 익혀서 바삭하게 먹은 데서 유래되었다. 크로끄(croque)는 '바삭한'이라는 뜻이며, 무슈(monsieur)는 '아저씨'를 의미한다.

**끼쉬(quiche)**

짭짤한 맛의 식사용 파이 '끼쉬'

끼쉬는 '프랑스식 소형 파이'로 프랑스와 독일 간 국경 지역 로렌(Lorraine) 지방의 클래식한 전통요리다. 짭짤한 맛이 나는 바삭한 파이를 먼저 구운 후 그 안에 베이컨, 양파 등 볶은 재료를 넣고, 그 위에 주원료인 달걀, 우유, 생크림, 치즈 등을 첨가해 두 번째 굽는 과정을 거친다. 경우에 따라 이 내용물 위에 시금치나 버섯 등의 추가 재료를 넣기도 한다.

또한 로렌 지방의 끼쉬에는 짭짤하면서도 고소한 베이컨과 풍미 가득한 그뤼예르(gruyère) 치즈를 넣어 만든 것이 특징이며, 끼쉬는 일반적으로 차갑게 해서 먹는다. 보통 타르뜨의 경우 대부분 달콤한 디저트의 형태로 먹지만, 끼쉬의 경우 '식사용'으로 만들어졌다. 모양새는 소박하며, 고소하고 짭짤한 맛이 난다.

**초콜릿 무쓰(mousse au chocolat)**

프랑스인들이 많이 먹는 대표적인 달콤한 디저트다. 만드는 법이 다소 까다로운 초콜릿 무쓰는 진한 초콜릿의 맛이 입안 가득 풍부함을 더해 주는데, 무쓰(mousse)는 '거품'이라는 뜻이다. 이 디저트에는 보통 아이스크림이나 생크림을 곁들여 먹는다.

한편 프랑스인들은 초콜릿에 무척 열광한다. TV 광고의 5분의 1은 초콜릿이거나, 혹은 초콜릿이 들어간 과자나 요구르트 광고가 차지하고 있을 정도다.

달콤한 초콜릿 무쓰

## 프랑스 식당의 구분

### 까페(Café)

까페에서는 커피, 차, 음료 및 주류뿐 아니라 케이크, 기타 가벼운 식사와 샌드위치나 샐러드, 오믈렛과 같은 요리도 먹을 수 있다. 오래 기다리지 않으므로 바쁠 때 이용하면 좋다. 또 아침부터 밤까지 쉬지 않고 영업하므로, 언제든지 가볍게 들어갈 수 있다.

프랑스인들의 생활공간 '까페'

**살롱 드 떼(Salon de thé)**

까페와 비슷한 개념의 살롱 드 떼가 있다. 이는 까페와 제과점을 합친 의미로 다과점 같은 형태다. 분위기는 까페보다는 좀 더 우아하고 고급스럽다. 여기서도 차나 케이크뿐 아니라 간단한 식사도 가능하다. 17~18세기 귀족계급의 여성들이 모여 앉아 담소를 나누던 살롱 문화에서 유래되었다.

### 비스트로(Bistrot)

비스트로는 가장 서민적인 빠리의 모습과 분위기를 느낄 수 있는 곳이다. 이곳은 레스토랑보다는 규모도 작고, 인테리어도 평범하게 꾸며진 소박한 식당이다. 즉 가격도 저렴하고 아담한 곳으로, 친근하고 가정적인 분위기를 띤다는 점이 레스토랑과 다르다. 주로 내는 메뉴는 지역 특산물을 이용한 전통 프랑스 요리와 향토 요리 등이다.

프랑스식 사랑방 '비스트로'

### 브라쓰리(Brasserie)

비스트로보다는 규모가 더 크지만 식사보다는 맥주나 와인 등 술을 위주로 하는 장소로, 즉 '까페와 레스토랑의 중간격'에 해당한다. 브라쓰리는 원래 맥주 집(비어 홀)이나 대중 주점(pub)을 뜻하는 말이었다. 근래에는 맥주를 마시면서 먹고 싶은 것을 한두 접시 주문해 부담 없이 먹을 수 있는 '대중적인 레스토랑'을 지칭한다. 음식은 일품부터 주문할 수 있고 요금도 비교적 저렴하다. 하루 종일 식사를 할 수 있으며, 밤 늦게까지 영업하는 곳이 많다.

대중적인 식당 '브라쓰리'

### 레스토랑(Restaurant)

격식을 차려야 하는 고급스러운 분위기로 어느 종류의 레스토랑이든 기본적으로 전채 요리와 메인, 디저트를 코스로 주문한다. 단 중급과 일반 레스토랑에서는 전채나 디저트를 생략할 수도 있다. 한편 각 나라의 요리를 대표하는 레스토랑에서도 프랑스풍으로 코스 요리를 내는 곳이 많다. 점심이나 저녁식사 모두 여유 있게 시간을 갖고 식사하고 싶을 때 이용하며, 대부분 점심과 저녁 사이에 잠시 문을 닫는다. 예의와 품격을 갖춘 레스토랑은 반드시 예약을 해야 하며, 복장에도 나름대로 신경을 써야 한다.

### 프랑스 미식 문화의 대명사, 미슐랭(Michelin) 가이드

1900년에 운전 가이드북으로 출발했다가 1926년에 요리 별점(★)을 처음 시작했으며, 현재는 세계에서 가장 신뢰도가 높은 '미식 안내서'가 되었다. 타이어 회사 미슐랭이 발행하는 미식 가이드북은 권위 있는 레스토랑 평가서로 연간 60만 부 이상 팔린다. 책 전체가 프랑스 전역의 지방별 레스토랑 및 호텔의 수준과 가격, 위치 등의 정보를 담고 있다.

미슐랭 타이어에서 발행하는 미슐랭 가이드

프랑스의 경우에 20명의 심사 위원단이 고객으로 가장해 1년 내내 전국의 레스토랑을 순례하면서 직접 음식을 맛보고 재료 상태와 종업원들의 서비스, 가격, 주방의 위생 상태, 레스토랑의 분위기와 쾌적하고 청결한 시설의 수준을 심사해 등급을 매긴다. 그 상세 기준은 비밀이다. 참고로 최고 등급인 별 셋은 요리를 맛보고자 여행을 떠날 만한 식당, 별 둘은 그 지역을 방문하면 차를 돌려서라도 가볼 만한 식당, 별 하나는 해당 가격대에서 요리가 특별히 훌륭한 식당을 뜻한다.

여기서 조금 특이한 분류가 바로 '빕 구르망'(Bib Gourmand)이다. 이는 합리적인 가격으로 가격대비 가치가 높은 훌륭한 음식을 제공하는 레스토랑을 말한다. 이렇듯 빕 구르망은 1957년에 처음 도입되어 독자들에게 많은 사랑을 받아오고 있다.

조사관들은 맛 감각이 특출한 사람들 중에서 선별되어 6개월 가량의 훈련 과정을 거쳐 현장에 투입된다. 평가를 위해 식당 한 곳을 보통 연 2~3회 예고 없이 방문한다. 신분은 철저히 비밀에 부쳐진다. 즉 평가자가 누구인지는 미슐랭 간부진에게도 노출되지 않으며, 심지어 평가자의 부모에게도 알리면 안 된다는 내부 규칙이 있다. 참고로 이 책에서 별 3개를 달아주는 특급 레스토랑은 몇 년간의 예약이 다 차 버릴 정도로 명성이 높으며, 별점 때문에 식당 매출이 25퍼센트 증가한다는 분석도 있다. 등급 표시는 포크 5개와 별 3개이며, 포크 5개보다 윗 등급이 별 1개다.

반면에 빕 구르망은 별이 아닌 미슐랭 마스코트 비벤덤(Bibendum)이 입맛을 다시는 모양의 그림문자로 표시된다. 미슐랭 가이드북 탄생지인 프랑스에는 별 3개 등급 식당이 26개이며, 미슐랭 가이드북에 등장하는 전 세계 음식점 중 별 3개 등급은 50여 곳뿐이다.

최근에는 요식업계 훈장 '미슐랭 스타'를 포기·반납하는 젊은 30~40대 쉐프들이 늘고 있다. 이런한 '엘리트주의' 거부는 미슐랭 스타를 유지하는 데 대한 압박이 너무 컸기 때문이라는 분석이 있다. 이들은 "미슐랭 암행 평가단보다 손님을 만족시키는 캐주얼한 요리를 하고 싶다"라고 주장한다.

**삐에르 가녜르(Pierre Gagnaire)**

삐에르 가녜르는 요리사 집안에서 태어나 요리사를 천직으로 알고 자랐다. 그는 1993년부터 현재까지 계속 미슐랭 3스타를 유지하고 있으며, "요리계의 피카소", "식탁 위의 시인"으로 불린다. "요리는 영원한 탐구이며, 가슴에서 나오는 것이다"라는 철학을 가지고 있으며, "요리는 먹으면서 사라져도 그 추억은 남게 되며, 순간의 감정이 빚어낸 둘도 없는 작품이 바로 음식"이라고 정의했다.

그에게 만족감을 주는 건 요리가 아니라 "요리를 먹고 난 손님들의 가슴에 남는 즐거운 추억"이라고 하며, 삐에르 가녜르는 이미 미슐랭 가이드에서 별 2~3개를 받은 요리사 512명에게서 가장 뛰어난 요리사로 선정되었다. 빠리를 비롯한 전 세계에 자신의 이름을 붙인 식당을 운영하고 있는데, 각 지점에 있는 그의 레스토랑 메뉴의 특징은 한 코스에 여러 개의 디쉬가 서빙되는 게 특이할 만하다.

한편 재료를 분자 단위까지 연구해 새로운 맛과 향을 찾아내고 모양을 더 아름답게 요리하는 '분자 요리의 대가' 삐에르 가녜르는 실속파 미식가들이 즐겨 찾는 저렴한 가격대의 캐주얼 레스토랑도 운영한다.

### 국가최우수기능장인(MOF) 선발대회

프랑스 정부는 장인 지원제도를 다양하게 운영하고 있다. 역사 깊은 프랑스의 장인 공모전 'MOF'(Meilleur Ouvrier de France)가 대표적이다. 이 제도는 프랑스 문화부가 공식 인정하는 장인으로 전통 기술을 후대에 가르치고, 신기술을 개발·발전시키는 책임을 떠안고 있다. 1924년부터 4년마다 200여 개 전문 분야에서 프랑스 정부가 인정하는 최고 장인을 선정하는데, MOF는 세계적으로 명예와 권위가 높다. MOF는 최고 권위를 인정받는 만큼 심사위원 24명이 논문을 검토하고, 제작 과정을 관찰하고, 만든 작품을 시식하는 등 선발 과정이 무척 철저하고 엄정하다. 특히 디저트, 제빵, 요리 등의 분야가 높은 경쟁률을 자랑하며 2007년부터는 외국인의 참여도 허용되었다.

### 프랑스 미식의 고장

프랑스는 각 지방마다 독특한 요리를 갖고 있다. 프랑스에서 가장 인기 있는 지역 음식은 리옹(Lyon)과 부르고뉴(Bourgogne) 지방 요리다. 이 지역들에서는 각종 유명한 음식 관련 박람회가 펼쳐진다.

국제 호텔 외식산업 및 식당 서비스 분야의 리옹 국제음식박람회는 1983년부터 격년제로 열리며, 이는 세계 최대 규모의 국제 외식산업 분야 박람회다. 이 대회를 통해 프랑스는 자국 음식을 최고 수준으로 올려놓아 인정받고, 전 세계의 이목을 집중시켜 비즈니스에 접목시킨 음식문화 대국의 면모를 보여준다.

한편 부르고뉴 지방도 중세 때부터 각종 먹거리로 유명했다. 이 지방의 행정수도 디종(Dijon)에서는 디종 음식박람회가 1930년부터 행해지고 있다. 이 박람회는 매년 11월마다 보름 동안 개최된다.

## 프랑스 지방별 향토 요리의 특징 - 프랑스 각지의 명물

### 노르망디(Normandie) – 한가로운 목장과 아름다운 바다가 펼치는 맛의 하모니

프랑스 제일의 낙농 지대인 노르망디 지방은 유제품 특산지로 유명하다. 프랑스 치즈의 대표라 할 수 있는 까망베르(camembert)는 이 지방의 특산 명물이다. 노르망디 요리에는 신선한 버터나 생크림을 사용한 것이 많으며, 근해에서 잡아들이는 해산물 요리도 다양하다. 포도가 나지 않는 이 지방에서는 사과가 재배되고, 사과 발포주 씨드르(cidre)와 사과 증류주 깔바도스(calvados)가 양조되고 있다.

사과 발포주 '씨드르'

사과로 만든 증류주 깔바도스는 식후에 즐겨 마시는 술로 요리나 디저트에 맛을 곁들이는 용도로도 사용한다. 노르망디 지역에서는 식사 중에 배가 부르면 소화를 돕기 위해 깔바도스를 마시고 다시 먹기 시작한다. 노르망디의 타르뜨와 셔벗 같은 디저트에도 사과가 자주 등장한다. 디저트의 하나인 사과 타르뜨(tarte aux pommes)는 프랑스에서는 대중적인 과자인데, 본고장 노르망디 지방의 사과 타르뜨는 매우 소박하다. 아주 차게 한 씨드르와 함께 먹는다.

### 브르따뉴(Bretagne) – 바다로 둘러싸인 브르따뉴에서 만나는 최상의 해물 요리

해산물 모듬요리 '프뤼 드 메르'

빠리의 많은 고급 레스토랑들이 브르따뉴의 어부들과 제휴하고 있을 정도로 대서양의 거친 파도에서 자라난 어패류의 질은 프랑스에서 최고다. 특히 브르따뉴 지방에는 생굴, 생대합 외에 삶은 게와 새우 등 갓 잡아올린 해물을 맛볼 수 있는 해산물 모듬요리 '프뤼 드 메르'(Fruit de Mer) 요리가 있다. 각종 해산물은 레몬즙과 마요네즈를 곁들여 먹는다. 이 지방 고유의 전통요리로는 버터를 듬뿍 바른 메밀가루 음식 '크레쁘'를 들 수 있다. 또한 이 지방 음식과 함께 사과 발포주 씨드르를 곁들여 먹는다.

### 알자스(Alsace) – 독일의 영향을 강하게 받은 소박하고 푸짐한 요리

동쪽의 보쥬 산지와 라인강 주변 지방인 알자스는 전통적으로 곡물과 채소를 재배하는 광대한 평야, 포도가 잘 자라는 토질과 과수원, 생선이 많이 서식하는 작은 강 등의 자연조건을 갖춘 풍요로운 요리의 본고장이다. 알자스는 '스타'가 가장 많은 지역으로 미슐랭 가이드로부터 별을 획득한 세계적인 레스토랑들이 그만큼 많다.

알자스 향토 요리의 대명사는 슈크루뜨와 프와그라를 들 수 있다. 프와그라는 요리에 사용된 테린(다진 고기를 얇게 썰어 먹는 요리법)이 알자스에서 고안되었기 때문에 알자스 특산으로 손꼽힌다.

### 부르고뉴(Bourgogne) – 맛있는 와인과 맛있는 요리는 끊을 수 없는 사이

세계에서 손꼽히는 와인 산지인 만큼 부르고뉴 요리를 말할 때 와인은 빼놓을 수 없는 존재다. 뵈프 부르기뇽, 꼬꼬뱅 외에도 와인이 없으면 불가능한 요리가 많다. 비프 스튜의 원형이기도 한 뵈프 부르기뇽은 프랑스 가정에서 먹는 쇠고기 찜요리에 해당된다. 또한 부르고뉴의 상징은 에스까르고(달팽이)인데, 마늘과 파슬리를 잘게 썰어 빵가루와 버터로 페이스트를 만들어 오븐에서 구운 요리가 바로 부르고뉴식 에스까르고다. 한편 디종(Dijon)의 겨자(Moutarde)는 부르고뉴 공화국 시대부터의 역사 깊은 특산품이다. 그 종류가 무척 폭넓고 다양한 향의 제품들이 있다.

### 론느–알쁘(Rhône–Alpes) – 산과 계곡과 큰 강이 있는 풍요의 땅, 다양하고 풍부한 식재료의 보물창고

론느(Rhône)강과 쏜느(Saône)강이 흐르는 리옹(Lyon) 주변은 식재료의 보물창고로 알려진 땅이다. 프랑스 최고급으로 알려진 닭고기와 다양한 치즈, 쌀라미 소시지 등이 유명하다. 특히 천장에 매달려 있는 것이 리옹 특산의 쌀라미 소시지로 매우 다양한 종류의 소시지들이 있다. 이 밖에 리옹을 대표하는

길쭉한 쌀라미 소시지

달걀이 들어간 리옹식 샐러드

요리 중 하나가 리옹식 샐러드(salade lyonnaise)다. 즉 신선한 생야채를 포함해 달걀, 두툼한 베이컨, 또는 고기나 햄, 크루통 같은 재료에다 감귤류 계열의 드레싱을 곁들여 먹는 푸짐한 샐러드다. 이 요리는 예전 리옹의 공장 노동자들이 즐겨 먹는 요리에서 유래되었다.

한편 론느-알쁘 지방과 가까운 알프스 기슭의 싸브와(Savoie) 지방에서도 이 지역을 대표하는 요리가 있다. 바로 "싸브와 요리"라고 불리는 치즈 덩어리를 불에 녹여 먹는 치즈 퐁뒤가 유명하다. 이는 인근 스위스 산간 지역에서 전해 내려온 음식으로, 추운 겨울 굳은 치즈와 굳은 바게뜨를 어떻게 해서 먹을까 한 데서 고안된 요리다.

**프로방스(Provence) – 재료의 맛을 살린 심플한 건강식 요리**

프로방스 음식은 버터나 크림을 거의 쓰지 않아 느끼하지 않고, 다른 지역보다 훨씬 덜 짜다. 프로방스는 토마토와 마늘, 올리브 오일, 허브를 많이 사용하는 지중해식 식단의 대표주자다. 그중에서 애니메이션 제목으로도 유명한 '라따뚜이'(ratatouille)는 어머니가 만들어주는 전통적인 '가정식 프로방스 요리'다. 파프리카, 가지, 토마토, 피망, 양파, 호박, 마늘 등의 여러 가지 채소와 허브를 올리브 오일에 볶아낸 다음 간을 하고 조린 일종의 '야채 스튜'다. 남프랑스의 야채는 맛이 진하고 단맛도 강하다. 여러 종류의 야채가 한꺼번에 요리되는데, 각 재료가 내는 맛의 상호작용으로 훌륭한 야채 요리가 된다.

최적의 기후와 천혜의 자연에 둘러싸여 해물, 산채 요리 모두를 즐길 수 있는 프로방스는 대지의 은총을 가득 받고 자라난 야채와 지중해에서 잡아 올린 신선한 생선 등, 식재료도 실로 다양하다. 또한 마늘과 올리브 오일을 섞어 만든 마요네즈와 바질 등 풍부한 소스를 적절히 사용한다. 파프리카와 줄기콩, 양파와 바닷바람을 맞고 자란 마늘, 각종 고추와 앤초비, 싱싱한 생선과 토마토, 아몬드와 헤이즐넛을 비롯한 각종 견과류, 그리고 어떤 요리에도 빠지지 않는 갓 짠 올리브 오일과 와인까지, 시끌벅적한 시장에서부터 관광지에 이르기까지 프로방스의 음식은 반짝이는 거리 풍경만큼 강렬하고 신선하다.

야채 스튜 가정식 '라따뚜이'

따라서 남프랑스 요리의 매혹적인 맛, 프로방스 요리는 빠리와 프랑스 북부에서 맛보는 전통적인 프랑스 요리와는 전혀 다르다.

**꼬뜨 다쥐르(Côte d'Azur) – 햇살 가득 받은 건강한 식재료**

지리적으로 프로방스 지방과 인접해 있기 때문에, 재료나 조리법도 비슷한 점이 많다. 가지, 호박, 토마토, 올리브, 생선, 풍부한 허브류 등 맛은 물론이고, 시각·후각적으로 뛰어난 요리들이 가득하다. 남프랑스의 올리브 오일은 질이 뛰어난데, 니스의 다양한 올리브 열매는 조금 작고 갈색을 띠는 것이 특징이다. 남프랑스의 시장에서는 올리브 가게를 빼놓을 수 없다. 꼬뜨 다쥐르 지역

니스의 명물 간식 '소카'

다양한 재료가 들어간 니스식 샐러드

은 옛날부터 야채를 중심으로 한 메뉴가 많고, 이탈리아와 가까워 피자, 파스타 레스토랑을 많이 볼 수 있다. 항구 근처에는 해물 요리를 먹을 수 있는 음식점도 많다. 아울러 니스에서는 다른 지방과 구별되는 요리를 맛볼 수 있다.

꼬뜨 다쥐르 지역의 대표적인 음식으로는 야채가 들어간 요리 니스식 샐러드(salade niçoise)를 들 수 있다. 프랑스를 대표하는 샐러드로, 남부 도시 니스에서 유래했다. 이 니스풍의 샐러드는 양상추에 데친 줄기콩, 토마토, 햄, 감자, 셀러리, 오이, 양파, 블랙올리브, 앤초비, 삶은 참치와 달걀 등에 진한 올리브 오일을 듬뿍 뿌려 먹는, 든든한 한 끼 샐러드다. 또 다른 니스의 명물 요리로, 니스 사람들의 간식 소카(socca)를 들 수 있다. 이 음식은 병아리콩가루에 올리브를 넣고 둥글게 펼쳐 오븐에 구운 것으로, 올리브 오일을 넣고 전을 구우면 더욱 담백한 맛을 즐길 수 있다. 서빙될 때 올리브 절임과 곁들여 먹는다.

**프랑스 식사 예절**

① 식사하는 동안 반드시 여주인에게 "맛있다"(C'est délicieux ! 쎄 델리씨외)라고 말하는 것을 잊지 않는다. 또한 자신의 몫으로 나온 음식은 남기지 않고, 깨끗이 다 먹어야 한다.

② 식사하는 동안 침묵해서는 안 되며, 식사 중에는 손목과 팔꿈치 사이를 테이블 가장자리에 살짝 기대는 정도가 적당하다.

③ 스프 그릇을 기울여 먹을 경우, 자신의 방향이 아닌 반대 방향으로 기울여 먹어야 한다.

④ 식사를 할 때 절대로 쩝쩝, 후루룩 소리나 트림을 해서는 안 된다.

⑤ 야채나 샐러드를 먹을 때 나이프로 잘라 먹어서는 안 되고, 포크로만 먹어야 한다.

⑥ 빵은 손으로 뜯어 먹으며, 칼로 잘라 먹지 않는다.

⑦ 닭고기를 손으로 잡고 먹어서는 안 되며, 스테이크는 고기를 썰어가며 먹는다. 고기를 다 썰어놓고 먹는 것은 에티켓이 아니다.

⑧ 생선 요리를 먹을 때에는 윗부분의 살을 다 먹은 후 나이프와 포크를 이용해 뼈를 제거하고 계속 먹어야지, 절대로 뒤집어 먹으면 안 된다.

⑨ 와인은 스스로 따라 마시지 않는다. 집 주인, 또는 레스토랑의 웨이터가 잔을 채워줄 때까지 기다리는 것이 예의다. 그만 마시고 싶을 때에는 절반 정도 채워진 잔을 그냥 놔두면 된다.

⑩ 프랑스 가정에 식사 초대 선물로는 보통 아이를 위한 과자나 꽃, 또는 와인을 준비한다.

**프랑스 코스 요리 순서**

일반 레스토랑에서는 대개 앙트레→쁠라→데쎄르로 구성된 3가지 코스, 또는 쁠라를 기본으로 앙트레나 데쎄르 중 하나를 선택하는 2가지 코스를 제공하기도 한다. 이때 빵은 기본이며 대체로 잘려진 바게뜨가 서빙된다. 정통 프랑스 코스 요리 순서는 다음과 같다.

아뻬리띠프(apéritif 식전 술) → 아뮈즈부슈(amuse-bouche 식전술과 함께 먹는 비스킷 종류의 한입거리 음식) → 오르되브르(hors-d'oeuvre 앙트레 전에 내오는 간단한 요리) → 앙트레(entrée 전채 요리) → 쁠라(plat 메인 메뉴, 고급 레스토랑에서는 생선 다음 코스로 또 다른 쁠라인 육류가 나옴) → 프로마쥬(fromage 치즈) → 데쎄르(dessert 디저트) → 프뤼(fruit 과일) → 까페(café 커피) → 꼬냑(cognac 일종의 소화주로 한 잔만 마심)

**프랑스의 맛을 느끼다**

'프랑스 문화의 상징'하면 바로 빵과 디저트를 떠올리게 된다. 특히 프랑스를 대표하는 식문화 와인·치즈·바게뜨는 프랑스 식탁의 '성(聖) 삼위일체'에 해당한다. 이는 수백만 원을 호가하는 아무나 못 먹는 값비싼 와인과 치즈를 말하는 것은 아니다. 국민 누구나 먹는 흔한 음식을 가리킨다. 그렇기에 더 귀하게 대접하고, 귀하게 생산해낸다.

프랑스를 대표하는 빵의 매력은 세련된 단맛과 풍미를 극대화시키는 크림에 있다. 특히 설탕을 듬뿍 넣어 만든 케이크나 과자 같은 디저트가 식단의 한 자리를 차지하기 시작한 때는 18세기 중반으로, 18세기는 가히 프랑스 디저트 문화의 '르네쌍스 시기'라 할 수 있으며, 이 당시 프랑스인들은 디저트에 대한 치명적인 이끌림으로 매일같이 디저트에 흠뻑 도취했다. 이후 프랑스는 '진정한 미식의 메카'로 자리매김하게 되었다.

여기에서는 프랑스의 다양한 빵과 디저트 중, 일반적으로 잘 알려진 몇몇 경우들을 살펴보기로 한다.

## 프랑스의 대표적인 빵(pain)과 디저트(dessert)

프랑스 정부에서는 그들의 문화유산을 보존하고 유지하기 위해 법률로 엄격하게 정의하고 있는데, 빵도 그 속에 포함되어 있다. 프랑스의 빵 가게는 아침 6시부터 열어야 되고, 가격도 정부가 규제한다. 프랑스에서 빵 문화가 발달되어 있음을 알 수 있는 또 하나의 특징은 빵을 세분화해 분류한다는 점이다. 즉 'boulangerie'(제빵)와 'pâtisserie'(제과)로 구분짓는다. 하지만 프랑스에서는 전통 프랑스 빵을 만드는 장인들을 보호하기 위해 'artisan'(장인)의 간판에만 이 용어들을 사용할 수 있다.

**바게뜨(baguette)**

프랑스인들의 주식 '바게뜨'

프랑스인의 대표적인 주식 바게뜨는 '가느다란 막대기', '지팡이'라는 뜻으로 바게뜨의 모습이 막대기 모양이어서 붙여진 이름이다. 프랑스인의 80퍼센트는 자신의 단골 동네 빵 가게에서 바게뜨를 구매한다. 바게뜨는 나폴레옹 원정 때, 원래 동그란 모양이었던 빵을 전쟁 중 운반을 쉽게 하도록 하기 위해, 나폴레옹의 제빵사가 긴 막대 모양으로 만들기 시작했고, 그때부터 바게뜨 빵을 먹게 되었다는 설이 있다. 빵의 겉껍질은 바삭하면서도 고소하고, 속은 쫄깃하고 부드럽다. 밀가루와 이스트, 소금과 물만을 사용하기 때문에 제조공정이 쉬우면서도 매우 까다롭다.

한편 진정한 바게뜨는 인공 이스트가 아닌 '천연 효모'인 르뱅(levain)을 사용한 빵이어야 한다. 르뱅을 이용한 빵은 시간이 더 오래 걸리며, 만드는 과정도 더 까다롭고 어렵다. 그렇지만 자연발효를 거친 빵은 속 밀도가 더 높고, 씹는 질감도 좋으며 소화도 잘 된다. 빠리의 유명한 빵 가게들은 아직도 르뱅을 계속 유지해가며 빵을 만든다.

참고로 '프랑스 전통 바게뜨'에는 규정이 있다. 즉 1993년 9월 13일 법적으로 정해진, 프랑스 정부의 전통 바게뜨의 조건을 만족하는 철저하고 까다로운 심사를 거쳐야 한다. 프랑스 빵 가게들은 구운 지 하루만 지나도 바게뜨의 맛이 변한다고 생각해 문을 닫으면서 남은 것은 모두 폐기처분한다.

또한 빠리 시내 500여 개 빵 가게가 예선에 참가하는 '빠리 바게뜨 그랑프리 대회'도 있다. 심사위원들은 '길이 55~65센티미터와 무게 250~300그램'이라는 기준을 충족시킨 바게뜨 가운데 최고의 맛을 가려낸다. 이 대회의 우승자는 대통령궁(엘리제궁)에 한 해 동안 빵을 납품할 기회를 갖게 된다. 프랑스인들은 아침에는 바게뜨를 손으로 떼어내 버터나 잼을 발라 먹고, 점심에는 바게뜨 샌드위치를 만들어 먹기도 한다. 그리고 저녁에는 메인 요리에 바게뜨를 곁들이는 등 바게뜨는 그들의 식탁에서 빠뜨릴 수 없는 존재다.

### 크르와쌍(croissant)

프랑스어로 '초승달'을 의미하는 크르와쌍은 프랑스 빵으로 알려져 있지만, 사실 역사 깊은 헝가리의 빵이다. 1683년경에 헝가리에서 오스트리아로 전해졌고, 루이 16세의 왕후가 된 오스트리아인 마리 앙뜨와네뜨(Marie Antoinette)에 의해 프랑스에 전해지면서 크르와쌍으로 불리기 시작했다. 겉은 크런치한 껍질로 바삭하고, 동시에 버터를 듬뿍 넣어 부드러운 초승달 모양의 풍부한 풍미를 자랑하는 빵이다. 속이 겹겹이 층을 이룬 페이스트리 크르와쌍은 짭짤하고 담백해 프랑스에서는 아침식사로 많이 이용된다. 크르와쌍은 들어가는 재료에 따라 여러 종류의 크르와쌍을 만들 수 있다.

빵 오 쇼꼴라(왼쪽)와 크르와쌍(오른쪽)

### 빵 오 쇼꼴라(pain au chocolat)

빵 오 쇼꼴라는 페이스트리 반죽 안에 초콜릿 두 줄을 넣고 둘둘 말아 버터를 바른 빵을 말한다. 프랑스인들이 간식으로, 또는 아침식사로 크르와쌍과 함께 즐겨먹는 달콤하고 부드러운 빵이다.

### 빵 오 레쟁(pain au raisin)

건포도가 들어간 빵 오 레쟁

나선 모양의 발효된 버터 페이스트리에 건포도와 커스터드 크림이 올라가 있는 일종의 '건포도 빵'이다. 레쟁은 '건포도'라는 뜻인데, 브리오슈를 기본으로 한 부드럽고 달콤한 맛이 특징이며, 바닐라맛과 건포도가 어우러져 맛이 독특하다. 이 빵에는 달걀과 버터가 많이 들어가며, 커스터드 크림을 바르고 럼에 절여 놓았던 건포도를 넣어 달팽이집 모양처럼 둥글게 만 형태를 취한다.

### 브리오슈(brioche)

프랑스의 전통 빵 '브리오슈'

밀가루, 버터, 달걀, 이스트, 설탕 등으로 만든 달콤한 프랑스 빵이다. 프랑스에서 주로 아침식사에 많이 먹는 빵으로, 다른 빵에 비해 달걀과 버터가 풍부하게 들어가 특유의 고소한 맛을 내며 식감이 매우 부드럽다. 브리오슈는 둥글게 부푼 모양의 물렁한 빵으로 보통 커피에 적셔 먹는다. 아울러 작은 브리오슈는 주로 동그란 머리가 하나 더 올라간 형태의 눈사람 모양으로 만든다.

### 빵 드 깡빠뉴(pain de campagne)

프랑스 빵 가운데 가장 오래된 빵 중 하나로 손으로 반죽하던 시대에 프랑스 시골 마을에서 만들어졌다. 프랑스에서는 바게뜨와 더불어 가장 대중적인 빵으로 주말마다 열리는 장에 가면 원하는 무게만큼 잘라 팔기도 한다. 빵 모양이 바게뜨와 비슷하지만, 소박하고 투박한 모습의 정겨운 이 '시골빵'은 원래 프랑스 빠리 근교에서 만들어 빠리에 내다 팔아 '깡빠뉴'(campagne, 시골)라는 이름으로 불렸다. 이름 그대로 아주 담백하면서 구수한 맛과 감칠맛이 일품이며, 만드는 과정이 아주 까다롭고 오랜 시간을 필요로 한다. 또한 여러 번의 발효과정을 거쳐 살짝 시큼한 맛이 느껴지기도 한다.

투박한 모습의 시큼한 시골빵

**마카롱(macaron)**

여러 색깔별로 만든 지름 5센티미터 정도의 프랑스의 대표적인 고급 디저트다. 대표적인 '머랭(거품)과자'의 하나로 속은 매끄러우면서 부드럽고, 바깥면은 바삭바삭하다. 이 빵과자는 이탈리아 피렌체 메디치가의 까뜨린느 드 메디시스(Catherine de Médicis)가 16세기 앙리(Henri) 2세와 결혼하면서 이탈리아에서 건너왔다는 이야기가 전해진다.

다양한 색깔의 달콤한 마카롱

마카롱은 달걀 흰자, 설탕과 아몬드, 코코넛, 호두 등의 분말을 가볍게 섞은 후 오븐에 구워 크림이나 프랄린(초콜릿 크림), 잼 등을 채워 넣은 과자 형태로 조리법이 매우 까다롭다. 이때 "꼬끄"(coque)라 불리는 과자 2개 사이에 들어가는 크림에 따라 다양한 맛이 난다. 이는 20세기 초 샹젤리제의 '라 뒤

레'(La Durée) 매장에서 최초로 두 머랭 조각 사이에 크림을 넣는 법을 고안한 데서 비롯되었다. 그 후 샌드 형식의 마카롱이 선풍적인 인기를 끌면서 프랑스 고급 디저트이자 대표 과자로 자리매김하게 되었다. 또 다른 유명한 마카롱 전문점은 고급스러운 매장 분위기의 삐에르 에르메(Pierre Hermé)가 있다.

### 마들렌느(madeleine)

조개 껍데기 모양의 마들렌느

조개 껍데기 모양의 마들렌느는 작고 가벼운 스펀지케이크로 유명한 프랑스식 디저트다. 버터와 달걀이 듬뿍 들어가 부드럽고 고소한 맛을 지녔으며, 상큼한 레몬 맛이 특징이다. 밀가루, 달걀, 버터, 설탕, 쇼트닝 등을 배합한 말랑말랑한 반죽을 마들렌느 틀(편평한 컵케이크 틀)에 흘려 넣어 굽는다. 마들렌느는 『잃어버린 시간을 찾아서』라는 작품을 쓴 프랑스 소설가 마르셀 프루스뜨(Marcel Proust)로 인해 더욱 유명해졌다. 이 디저트는 그의 자전소설에 등장하면서 과거의 추억에 젖게 하는 상징적인 음식으로 자리를 잡았다. 즉 작품에서처럼 따뜻한 홍차를 마실 때 곁들이는 부드럽고 촉촉한 빵과자다.

### 에끌레르(éclair)

손가락 모양의 페이스트리 '에끌레르'

슈 페이스트로 만든 손가락 모양의 페이스트리로 휘핑 크림이나 바닐라 크림을 안에 채워 넣고 초콜릿을 비롯한 다양한 재료의 토핑을 그 위에 입힌 모양이다. 이 디저트 페이스트리는 매우 가벼운 질감으로 입 속에서 모든 재료가 뒤섞이면서 매우 풍부하고 달콤하며 크리미한 풍미를 즐길 수 있다. 에끌레르는 '번개' 또는 '섬광'이라는 뜻의 프랑스어다. 이름의 기원은 에끌레르 윗면의 코팅된 초콜릿이 빛나는 것에서 따온 이름이라는 설도 있고, 이 디저트를 먹을 때 슈 안의 크림이 터지기 전에 번개처럼 재빠르게 먹어야 하기 때문이라는 설도 있다.

### 몽블랑(mont blanc)

국수 모양의 밤 퓨레 '몽블랑'

밤 페이스트의 진한 맛과 머랭의 바삭함이 잘 어울리는 디저트다. 보통 스펀지 케이크를 사용하지만, 여러 가지 변화를 주어 특별한 디저트를 만들어낼 수 있다. 이 프랑스 전통 디저트는 '몽블랑 산'을 본떠서 만드는데, 몽블랑은 '하얀 산'이라는 뜻의 알프스 산맥의 최고봉으로 만년설의 산을 가리킨다. 밤 퓨레를 얇은 국수 모양으로 가로, 세로로 포물선을 그리며, 달콤한 맛을 내는 게 몽블랑의 특징이다.

### 까눌레(cannelé)

보르도의 전통 빵과자 '까눌레'

바닐라빈과 럼주가 들어가 향긋하면서도 고급스러운 이 디저트 과자의 정식 명칭은 '까눌레 드 보르도'다. 즉 프랑스 보르도(Bordeaux) 지방의 수도원에서 만들어진 오래된 과자로 겉은 틀에 발려진 밀납 때문에 딱딱하리 만큼 바삭하지만, 속은 촉촉하고 쫄깃한 반전 매력을 가진 보르도 전통 빵과자다.

한편 안쪽 면에 24시간의 숙성으로 생긴 숨구멍이 있는데, 이것이 바로 까눌레의 포인트다. '까눌레'는 '세로홈을 판', '주름을 잡은', '골이 진'이라는 의미인데, 예전에 보르도 수녀원에서 플루트 모양의 세로로 홈이 있는 틀로 굽는다 해서 '까눌레'라는 이름이 붙여졌다.

### 밀푀유(mille-feuilles)

대표적인 케이크 디저트 '밀푀유'

'천 겹의 잎사귀'라는 의미로 잎사귀처럼 얇은 천 겹의 페이스트리 사이 사이로 크림이나 잼 등 달콤한 필링(filling)을 번갈아 가며 포개 넣은 케이크 디저트다. 프랑스의 대표적인 디저트 중 하나인 밀푀유 레시피는 19세기 프랑스의 유명 쉐프 '앙또냉 까렘'(Antonin Carême 1783~1833)이 완성한 것으로 추정된다. 그 당시에는 크고 화려한 페이스트리로 성대한 연회의 식탁을 화려하게 꾸미는 관행이 있었다.

### 크렘 브륄레(crème brûlée)

바닐라 향의 차가운 커스터드 크림으로 만든 푸딩 위에 유리처럼 얇고 파삭한 캐러멜 토핑을 입혀 살짝 구운 디저트다. 스푼으로 캐러멜 토핑을 톡톡 깨고 안에 들어 있는 커스터드 크림과 함께 떠먹는다. 브륄레는 '불태우다'라는 뜻의 동사 brûler에서 파생된 단어로, 크렘 브륄레는 글자 그대로 '불에 탄 크림'이라는 뜻이다. 즉 커스터드 크림 위에 설탕을 뿌리고 높은 열로 순식간에 태우 듯이 익혀 캐러멜화한 것으로 식으면 딱딱한 갈색을 띠는 조리법에서

부드러운 디저트 '크렘 브륄레'

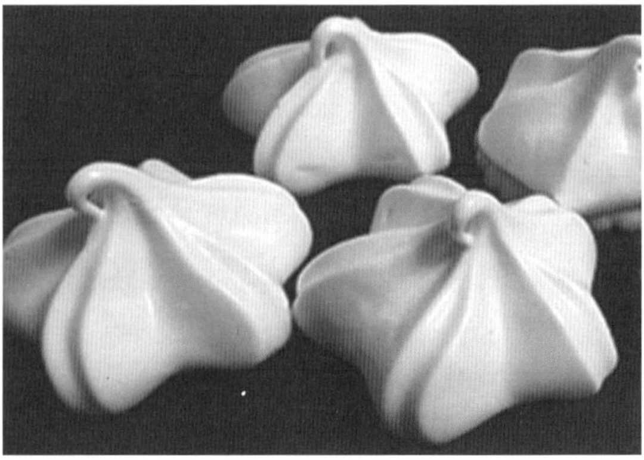

달콤한 크림 쿠키 '머랭'

비롯된 것이다. 차가운 커스터드 크림과 따뜻한 캐러멜 토핑이 이루는 차갑고 따뜻한 온도, 달고 쓴맛, 부드럽고 파삭한 식감의 대조가 특징이다. 이 프랑스의 대표적인 디저트는 전 세계 대부분의 프렌치 레스토랑의 단골 메뉴다.

**머랭(meringue)**

프랑스어로 "므랭그"라 부르는 크림과자의 일종이다. 즉 달걀 흰자에 설탕과 아몬드, 코코넛, 바닐라 향료 등을 넣고 거품을 낸 뒤, 낮은 온도의 오븐에서 구워 바삭거리도록 만든 가벼운 질감의 디저트다. 머랭이 생겨난 것은 1720년경으로 알려져 있고, 이탈리아 북서부 마랭(merengo) 지역에서 유래되었다. 머랭의 주재료는 달걀 흰자에 설탕을 넣어서 거품을 내는 게 기본으로 다양한 모양이나 색을 넣어 만들거나 크림용 등 광범위하게 사용된다.

### 프랑스의 빵 가게(boulangerie)

프랑스의 아침은 바게뜨 굽는 냄새로 시작한다. 골목 상점들 중에 가장 먼저 문을 여는 곳이 바로 빵 가게다. 즉 프랑스인들의 하루 일과 중 가장 중요한 일은 아침에 반드시 자신만의 단골 빵 가게에 들러 그날 먹을 빵을 사는 것이다. 따라서 빵 가게마다 아침에 손님이 가장 많으며, 늘 빵을 사려고 길게 줄을 선 모습을 볼 수 있다. 한편 프랑스인들의 주식 바게뜨의 경우 금방 딱딱해져버려 그때마다 반개(demi-baguette)만 사는 경우도 많다.

프랑스인의 하루일과 '빵 구매'

프랑스에서의 빵 '종이 포장'

또한 프랑스 빵 가게에서는 밀폐된 비닐 대신 종이 봉투에 빵을 넣어주거나, 종이로 감싸준다. 이는 통풍이 안 되면 껍질이 눅눅하게 되어버려, 빵의 바삭바삭한 껍질의 맛을 즐길 수 없기 때문이다.

한편 '프랑스 베이커리의 자존심'이라 할 수 있는 뽈(PAUL)은 1889년에 창업해 오랜 역사를 지닌 빵 가게다. 프랑스에서는 대부분 상점의 체인점이 활성화되어 있지 않지만, 뽈 매장은 프랑스뿐 아니라 전 세계 20여 개국에서 체인점을 운영한다. 프랑스에서는 공항, 기차역, 거리 곳곳에서 매장을 만날 수 있다. 이 매장들 중에는 다양한 빵을 비롯해 간단한 음식도 포장 판매하는 등 레스토랑을 겸하는 곳도 있다.

아울러 프랑스 고급 베이커리의 핵심 에릭 케제르(Eric Kayser)와 최근 세계적으로 빠르게 성장하고 있는 곤트란 쉐리에(Gontran Cherrier) 블랑제리 등을 들 수 있다.

# 3
# 패션과 명품

패션 문화는 한 나라의 문화양식을 엿볼 수 있는 구체적인 산물이다. 프랑스의 패션과 명품 산업은 바로 프랑스의 대표적인 이미지로 떠오른다. 오늘날 프랑스 명품 기업들이 생산 기지를 동유럽, 아시아로 이전하면서 자국 기능공의 일자리가 위협받자 '명품장인 쿼터제'라는 규제를 만들었다. 이는 럭셔리 제품의 몇 퍼센트 이상은 반드시 프랑스인의 손으로 만들어야 한다는 규정을 가리킨다.

프랑스 패션의 거리 '몽떼뉴'(Av. Montaigne 샹젤리제 거리 근처)와 '포부르 쌩 또노레'(Rue du Faubourg Saint-Honoré 샹젤리제 거리와 꽁꼬르드 광장 사이) 등은 '빠리 패션의 대명사'처럼 여겨진다. 특히 몽떼뉴 거리에는 세계 최고의 명품 부띠끄와 쇼룸이 밀집되어 있다. 이와 더불어 빠리 멋쟁이의 실속파 젊은 계층은 마레(Marais) 지역의 세련되고 보다 저렴한 디자이너 상점, 혹은 보세 양품점 등을 찾는다.

## 품위와 역사를 파는 럭셔리 비즈니스

전 세계의 명품들 중 프랑스 브랜드가 차지하는 비율은 거의 절반에 가깝다. 프랑스 명품 브랜드의 역사는 깊다. 프랑스에는 럭셔리 산업에 관한 체계와 지식이 오래전부터 축적되어왔다. 처음에는 왕족·귀족과 같이 소수 특권층을 위해 제품을 생산하면서 시작되었다. 귀족들은 다른 사람들을 모방하지 않고 지위에 맞는 복식을 갖추어야 했다. 이런 귀족 계층의 소비 패턴에 의해 럭셔리 산업이 발달하는 토양으로 작용한 것이다. 프랑스 명품 브랜드는 귀족문화를 반영해 화려하면서도 예술성을 잃지 않고 있다.

이탈리아 브랜드가 수석 디자이너에 따라 상품의 콘셉트와 이미지가 변하는 것에 비해, 프랑스 브랜드는 장인에 의해 전통이 유지되는 경향이 강하다. 프랑스에는 여러 세기에 걸쳐 럭셔리 산업 장인들이 발전시켜온 두터운 기술적 전통과 문화적 유산이 있다. 프랑스의 명품 브랜드는 곧 글로벌로 확산되어 명품의 대중화 시대를 열었다.

## 빠리 명소에서의 패션쇼

'오페라 갸르니에'에서 펼쳐지는 패션쇼

최근 프랑스 패션쇼가 펼쳐지는 공간으로 빠리의 명소를 적극 활용하고 있다. 개선문부터 샹젤리제 거리를 통째로 쇼장으로 사용하거나, 오페라 갸르니에뿐 아니라 요즘에는 프랑스 최고 재판소 같은 문화적 유산도 예술을 위해 자리를 내주는 추세다. 특히 무엇보다 빠리 1구에 있는 사법부의 심장 '최고 재판소'(Palais de Justice)의 변신을 주목하게 된다. 이곳은 1200년대 왕궁으로 시작해 16세기부터 왕실 재판소로, 또한 프랑스 혁명 당시 혁명 재판소 역할로 사용되었던 유서 깊은 곳으로, 마리 앙뜨와네뜨(1755~1793) 왕비가 최후의 나날을 보냈던 독방도 여기에 있다. 평일에는 평소 재판이 열렸던 곳이 패션 브랜드 '지방시'에 역사상 처음으로 3년간 쇼장 허가를 내주었다.

이렇듯 매년 루이 뷔똥 쇼가 열리는 루브르 박물관이나 샤넬 쇼로 더 유명해진 그랑 빨레(미술 전시관), 에르메스 쇼가 펼쳐지는 샤이요 궁(각종 박물관) 같은 곳을 패션쇼 장소로 그동안 개방해왔던 것처럼, 공간에 대한 빠리의 적극성을 잘 드러내준다.

## 프랑스의 대표 명품 브랜드

프랑스의 대표 브랜드는 바로 루이 뷔똥(Louis Vuitton), 샤넬(Chanel), 에르메스(Hermès), 까르띠에(Cartier) 등이 있다. 이 중에서 특히 루이 뷔똥·샤넬·에르메스는 '프랑스 3대 명품'에 해당한다.

a. 루이 뷔똥은 여행의 역사와 함께 브랜드가 발전한 경우다. 루이 뷔똥(Louis Vuitton)의 역사는 1854년 마차 시대의 귀족들을 위한 여행용 가방을 만들면서 시작되었다. 1980년대 '명품 제국의 황제'로 불리는 베르나르 아르노에게 경영권이 넘어갔고, 역시 아르노가 인수한 '모에 헤네시'와 합병하면서 세계 최고의 럭셔리 기업 'LVMH 그룹'으로 태어났다.
b. '명품의 대명사' 에르메스는 180여 년간 가족 경영을 이어오고 있다. 장인들 역시 대대로 내려와 최고의 기술력을 인정받고 있다. 1837년 티에

리 에르메스(Thierry Hermès)가 유럽 귀족에게 납품하기 위한 마차에 필요한 용구와 안장 등을 파는 마구상을 열면서 오늘날의 에르메스가 탄생했다. 1923년 최초의 가죽 핸드백을 출시했으며, 역시 세계 최초로 가방에 지퍼를 달기도 했던 에르메스는 20세기 초반부터 스카프, 시계, 향수 등 토탈패션 브랜드로 새롭게 탄생해 끊임없이 '역사'와 '꿈'을 만들어 판다.

에르메스의 가죽 장인은 3년간의 가죽 장인 학교를 졸업해야 하고, 그 후 2년에 걸친 수련 기간을 갖게 된다. 그들은 상품을 떠나 예술작품을 완성한다는 자세로 일하는데, 보통 켈리백(Kelly bag) 하나 완성하는 데 걸리는 시간은 20시간 정도다. 즉 에르메스는 분업을 하지 않고, 장인 한 사람이 처음부터 끝까지 제작을 다 할 정도로 무척 견고함을 내세운다.

c. 까르띠에는 보석과 시계의 대표적인 명품 브랜드로 널리 알려져 있다. 1905년 세계 최초의 손목시계를 출시했으며, 영국 왕실 전속 보석상으로 임명되기도 했다. 한편 세계 3대 주얼리 메이커로는 프랑스의 여성스러운 섬세함을 지닌 까르띠에와 함께 미국적 실용성의 티파니, 이탈리아의 예술가 정신을 제품에 담은 불가리를 꼽는다.

## 패션스타 루이 14세의 문화강국 만들기
### -첨단 패션과 유행의 탄생

21세기 사람들의 패션에 대한 집념은 20세기 이후의 산물이 아니라 "짐은 곧 국가"라고 말했던 태양왕 루이 14세(재위 1643~1715)로부터 비롯되었다. 즉 루이 14세 때부터 럭셔리 산업 개념이 발달했다. 첨단 패션과 명품 브랜드, 럭셔리한 인테리어처럼 온갖 '쉬크'(chic)한 스타일이 사실은 17세기 그의 궁정에서 창조된 것이다.

그러니까 '엘레강스하고 팬터스틱한' 것들에 집착하던 루이 14세야말로 최고의 사치만을 원했던 최초의 패셔니스타(fashionista '패션'과 '스타'를 합친 말로, 뛰어난 패션 감각과 심미안으로 대중의 유행을 이끄는 사람)였고, 이전까지 질박하고 촌스러웠던 프랑스의 이미지는 이후 세계 유행을 이끄는 '스타일과 미적 감각의 나라'가 되었다. 특히 루이 14세는 보석장식, 가죽, 화려한 신발에 강한 애착을 보였으며, 쉬크한 느낌을 주는 그의 패션 스타일에 프랑스 전역은 루이 14세 따라잡기에 나섰다.

따라서 '명품 마케팅'과 '국가 이미지 향상' 같은 것들은 이미 절대왕정 시대 때부터 이루어냈고, 그것은 이후 수백 년을 이어갔다. 이는 중상주의 정책을 통한 탄탄한 경제력과 수준 높은 심미안이 있었기에 가능했다.

## 코코 샤넬(Coco Chanel)의 패션

코코 샤넬의 상징

샤넬 브랜드는 "코코"라고 불렸던 프랑스 당대 최고의 디자이너 가브리엘 샤넬이 만들었다. '코코'는 그녀가 까페에서 활동할 당시 생긴 애칭이다. 그녀는 "패션은 사라져도 스타일은 남는다"와 같은 유명한 말을 남기기도 했다. 또한 전 세계 여성의 의복에 혁명을 일으켜 여성들에게 우아한 자유를 선사한 "패션의 혁명가"로도 불린다. 샤넬은 노르망디 도빌(Deauville)에서 처음 개업할 당시 독특한 모자를 디자인하면서 빠리 멋쟁이들의 눈을 단순간에 사로잡았다.

특히 여성의 활동을 자유롭게 하면서도 여성미를 부각시킨 디자인으로 유명하다. 남성의 의상을 직접 입고 이를 반영해, 편안한 의상을 선보였던 이 용감한 여인의 스타일은 지금 봐도 현대적이다. 화려한 장식 대신 최초로 주머니를 만들어 세련미는 물론, 생활의 편안함을 가져다 주었다. 또한 움직임이 자유롭지 못한 원피스의 형식을 파괴, 최초로 여성용 재킷을 만들었다. 샤넬은 언제나 자연스러움과 여성의 자유, 그리고 편안함을 중시했다. 또한 현대생활에 적합한 실용성과 기능성을 대변하는 단순함에 근거했다.

심플하지만 우아하고 클래식한 멋, 유연성, 가벼움과 세련됨의 조화, 눈부신 화이트, 깊이 있는 블랙, 부드러운 트위드, 반짝이는 새틴, 체인 장식과 누비 처리 등 샤넬의 스타일에는 일련의 법칙이 성립되며, 이러한 요소들이 어우러져 간결하고 고급스러운 스타일을 완성한다.

**현대 여성의 모던함과 쉬크함을 창조한 샤넬의 대표적인 작품들**

코코 샤넬은 다음과 같은 실용적인 디자인의 여러 히트 상품들을 선보였다.

① 퀼팅백 : 이 핸드백은 샤넬이 일구어낸 혁명 중 하나로 골드 체인의 퀼트 핸드백을 가리킨다. 샤넬은 1955년 퀼팅(누빔) 처리한 가죽백에 금색 체인을 달아 여성들이 어깨에 메고 다닐 수 있는 핸드백을 최초로 고안해 여성들의 두 손을 자유롭게 했다. 샤넬이 이 백을 시판하기 이전까지 모든 여성들은 핸드백을 손에 들고 다녀야만 했다. 한편 이 핸드백이 출시

코코 샤넬

된 날짜가 1955년 2월이라 이때를 기념해 "샤넬 2.55백"이라는 이름을 붙이기도 했다.

② 블랙 미니드레스 : 이전의 땅에 질질 끌리는 드레스의 밑단을 획기적으로 무릎 아래로 올리게 했다. 이를 "샤넬 라인"(Chanel line)이라고 부르는데, 샤넬 라인은 1920년대 당시의 기능주의를 잘 표현한다. 한편 샤넬은 이 치마 길이가 여성을 가장 아름답게 보이게 한다고 정의했다. 별다른 장식없이 정갈하게 만들어진 검은색 '이브닝 드레스'나 '칵테일 드레스'를 의미한다. 샤넬은 "블랙이야말로 모든 컬러를 담고 있다"라고 말하며, 이런 점은 그녀가 어릴 적 고아가 되어 수녀원에서 지낼 때, 바로 수녀복에서 영감을 받았다고 전해진다.

블랙 미니드레스

③ 투톤 슈즈 : '샤넬 슈즈'로 잘 알려져 있으며, 납작한 스타일로 앞부분에 포인트를 준 구두다. 즉 발이 작고 얇아 보이는 슈즈를 말하며, 구두 앞모양이 두 가지 색으로 배색한 일자 장식이 특징이다.

④ 트위드 슈트 : 샤넬의 가장 유명한 의상으로 "샤넬 슈트"라고도 불린다. 재클린 케네디가 자주 입던 재킷이었으며, 현재도 빠리의 유명 공연장에서 이런 차림의 여성들을 종종 볼 수 있는 패션 아이템이다. 라인을 살린 가장자리에 테두리를 두른 형태와 금색 단추가 특징적이다.

트위드(tweed)의 역사는 약 100년 정도로 오래되어 스코틀랜드에서부터 모직 원단으로 만든 것이 시초다. 처음에는 보온용 모직으로 나온 것이 트위드였다. 즉 이는 서로 색이 다른 모(毛)사를 섞거나 모사와 다른 종류의 실을 섞어서 얼룩덜룩한 색감과 거친 질감을 가지도록 직조된 섬유를 의미한다. 거칠고 무거운 트위드 소재는 일반인의 겨울용 의상을 만드는 데 주로 사용되었으나, 샤넬에 의해 실용적이면서도 패셔너블한 아이템으로 거듭났다.

⑤ 보석을 모방한 모조보석 장신구 : 코코 샤넬은 옷에 값비싼 진짜 보석 대신,

인조 보석을 달게 했다.

⑥ 샤넬 N° 5 향수 : '향수의 대명사' 샤넬 N° 5는 '세계 최초의 브랜드 향수'로 출시되었으며, 이로 인해 샤넬은 향수의 역사를 새롭게 썼다.

⑦ 샤넬의 꽃 '까멜리아' : 동백꽃 모양의 아름다운 샤넬의 꽃, 까멜리아는 단순하지만, 강렬한 샤넬 의상을 돋보이게 해주는 최상의 장신구다.

⑧ 토탈패션 창조(Total Look) : 코코 샤넬은 토탈패션 개념을 도입해 요즘 유행하는 용어인 '토탈코디 스타일'을 창조했다.

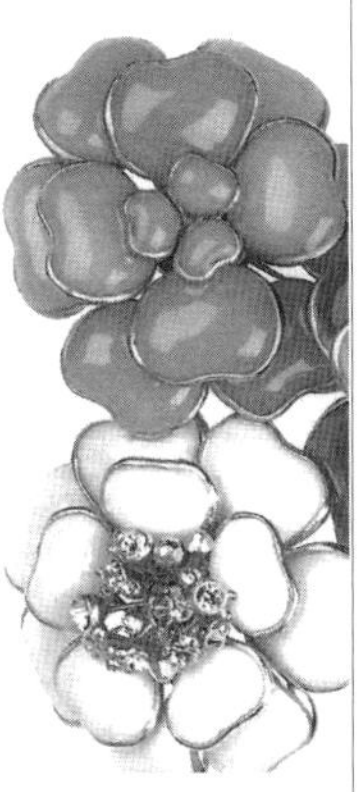

동백꽃 모양의 장신구

## 패션쇼 프레따뽀르떼와 오뜨꾸뛰르

### 프레따뽀르떼

최근 프랑스에서는 너무 마른 몸매의 모델을 무대에 세우는 게 금지되었다. 프랑스 패션쇼 중 프레따뽀르떼(prêt-à-porter)는 '기성품'이라는 뜻으로 '고급 기성복'을 가리킨다. 즉 일반인을 대상으로 한 '상업적·대중적인 컬렉션'이다.

1960년대부터 오뜨꾸뛰르의 상업성이 떨어지면서 경제적으로 위협을 받기 시작하자 '빠리 프레따뽀르떼' 조직을 만들어 외국의 재능 있는 디자이너들도 받아들여 1년에 2회 3월(F/W)과 9월(S/S)에 빠리에서 컬렉션을 개최하고 있다. 이 패션쇼는 1주일 이상 계속되며, 전 세계로부터 수천 명의 패션 관계자들이 참석하고 있다. 한마디로 프레따뽀르떼는 실용성과 기능성을 추구하는 창작 가능한 패션을 추구한다. 또한 자유롭고 독창적인 세계의 디자이너들이 우아하고 아름다운 쉬크함을 만들어낸다. 그 시초는 프랑스 기성복 제조업자 장-자끄 웨일(Jean-Jacques Weil)이 1948년 산업 시찰단의 일원으로 미국을 방문하고 돌아와 영어로 '기성복'이라는 뜻의 레디투웨어(ready-to-wear)를 프랑스어로 직역해 사용함으로써 만들어졌다.

### 오뜨꾸뛰르

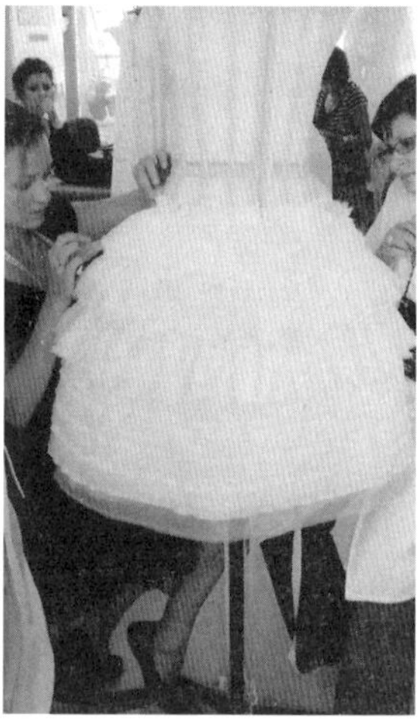

오뜨꾸뛰르 패션쇼를 위한 작업

오뜨꾸뛰르(haute couture)는 '최고급 맞춤복'이라는 뜻으로 특수층을 대상으로 만든 소량의 디자인 제품을 발표하는 '고급 컬렉션'이다. '오뜨꾸뛰르'의 호칭을 얻기 위해서는 법적 효력이 있는 세부 항목을 만족시켜야 하고, 'Ministère de l'industrie'라는 위원회의 심사를 거쳐야 할 정도로 자격 조건이 엄격하다. 오뜨꾸뛰르는 패션계에 미치는 파급효과가 커서 패브릭과 모피, 쥬얼리, 가죽 제품, 향수 등의 액세서리에 이르기까지 다양한 산업을 움직이는 모터와도 같다.

그 시초는 나폴레옹 3세 시대로 거슬러 올라가며, 1858년 샤를르 프레드릭 워스(Charles Frederick Worth)가 빠리 중심가에 문을 연 '메종 드 오뜨꾸뛰르'(Maison de Haute couture)에서 유래된 고유명사다. 전임 디자이너가 계절에 앞서 고객을 위한 새로운 창작 의상을 발표하면, 이것이 전 세계 유행의 방향을 결정했다. 발표회는 1년에 2회 1월(S/S)과 7월(F/W)에 컬렉션을 개최하며, 현재 참가하는 유명 브랜드로는 샤넬, 디올, 지방시 등이 있다. 특히 샤넬은 오뜨꾸뛰르 역사상 가장 오래 참여하고 있는 브랜드가 되었다.

오뜨꾸뛰르는 이미지를 창조해내는 아이디어와 테크닉의 진정한 패션 실험실로, 각각의 옷은 각 분야 최고 장인들의 매우 정교하고 섬세한 수작업으로 완성된다. 한마디로 장인 정신의 산물이자 그야말로 세상에 단 하나뿐인 작품을 선보인다. 또한 개성과 창의력을 중시하는 오뜨꾸뛰르는 환상적인 디자인의 옷으로 단순한 패션 이상의 예술적 가치를 지닌다.

정장 한 벌을 제작하는 데 평균 100시간, 자수 장식을 넣은 이브닝 드레스는 250시간, 웨딩드레스는 무려 1000시간 넘게 걸리는 데다 소재도 최고급품만 사용한다. 1950년대에는 전 세계적으로 20만 명이 넘는 여성들이 오뜨꾸뛰르에서 선보인 의상을 입었다. 하지만 현재 오뜨꾸뛰르 의상을 입는 여성은 유럽이나 중동의 왕족, 부호, 헐리우드 스타 등 전 세계적으로 1000명이 채 안 된다. 한편 빠리가 오뜨꾸뛰르 시장의 리더라면, 이탈리아의 밀라노는 프레따뽀르떼 시장의 리더에 해당된다.

**빠리 오뜨꾸뛰르의 가입 조건**

오뜨꾸뛰르 협회는 빠리 8구 엘리제궁(대통령 관저) 바로 건너편에 위치해 있다. 이 협회에 가입하기 위해서는 기존 정식회원의 동의를 얻어야 한다. 아울러 오뜨꾸뛰르의 디자인은 저작권법으로 보호받는다.

① 디자이너 작업실이 빠리에 있어야 된다.
② 수석 디자이너가 직접 제작한 의상이 75점 이상 발표되어야 한다.
③ 20명 이상의 팀원이 구성되어야 한다.
④ 3명 이상의 전속 모델을 보유해야 한다.
⑤ 1년에 2번 SS/FW 시즌에 프레스 앞에서 컬렉션을 개최해야 한다.

**크리스찬 디오르(Christian Dior) 패션**

A라인의 뉴 룩 스타일

1947년 크리스찬 디오르는 딱딱했던 여성복 스타일을 우아하게 변신시킨 '뉴 룩'(New Look) 스타일을 선보였는데, 이는 현대 패션의 역사가 된다. 한편 "A라인"이라고도 불리는 이 새로운 실루엣은 어깨는 자연스럽게 내려오고 허리를 매우 가늘게 했으며, 스커트는 무릎 밑까지 길게 하고 8개의 라인을 넣어 치마폭을 넓게 했다. 이 스타일은 제2차 세계대전 중의 밀리터리 룩(Military Look)에 비해 더욱 여성미가 넘치는 스타일로 부각되었다.

요컨대 제2차 세계대전에서 피폐해진 일상에 신물난 대중들은 1947년 디올이 내놓은 한 송이 꽃 같은 옷에 열광했다. 즉 허리를 잘록하게 조이는 재킷, 발목을 드러낸 풍성한 스커트는 연이은 전쟁으로 사그라든 관능미를 되살리면서 전쟁의 참혹한 현실을 잊게 했다.

## 프랑스 패션과 명품 문화의 특징

### 꼴베르 위원회

프랑스는 비옥한 토양과 온화한 기후, 그리고 일찍부터 발달한 중앙집권체제와 품격 높은 귀족문화 덕분에 요리와 명품이 잘 발달된 나라다. 일찍이 명품 산업을 국가의 전략 산업, 수출 선도 사업으로 보았다. 17세기 당시 프랑스 재무상이었던 꼴베르(Colbert)는 보호주의적 통상 정책과 중상주의 정책으로 프랑스 국부축적을 꾀해, 프랑스 명품업체 지원의 사상적 배경을 만들었다.

한편 프랑스의 문화적 메시지를 전 세계 사람들에게 전파하기 위해서, 1954년 프랑스 12개 명품 업체들을 연합해 '꼴베르 위원회'(Comité Colbert)라는 이익 단체를 만들었다. 프랑스 명품 업체들의 문화사절단 역할을 하는 이 단체는 '창조·탁월·경이'라는 지침 아래, 현재 다양한 분야의 81개 업체가 가입(기존 회원사 중 4분의 3 이상의 찬성을 얻어야만 회원사가 될 수 있음)되어 있고, 프랑스의 적극적인 지원을 받고 있다.

프랑스 명품의 자존심을 지키는 이 협회의 회원사 구성은 다양하다. 즉 샤넬, 크리스찬 디오르, 겔랑, 에르메스, 루이 뷔똥, 브리스톨 호텔 등 업종도 패션, 보석, 액세서리, 호텔, 주류 등 '생활 속의 예술'을 지향한다는 모토 아래, 그 분야는 다채롭고 규모도 각기 다르다.

명품 업체들의 정신을 증진하고, 보호하는 압력 단체이기도 한 꼴베르 위원회는 지적 재산권 보호를 위한 '롱게(Longuet) 법' 마련에도 힘써왔다. 즉 프랑스는 1994년부터 '모조품 단속에 관한 롱게 법'을 시행하고 있으며, 2003년부터는 유럽연합의 모든 국가에 확대되었다. 이 법안은 위조상품 제조는 물론, 위조품을 사는 소비자까지 처벌하는 강력한 사항을 담고 있다.

또한 이 단체는 신인 디자이너 발굴로 1987년부터 매년 '젊은 디자이너 경연대회'를 개최한다. 즉 신인 디자이너를 패션, 디자인, 응용예술 스쿨에서 찾아 꼴베르 위원회의 회원사에 연결해주는 전문 직업교육을 통한 인재 육성과 프랑스 명품의 우수성을 알리기 위해, 세계 각국을 돌며 전시회 등의 문화활동도 전개한다. 아울러 프랑스 교육부와 협력해 어린이들이 수공예 분야에 관심을 가지게끔 지원하고 있다.

한편 프랑스 기업들이 만드는 명품의 마케팅을 지원하기 위해, 미국 MBA 과정을 도입한 상경 계열 그랑제꼴(대학위의 대학) ESSEC을 설립했고(역시 프랑스 최고의 명문 경영대학원 HEC에서도 명품 마케팅의 전문 과정이 개설됨), 조직을 널리 소개하기 위해 책을 발간하기도 한다. 그리고 꼴베르 위원회는 회원사의 전략 수립을 지원해주기 위해, '명품 산업, 프랑스의 강점'이라는 프로젝트를 외부 컨설팅업체에 발주하기도 하는 등 여러 활동들을 하고 있다. 이러한 활동들은 새로운 시장 개척의 강력한 원동력이 된다.

### 세계 3대 명품 그룹

현재 세계 럭셔리 시장의 초강자는 베르나르 아르노 회장이 이끄는 사치품 제국 LVMH(루이 뷔똥 모에 헤네시) 그룹(1987년도 설립)이다. LVMH는 루이 뷔똥을 비롯해 크리스찬 디오르, 크리스찬 라크르와, 지방시, 겐조, 셀린느, 펜디 등 최고급 패션 브랜드뿐 아니라 크뤼그·동 뻬리뇽·모에 에 샹동(샴페인), 헤네시(꼬냑), 샤또 디켐(와인), 쇼메·불가리(보석), 베네핏·메이크업포에버·프레쉬·겔랑(화장품), 크리스찬 디오르·지방시·겐조(향수), 태그호이어, 제니스(시계), 세포라(대형 화장품 양판점. 샹젤리제 거리에 위치), 봉 마르쉐 백화점·싸마리뗀느 백화점(유통), DFS(공항면세점 체인) 등 최고급 브랜드 70여 개를 보유, 세계 최대의 명품 왕국이 되었다. 즉 LVMH는 한마디로 Total lifestyle 인간의 모든 생활양식, 삶과 연관된 이미지를 통합한다.

한편 프랑스의 케링(Kering) 그룹도 구찌를 비롯한 이브 생 로랑, 발렌시아가, 알렉산더 맥퀸, 보테가 베네타, 부쉐론(주얼리·시계) 등의 패션, 의류, 보석과 같은 럭셔리 브랜드들을 소유하고 있다. 이 외에도 이 그룹은 프랑스 1위 백화점인 프렝땅 백화점(유통), FNAC(프낙 서점·음반), 푸마, 보르도 5대 샤또 중 하나인 샤또 라뚜르 등을 지니고 있다.

그 밖에 세계 3대 명품 그룹의 하나인 리치몬트에는 까르띠에 이외 몽블랑과 피아제, 던힐, 보메 & 메르시에, 바쉐론 콘스탄틴, 란셀, 클로에 등 20여 개 부문의 패션 브랜드를 보유하고 있다. 특히 스위스에 본사를 둔 리치몬트

(Richemont[프랑스어식 발음 리슈몽]) 그룹은 주얼리와 장신구, 고급시계, 필기구, 옷, 가방, 향수 등을 위주로 보유한 명품멀티브랜드 그룹이다. 이 그룹의 총매출 순위는 1, 2위인 LVMH, 케링 다음 3위지만, 보석·시계 분야에서는 세계 1위를 자랑한다. 특히 시계 부문에서 세계적인 고가 명품을 다수 보유하고 있는 리치몬트의 브랜드들은 각각의 전통과 개성, 정체성을 유지하면서도 새로운 콘셉트의 시계 브랜드화에도 도전하고 있는 중이다.

## 프랑스 패션과 명품 문화의 결론

프랑스는 럭셔리 제품의 원산지이기도 하지만 럭셔리 제품을 한데 모아 시장에 내놓는 마케팅 공장 역할도 한다. 다시 말해 두드리고 다듬고 꿰매서 완성하는 것은 이탈리아의 몫이요, 마케팅 비즈니스 전략을 짜서 시장에 내놓고, 세계로 나가는 출구 역할을 해, 판을 키우는 것은 프랑스의 몫이다. 그러니까 브랜드 제품의 출생지는 이탈리아이며, 그런 브랜드가 합병해 만들어낸 '대형 주식회사 럭셔리'의 국적은 프랑스가 된다. 이렇듯 프랑스는 럭셔리 브랜드를 통해 역사와 전통을 자본화하고 있다. 그 때문에 이탈리아 밀라노의 패션업계에는 프랑스 럭셔리 그룹의 낙점을 받아 '날개'를 달고 몸값을 높이고 싶어하는 브랜드들이 많다. 프랑스는 명품 브랜드 관리와 홍보가 매우 체계적이고, 그 효과 또한 대단하다.

**빠리지앵의 패션 트렌드**

빠리인들 대부분은 기능성을 강조한 검소한 옷차림이다. 이와 더불어 자신의 모든 면을 완벽히 고려해 자신만의 스타일을 만들어서 입는다. 유행이나 트렌드에 연연하지 않고, 자신만이 가진 아름다움을 극대화해 드러내는 것이 바로 '프렌치 시크'(French Chic)다. 즉 그들은 획일적인 유행을 거부하고, 자신만의 개성을 살린 멋이야말로 최고의 스타일이라 생각한다.

### 최근 세계적인 패션의 경향 – 패스트 패션(Fast Fashion)

요즘 유행은 패스트 패션(글로벌 SPA 브랜드)으로 따라잡는다. 길거리 디자이너를 통해 소비자들의 패션 니즈(needs)와 유행을 수시로 포착한다. 조사 결과는 곧바로 디자인으로 연결되고, 고객이 원하는 패션 아이템은 초고속 생산 시스템(기획 · 생산 · 유통 · 판매를 한 업체가 운영)으로 만들어져 판매된다. 이에 따라 최신 트렌드를 재빨리 포착해 마치 햄버거를 굽듯이 유행하는 옷을 시장에 바로바로 내놓는다. 아울러 패스트 패션은 가격도 저렴한 실용적 모토가 깔려 있다. 즉 중산층 소비자들이 고급브랜드를 떠나 가격대비 높은 만족도를 찾아 옮겨오는 '중저가 패션시장'에 해당한다.

### 스토리텔링(storytelling) 기법

요즘 세계적인 추세를 보면 새로운 시장은 꿈과 감성이 지배하고, 소비자는 머리가 아닌 가슴으로 상품을 선택한다. 소비자의 구매 욕구를 자극하는 가장 큰 요인은 해박한 지식과 논리적 설득이 아니라, 바로 '감성 바이러스'가 담겨진 이야기다. 즉 '스토리텔링'은 소비자의 감성에 호소하는 가장 큰 효과적인 방법이다. 다시 말해 성공하는 브랜드는 '환상'을 판다. 소비자 욕구를 그냥 충족하는 게 아닌 한 차원 더 높은 '가치'까지 얹어준다.

세계적인 명품 브랜드들은 소비자에게 상류사회에 대한 환상을 심어주고, 구매 욕구를 자극하는 스토리텔링 기법을 구사한다. 즉 상품 안에 담긴 가치와 이미지, 이야기, 분위기까지 감성을 자극하는 고급스러운 이미지를 파는 것이다. 이러한 '감성 마케팅'으로 인해 소비자들은 물건을 사는 것이라기보다는 그 물건에 담긴 '꿈과 이야기'를 소비하는 것이다. 명품을 만들어내는 건 바로 이야기다. 요컨대 꿈과 창의성, 상상력은 최고를 만들어내는 원동력이 된다.

4

# 언론

프랑스에서도 일간지와 정기 간행물, 그리고 라디오와 TV방송과 같은 시청각 미디어가 중요한 언론 매체다. 최근에는 인터넷이 중요한 매체로 부상하고 있다. 특히 프랑스인들은 TV시청을 무척 즐겨한다. 프랑스인 1인당 하루 평균 TV시청 시간이 4시간 10분으로, 텔레비전은 프랑스인들에게는 주요 여가생활이다. 현재 프랑스인의 TV시청 시간은 1982년 이래 약 30퍼센트 이상 증가한 수치를 보이고 있다.

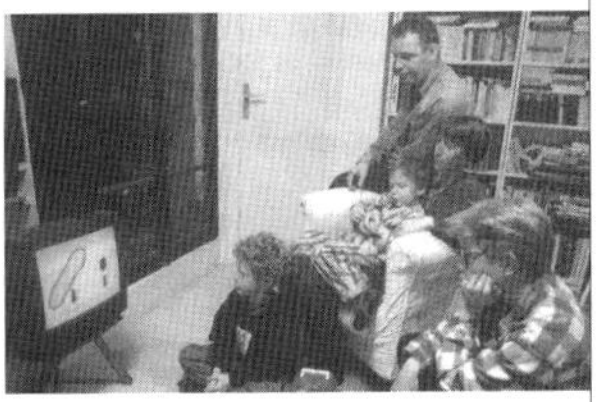
프랑스인들의 주요 여가생활 'TV시청'

## TV 채널

프랑스 공영방송은 프랑스 국회에서 통과된 방송법 새 미디어 정책에 의해 2011년 모든 시간대 광고방송을 전면 폐지했다. 프랑스 공영방송의 광고 폐지는 공영방송의 정체성을 확립하기 위한 일환으로 공영방송의 상업성을

프랑스의 다양한 TV 채널들

줄이고, 공공성을 더 높이겠다는 예전 대통령 싸르코지 정부의 방송개혁 정책에 따른 것이었다.

한편 프랑스 지상파 방송채널은 다공영·다민영 체제다. 아울러 지상파 정규 채널 방송 외에 케이블과 위성채널 등이 있다.

### 민영방송

a. TF 1 : 프랑스 최초의 TV로 민영화되면서 많은 논란이 되었던 채널이다. 프랑스 최대 민영방송사 TF 1 채널은 시청률이 가장 높은 방송국이다. 주로 뉴스·시사 프로그램이 많다.

b. M 6 : 젊은이들 대상의 뮤직 비디오 위주의 음악방송과 외화 시리즈 중심으로 방영하는 상업채널이다. 이 채널은 프랑스 인근 스위스까지 송출한다.

c. 까날 쁠뤼쓰 Canal + : TV 시청료 외에 부가 사용료를 내는 최초의 유료 채널이다. 주로 개봉된 지 1년이 채 안 된 영화들(신작)과 인기 있는 스포츠 프로그램(축구)을 주로 방영한다.

### 공영방송(국영방송)

a. France 2 : 프랑스 최대 공영방송사로 TF 1처럼 토론 프로그램 외에 게

임쇼, 외화 시리즈, 프랑스 영화 같은 가벼운 오락물들을 방영한다. 요즘 아시아에서는 TV 프로그램들 중에 드라마가 강세이지만, 현재 프랑스를 포함한 유럽에서는 퀴즈 오락, 게임쇼, 노래 콘테스트 같은 분야뿐 아니라 취직·친구 찾기까지 리얼리티쇼 분야를 많이 방영하고 있다. 예를 들어 프랑스 TV 요리경연 프로그램 '탑 쉐프'(Top Chef)와 더불어, 프랑스 TV에는 유난히 '말과 글'과 연관된 프로그램이 많은 것에서 알 수 있다.

b. France 3 : 지역 특화 네트워크 방송사로 야생의 삶, 다큐멘터리, 토론, 미술 관련 프로그램과 클래식 영화를 주로 방영한다.

c. France 5 : 교육방송(낮에 집에 있는 주부나 실업자를 대상으로 하는 교양·학습 방송) 전문채널이다.

d. 아르떼 Arte : 프랑스와 독일 간 합작 교양방송 전문채널로 1992년 공동 설립되었다. 아르떼 TV는 유럽에서 가장 영향력 있는 고급 문화채널(문화예술 TV)이다. 유로뉴스(Euro news 프랑스어와 독일어로 제작)를 비롯해 주로 문화·교양·역사·미술 관련 다큐멘터리와 클래식 음악·예술영화 등 수준 높은 프로그램을 방영하고 있다. 아르떼 TV는 '프랑스-독일 교류'를 넘어 '유럽통합'을 방송 기치로 내걸어 '전 유럽 공공언론'을 상징함으로써 프랑스와 독일 양국 국민들 뿐 아니라 유럽인들에게도 긍정적인 평가를 받고 있다. 아울러 아르떼 채널은 초창기 France 5(교육방송)와 한 채널을 공유하다 2011년 디지털 전환 이후 독립했다.

문화예술 전용 '아르떼 TV'

– 최근에는 콘셉트가 독특한 프랑스 최초의 생방송 'C 8'이라는 TV 채널

이 탄생했다. 이는 예전의 Direct 8이 2005년 3월 31일 첫 전파를 발사했던 것에서 연유한다. 이름에서 보듯이 Direct(생중계, 'Live'라는 의미), 즉 생방송으로 진행되는 프로그램 방송이 현재의 C 8 채널이 되었다.

**프랑스 TV 방송의 특징**

프랑스 미디어 개혁의 주요 정책목표는 다음과 같다.

① 신문·잡지 등 인쇄매체의 지원 : 프랑스의 방송 위원회인 CSA(시청각 최고심의회)는 방송 매체들로부터 어린이(최근 정서불안 등의 이유로, 3세 미만용 TV 프로그램은 금지되었음)와 프랑스어(음악과 쇼 프로그램에서 프랑스어 상송을 적어도 40퍼센트 이상 의무적으로 방송하도록 규정함)를 보호하는 임무를 맡고 있으며, 현재 TV 프로그램 영어 제목은 모두 프랑스어로 바꾸고 있는 추세다.

② 프랑스 정부의 자국영화 보호정책 : 프랑스 정부는 방송사로 하여금 영화제작에 일정부분을 투자 의무화하도록 한다. 한편 프랑스 TV는 뉴스가 끝난 저녁 9시부터 영화를 방영한다. 이때 60퍼센트는 프랑스 자국 영화 포함의 유럽연합 영화로 구성되며, 그중에서도 최소 40퍼센트는 반드시 프랑스어로 촬영된 영화로 채우도록 했다. 무엇보다 이 정책의 핵심은 전 국민이 영화를 좋아하도록 장려하는 데 초점을 맞추는 데 있다. 그것은 현재 제작 중인 영화에 대한 지원뿐 아니라 극장 지원, 해외 배급, 어린이를 위한 영화 제작, 학교교육 프로그램 계발 등과 맞물려 있다.

③ 글로벌 뉴스 전쟁 가세 : 프랑스는 영·미가 주도하는 세계 TV 뉴스 시장에서 프랑스 시각을 대변할 채널이 필요하다고 판단했다. 프랑스 예전 대통령 쟈끄 시라끄(Jacques Chirac)에 의해 직접 육성된 사업인 프랑스판 CNN, 즉 국제보도 전문채널 공영 '프랑스 24'는 케이블, 위성, 인터넷으로 하루 24시간 내내 최신 뉴스를 전달하고 있다. 영어로 송출하는 '국제뉴스 전문 TV 채널' 프랑스 24가 강조하는 것은 바로 '다양성'과 '프랑스적 삶의 방식'이다. 이 외에 '프랑스어권 채널'인 TV 5 몽드(Monde)가 있다. 이 채널의 49퍼센트는 프랑스 몽드가

나머지 51퍼센트는 캐나다 퀘벡, 스위스, 벨기에 프랑스어권 공영채널에서 관리한다.

④ '책 읽어주는 방송' 독서토론 프로그램 : 프랑스에서는 독서토론 프로그램(문학 까페)들을 많이 제작한다. 즉 신간 소개 및 저자와의 토론을 진행하는 프로그램들이다. 책 읽어주는 방송은 문화의 온상이라는 기능을 훌륭하게 수행해왔다.

프랑스 방송의 '책 읽어주기'는 국민의 문화향수권을 존중하는 정부의 방송 정책에 따라 유지된다. 프랑스 대중매체에서는 낭독에 관한 관심이 일반화되어 있다. 책 읽어주기 프로그램은 보통 밤새도록 책을 읽어주는데, 이러한 프로그램은 프랑스 문학 작품들을 재발견할 수 있는 또 다른 방법으로 평가받고 있다. 책 읽기 서평 프로그램들은 문학 평론가인 진행자가 고른 책은 아무리 무명 작가의 책이라도 초판은 다 팔린다고 한다.

## 라디오

오늘날 프랑스에서 TV 방송의 위세가 절대적임에도 불구하고 라디오 방송은 많은 애청자들을 가지고 있다. 특히 음악을 좋아하는 젊은이들이 라디오를 많이 듣는다. 빠리에서 청취할 수 있는 FM 라디오 채널은 56개국으로 뉴스, 문화, 음악, 전문적 정보 등 다양한 채널이 있다.

한편 프랑스의 공영 라디오인 '라디오 프랑스'(Radio France)는 프랑스 앵떼르(France Inter), 프랑스 앵포(France Info), 프랑스 뀔뛰르(France Culture), 프랑스 뮈지끄(France Musique), 프랑스 블뢰(France Bleu), 핍(Fip), 르 무브(Le Mouv) 등 총 7개 채널로 구성되어 있다. 이 중 프랑스 앵포는 하루 종일 뉴스만을 반복해서 방송하는 '국영뉴스 전문 방송국'이다. 또한 프랑스 뀔뛰르 채널은 1946년 탄생한 문화전문 공영방송으로 문학 이외에 인문사회과학, 종교, 음악, 미술 등 인간의 다양한 정신활동을 소리로 들려주는 '문화방송'이다.

## 정기 간행물 잡지

신문이 심각한 어려움을 겪는 반면에 여성 잡지(빠리 마치, 마담 피가로, 마리 끌레르, 엘르)와 시사주간지(르 누벨 옵세르바뙤르, 렉스프레스, 르 쁘앵), 문학 사상계 잡지(마가진 리떼레르) 등은 폭발적인 인기를 누리고 있다. '잡지 천국' 프랑스에서는 다양한 정기 간행물들이 일상 생활의 전분야로 확산되었다. 세계에서 가장 많이 잡지를 읽는 프랑스인들은 한 명당 평균 7종류의 잡지를 읽는다. 이는 프랑스인들의 '지적인 성향'과 '개인적 취향의 다양성'을 보여준다.

특히 렉스프레스(L'Express)는 프랑스 최초의 시사잡지로 세계 정세에 대한 평가, 국내 문제 등의 순서로 다루어지며, 과학·예술·출판 등 다양한 분야를 취급한다. 또한 마가진 리떼레르(magazine littéraire)는 매달 한 작가나, 특별한 테마를 선정해 해당분야의 전문가들로 하여금 여러 각도에서 그 의미를 살펴보게 하는 등 독특한 편집 방식을 취한다. 현재 이 잡지는 프랑스 사상계의 성좌에 자리를 잡았다.

문화공연 정보지 '빠리쓰꼬쁘'

아울러 빠리쓰꼬쁘(Pariscope)는 빠리에서 가장 인기 있는 잡지로 매주 수요일 오후에 나오는 '문화정보 주간지'다. 참고로 프랑스에서는 최근 신작 영화나 잡지책 등 새로 선보이는 것은 수요일 기준으로 출시된다. 빠리에서 일주일 동안 행해지는 모든 공연과 전시회 등 문화예술 정보를 담고 있어, 이 잡지책 한 권이면 빠리의 각종 문화공연(영화 · 연극 · 오페라 · 발레 · 박물관 · 음악 콘서트 · 각종 전시 등)을 쉽게 접할 수 있다. 이는 제목별, 상영구역별로 일목요연하게 구성되어 있다. 빠리쓰꼬쁘는 신문이나 잡지를 파는 길거리 가판대에서 흔히 발견할 수 있다. 특히 이 실용적인 주간지는 빠리에 체류할 때 문화 · 예술 이벤트에 대한 정보로 활용하면 좋다.

## 신문

프랑스의 다양한 신문들

a. 르 피가로(Le Figaro) : 프랑스 일간지의 시조(우익 신문, 전통적인 보수세력 성향)다. 르 피가로는 정치, 도덕, 문학 등에 재치 있는 논평을 하며, 연극과 같은 예술 분야에 많은 관심을 기울인다.

b. 리베라씨옹(Libération) : 진보적 신문(좌익 성향이 짙은 신문, 개혁 · 저항세력 성향)이다.

c. 르 몽드(Le Monde) : 프랑스의 대표적 신문으로 자유 진보의 보도 성향을 취하며, 균형된 시각을 가진 것으로 알려졌다. 1944년 창간된 프랑스 지성을 대표하는 세계적 권위지다. 특히 석간 신문인 르 몽드는 사실 보도보다는 분석에, 속보성보다는 완벽한 보도에 초점을 둔다. 르 몽드는 현재 하

루 평균 약 30만 부를 발행하고 있지만, 유료 독자의 감소로 정부로부터 재정 지원을 받고 있다.

– 위에 언급된 프랑스의 대표 일간지 이외에 르 빠리지앵(Le Parisien), 경제 일간지인 레 제꼬(Les Échos) 등이 있다. 한편 프랑스의 주요 일간지들은 취약한 재무구조로 인해 이념의 좌·우를 막론하고, 정부로부터 매년 수백 억의 보조금을 받고 있다. 이렇듯 프랑스 미디어는 막대한 재정을 정부 예산에 의존하고 있는 실정이다.

### 프랑스 신문의 특징

신문과 잡지 가두판매점 '끼오스끄'

TV와 같은 시청각 미디어와의 경쟁에서 패배해, 시청각 대중매체의 범람으로 인한 독자 수 감소 현상이 특히 빠리의 노동자와 사무원, 그리고 젊은이들에게서 집중적으로 나타났다. 저마다 신문들의 전통적인 정치 색깔이 정치에 식상한 사람들로 하여금 신문을 외면하게 한 것이다. 요컨대 스포츠지와 경제지를 제외한 일반 신문들은 1990년대 이래 계속 내리막길이다.

요즘 프랑스 신문은 '신문의 잡지화'와 같은 상업전략을 내세운다. 평일에는 르 피가로의 신문 한 부만 판매하지만, 주말이면 '마담 피가로', '르 피가로 매거진', 'TV 매거진'과 같은 주간지 스타일의 주말판을 발간해, 주말에만 신문과 이 3권의 잡지를 함께 포함해 판다. 여기에 DVD까지 껴서 팔기도 한다. 르 몽드도 종전의 신문 판형 크기의 섹션 외에 잡지 스타일의 주말판 '르 몽드 2'를 신설했다.

이렇듯 요즘 프랑스의 주요 신문들은 주말판을 잡지 스타일로 만드는 등 서비스 개선에 힘쓰고 있다. 주말판 경쟁이 가속화되면서 영화·공연·외식·여행·여가 등의 문화생활 최신 정보가 많이 담긴 주말판만 따로 구입하려는 독자들을 위해 주택가에서는 일요일에도 문을 여는 신문 가판대가 하나둘씩 생겨나고 있다. 한편 프랑스 신문들은 구독자를 더 늘리려고 각종 할인 혜택을 선보이고 있다.

### 빠리의 무가지

빠리에서는 'C News'와 같은 정치·문화·여가 생활·각종 공연·스포츠·패션 트렌드·TV 프로그램 안내·날씨·낱말 퀴즈 등 빠리 생활에 대한 이해를 돕는 무료 '생활 정보지'를 접할 수 있다. 이는 원하는 사람들 누구에게나 무료로 배포하는 정기 발행의 잡지 형태의 신문이다. 프랑스에서는 이러한 유익한 정보를 알려주는 일간지가 등장(특히 젊은층에 인기를 끌면서 현재 무가지가 높은 구독 순위를 차지하고 있음)하면서, 미디어 경쟁이 더욱 가속화되고 있다.

결론적으로 보면 프랑스인들이 신문보다 시사주간지 등의 잡지를 선호하지만, 최근에 들어서는 인터넷과 급성장하는 무가지 등 새로운 도전 환경에 밀려 일간지의 발행 부수가 점점 줄고 있다. 현재 격변과 혼란의 시기에 처한 프랑스 신문의 위기는 사회적 관심이 다양해지는 데도 엘리트 체질을 벗어나지 못한 채 새로운 독자 개척에 실패한 탓으로 풀이된다.

### 프랑스 정부의 신문 활성화 정책

프랑스에서는 신문을 구독해서 보는 경우보다 주로 신문과 잡지 등을 파는 체인점 를레(Relay)나, 프레스(Presse)와 같은 가두판매점(끼오스끄 kiosque), 혹은 지정된 서점에서 그날그날 사서 본다. 이런 가게들도 오후 6~7시면 문을 닫거나 일요일에 문을 열지 않은 곳이 많아 프랑스에서는 신문을 사는 것이 쉽지 않다.

한편 프랑스 정부에서 발표한 '활자매체의 지원정책'에 따르면 신문 독자층 확대를 지원하기 위해, 신문 구독을 원하는 모든 18세 청소년에게 1년간 신문을 볼 수 있는 무료 쿠폰을 국가가 지원하고, 초등학교의 신문 활용 교육(NIE)을 강화하는 내용을 담고 있다. 더불어 정부 광고를 신문에 몰아주는 내용을 포함한다.

## 문학상

**꽁꾸르(Concourt)상**

1903년 제정된 꽁꾸르상은 프랑스 최고 권위의 문학상이다. 해마다 12월에 지난 1년 동안 발표된 우수한 산문 작품, 특히 소설 중에서 선정해 시상한다. 세계적으로 잘 알려진 이 문학상의 수상자는 곧바로 명성을 얻게 되고, 유명한 작가의 반열에 들어서게 된다. 1933년에 수상한 앙드레 말로의 『인간의 조건』은 100만 부 이상 팔려 꽁꾸르상 수상작 중 가장 많이 팔린 책으로 꼽힌다.

**페미나(Fémina)상**

꽁꾸르 문학상에 버금가는 권위를 인정받고 있다. 1904년에 제정되었는데, 역시 매년 12월 초순 그해에 발표된 가장 우수한 신인 문학 작품에 수여된다. 이 문학상의 특징은 남성 위주의 문학상에 반발해, 12명의 심사위원이 전부 여성이라는 점과 꽁꾸르상과 달리, 외국문학 부문의 수상작도 선정해 시상을 한다. 주요 수상작으로는 쌩떽쥐뻬리의 『야간 비행(1931)』이 있으며, 2018년에는 언론인 겸 작가 필립 랑송(Philippe Lançon)의 『르 랑보(Le Lambeau, 뼛조각)』가 수상의 영예를 안았다. 이 책은 '샤를리 에브도' 언론인의 테러 생존기로, 수십 차례 걸친 대수술과 정신적 후유증에 맞서 싸우는 등 회복까지의 과정들이 고스란히 담겨 있다.

## 출판사

일찍이 프랑스는 책을 외국으로 보급하는 데 주력하고 있다. 이는 '프랑스어의 가치 상승시키기'와 같은 효과를 가져온다. 프랑스의 정치·경제·산업·교통·문화 등 모든 분야에서처럼 출판업계도 지리적인 '중앙집중화 현상'이 나타난다. 즉 대부분의 대형 출판사들이 빠리 6구에 위치해 있는데, 이는 빠리 지역에서 문화적 혜택을 가장 많이 받는 '좌안 구역'에 해당됨을 알 수 있다.

프랑스의 대표적인 출판사로는 '아쉐뜨'(Hachette)가 있는데, 여기에는 문고판 'Livre de Poche'가 포함된다. 한편 프랑스의 문화 권력이자 프랑스 문학의 자존심이기도 한 '갈리마르'(Gallimard) 출판사 이외에 '씨떼 그룹'(Groupe de la Cité)이 있다. 씨떼 그룹에는 씨떼 출판사(Presses de la Cité), 라루쓰(Larousse), 나땅(Nathan), 보르다쓰(Bordas) 등이 속해 있다. 현재 프랑스에서는 한국의 많은 소설책이 번역되어, 한국 문학에 대한 높은 관심과 프랑스 언론의 호평을 받고 있다.

## 인터넷

프랑스에서도 초고속 인터넷망이 보급되어 곳곳에 PC방이 있다. 또한 'WiFi'라고 써진 모든 곳(기차역 터미널, 도서관, 공원, 일부 까페와 레스토랑, 대부분의 숙박업체 포함)에서 무선 인터넷 사용이 가능하다.

한편 프랑스인들은 블로그를 좋아한다. 철학적 토론과 격렬한 파업으로 유명한 프랑스인들의 열정이 이제 온라인으로 옮겨 가고 있다. 프랑스인들이

블로그에 쏟는 시간은 개인당 60분이 넘어 미국(12분), 독일(3분)과 큰 차이를 보인다. 프랑스인들이 블로그에 몰두하는 것은 그들의 성격 때문이라는 분석이 있다. 즉 프랑스인들은 자의식이 강하고, 자기 이야기하기를 좋아하며, 또한 개인 공간을 꾸미는 것을 좋아하고, 수다스러운 프랑스인들의 특징을 잘 보여준다.

## 프랑스 언론 문화의 결론

프랑스는 언론의 자유가 보장된 나라이지만 동시에 언론의 타인에 대한 사생활 침해도 엄격히 제한한다. 이는 남의 사생활을 존중해주는 문화 때문이다. 자신의 사생활이 침해당하는 것을 극도로 싫어하는 프랑스인들은 남의 사생활에도 간섭하지 않는다. 다시 말해 공과 사를 확실히 구분하는 문화가 그 원인으로 거론된다. 더 나아가 그들은 정치인 같은 공인의 공적활동과 개인의 사생활을 확실히 구분짓는다. 즉 르몽드나 르 피가로 같은 유력 일간지에서는 유명인의 사생활에 관한 스캔들 기사를 일절 보도하지 않는다. 스캔들 기사를 보도하는 언론은 '빠리 마치'와 같은 여성 잡지 등에서 다룬다.

# 5
# 건축양식

이제는 건축 분야도 역사의 중요한 구성 장르가 되듯이, 이제는 사회, 심리학, 인간, 커뮤니티, 과학, 기술에 시적 요소까지 한마디로 여러 가지가 응축된 종합 예술이 바로 건축인 셈이다. 바로 건축물에는 그것을 둘러싼 사회·문화·역사적 의미가 함께 담겨져 있는 것이다.

프랑스에서는 이미 건축을 '제4의 예술'로 정의할 정도로 건축의 예술성을 높이 평가하고 있다. 상상력과 예술성을 중시하는 프랑스 건축의 특색은 오랜 역사를 지니고 있으며, 여러 민족이 합쳐져 프랑스를 이루었듯이 프랑스 건축 문화에는 다양성과 독창성이 함께 존재한다. 무엇보다 프랑스 건축에서는 우아하고 세련된 감각과 독창적인 아이디어, 독특한 취향과 합리적인 형태로 설계된 많은 건축물을 발견할 수 있다. 이렇게 만들어진 건축물들은 다시 전 세계로 널리 퍼져나가 심대한 영향을 미쳤다.

한편 프랑스 각 도시의 미관을 살리는 아름다운 건축물들은 문화를 느끼게 한다. 시간과 문화를 담는 공간인 건축물들에는 건축가의 시대 성찰과 사유가 담겨 있으며, 예술적 가치와 주변환경과의 조화, 그 관계 맺기 등이 내포된다. 그러므로 프랑스의 수많은 뛰어난 건축물들은 프랑스 각 도시를 무대로 전시되는 '하나의 예술품'이라는 인식을 하게 한다. 현재 프랑스에는 건축 학도들을 위한 많은 에꼴(école) 전문 교육기관들이 있다.

여기에서는 프랑스 건축양식의 각 시기별 특징과 더불어 해당된 대표적인 건축물들에 대해 살펴보고자 한다.

## 고딕(Gothic) 건축과 성당들

1130~1190년, 즉 12세기가 고딕 건축이 가장 번성했고, 또한 유행했던 시기다. 프랑스는 고딕 양식의 발상지이면서 세계적으로 가장 중요한 고딕 건축물들이 잘 보존되어 있다. 프랑스에서 발명된 독특한 고딕 양식은 종교적인 건축물들에 많이 활용되었고 전 유럽으로 퍼져 나갔다. 고딕 양식이 도입되면서 교회당은 더 높고 화려한 모습을 보이며, 현재 프랑스 각 도시에 있는 대성당은 이 건축양식으로 지어진 것이 많다. 고딕 양식은 11세기에 유행한 육중하고 중후한 벽체와 원형 아치를 강조하는 로마네스크 양식과 대비된다.

### 고딕(Gothic) 양식의 특징

고딕식 성당의 스테인드글라스

고딕 건축 이전의 중후한 벽과 원형 아치를 강조했던 로마네스크 양식에 경쾌함과 생동감을 부여하고, 역학적인 조화가 고도의 균형 상태를 유지하게 되었다. 즉 고딕 양식의 세 가지 특징으로, 먼저 외형적인 특징인 '첨두 아치'를 들 수 있다. 첨두 아치는 예로부터 하늘과 가까워지고 싶은, 인간의 욕망을 표현한 것이다. 이는 아치의 최상부가 뾰족 솟은 형태로 고딕 양식의 가장 큰 특징이다.

그 다음 뼈대가 있는 볼트 형태의 경우다. 이 형태는 고딕 건축물의 천장에서 볼 수 있는 '교차된 첨두 아치'를 말한다. 따라서 기둥과 뼈대 볼트로 구성된 정교한 구조체계가 지붕의 하중을 지탱하게 되므로 넓은 실내공간을 확보하게 되었다.

마지막으로 고딕 양식의 가장 큰 구조적 특징은 '프라잉 버트레스'(Flying buttress)를 들 수 있다. 이것은 고딕 건축물에 원형아치 모양으로 걸쳐서 지지대 역할의 '버팀벽'과 같은 구실을 한다.

한편 고딕 양식은 지붕의 무게를 기둥에 모두 실어, 천장을 돔 형태로 아주 높게 한 것이 특징이다. 또한 벽으로 무게를 지탱할 필요가 없으므로 벽을 얇게 만들고 창을 넓힐 수 있었다. 따라서 고딕 성당의 긴 창문에는 아름답게 디자인된 형형색색의 색유리 조각을 볼 수 있다. 바로 고딕 양식의 스테인드글라스에 비치는 영롱한 빛은 상승 효과를 더해 환상적인 느낌을 준다.

고딕식 성당의 내부 모습

고딕 양식으로 지어진 성당에 들어갔을 때 놀라는 것은 바로 아찔한 높이와 첨두 아치에서 느껴지는 강력한 힘이다. 가는 기둥, 높게 연속된 아치, 그리고 뾰족 아치로 이루어진 고딕 건축의 수직 지향성이 돋보인다. 세월이 지날수록 고딕 건축물들의 높이가 높아졌으며 그 폭도 넓어졌다. 즉 둥근 천장을 떠받치는 여러 개의 아치가 원기둥에 결집되어 바닥까지 똑바로 내려오며, 일직선으로 늘어서 있는 이 기둥들이 시선의 '수직 효과'를 높여 더욱 장엄한 분위기를 연출하고 있다. 고딕 건축양식은 13세기에 크게 발전했지만, 14세기에는 다소 복잡한 양상(후기 고딕 양식)을 띠게 된다.

### 쌩드니(Saint-Denis) 대성당

빠리 북쪽 교외에 위치한 쌩드니 대성당은 '왕실 묘지'로 쓰이고 있다. 루이 18세에 이르기까지 대부분의 프랑스 왕들이 이 성당에 잠들어 있다. 쌩드니 대성당은 프랑스 건축양식의 한 획을 긋는 중요한 건물이다. 즉 이 건물은 고딕 건축의 기원·발상지가 되었으며 이후 여러 성당들에 영향을 미쳤다.

쌩드니 대성당의 기원은 5세기의 소성당에서 시작된다. 수차례의 개축을 거쳐 7세기에 수도원 부속 교회당이 되었고, 12세기의 쒸제(Suger) 수도원장 시대에 현재와 같은 고딕 건축의 모습이 완성되었다. 빛에 색을 넣기 위해 스테인드글라스(장미 창)를 많이 이용한 구조는 당시로서는 획기적이었다. 초기 고딕 양식을 취한 쌩드니 대성당은 후에 유명한 샤르트르 성당의 모델이 되었다. 이와 더불어 쌩드니 성당이 지어진 이후 수많은 성당들이 건물 내부의 높이 경쟁을 하기 시작했다.

최초의 고딕 양식 '쌩드니 대성당'

**노트르담(Notre-Dame) 대성당**

빠리의 씨떼(Cité)섬에 위치한 노트르담 대성당만큼 프랑스 역사를 한눈에 알아볼 수 있는 곳은 없다. '프랑스의 심장' 노트르담 대성당은 중세 고딕 건축의 최고 걸작이며, 매년 수많은 관광객들이 방문하는 세계에서 가장 유명한 대성당이다. 프랑스 초기 고딕 성당의 대표작으로 노트르담(Notre Dame)은 '우리의 귀부인, 어머니'라는 뜻으로 '성모 마리아'를 의미한다. 카톨릭교국가인 프랑스 전역의 여러 도시들마다 같은 이름의 노트르담 성당을 찾아볼 수 있다.

또한 프랑스의 각 성당에는 아름다운 색유리 조각의 장미 창이 있는데, '장미'는 바로 성모 마리아를 상징한다. 루이 7세 시기 1163년에 빠리 교구장이었던 쒤리(Sully) 주교에 의해 노트르담 대성당의 개축 공사가 시작되었다. 그 이전의 갈로-로망 시대부터 이 지역은 성스러운 장소였었다. 완공된 것은 1345년 경으로 이후 수세기 동안 다양하게 수정되어 왔다. 다른 사원들과 달리 이곳은 창이 크고 스테인드글라스로 장식했으며, 내부가 무척 거대하고

노트르담 대성당의 정면 모습

노트르담 대성당의 후면 모습

무엇보다도 하늘로 치솟는 듯한 장엄함과 웅장함이 있다.

이 성당은 1422년 앙리(Henri) 4세의 대관식과 1456년 잔 다르크(Jeanne d'Arc)의 명예회복 재판, 1804년 나폴레옹 황제의 대관식을 포함해, 국가 수장의 장례식이나 왕실의 결혼식 등 수많은 프랑스 역사의 증인이 되어왔다. 노트르담 대성당은 12세기에 건축이 시작된 이래 수백 년 동안 온갖 풍파에 시달려 낡고 쇠락했고, 18세기에는 대혁명을 겪으며 파손된 채 방치되어 있었다. 한편 1831년 출간된 대문호 빅또르 위고(Victor Hugo)의 명저 『노트르담의 꼽추』 영향으로 성당은 재인식되었고, 1845년부터 20년간 대규모 복원이 실시되어 지금의 모습을 유지하게 되었다. 그러나 안타깝게도 지난 2019년 4월 화재로 성당의 첨탑과 지붕이 전소되었다.

성당 내부에서는 "장미 창"이라고 불리는 3개의 스테인드글라스가 압권이며, 성당의 뒤쪽 경관은 매우 특이하고 볼만하다. 정면의 파사드에는 엄청난

수의 조각들이 성서 이야기를 묘사하고 있다. 387개의 계단을 통해 남쪽 탑 꼭대기까지 올라가면, 시떼섬과 시가지가 한눈에 보이는 등 빠리에서 가장 오래된 시가지의 전경을 감상할 수 있다. 또한 노트르담 성당 앞 광장에서는 항상 곡예나 콘서트 등 각종 공연들이 펼쳐진다.

### 몽쌩미쉘(Mont-Saint-Michel) 수도원

1979년 유네스코 세계 문화유산으로 등록된 몽쌩미쉘 수도원은 예로부터 켈트인들이 신앙의 대상으로 삼았던 곳이다. 708년 노르망디의 대주교 오베르(Aubert)가 대천사 미카엘(프랑스어로 미쉘)의 계시를 받아 이 땅에 예배당을 지었다. 그 이후 시대에 따라 증개축이 이루어졌는데, 11세기에는 로마네스크 양식의 대성당과 수도원이 세워졌고, 13세기에 고딕 양식의 아름다운 회랑과 수도사의 대식당이 만들어졌다. 특히 기사실의 둥근 가로보와 섬세하게 장식된 대접받침들은 전형적인 고딕 양식을 보여준다. 지하 1·2층과 지상 1층, 이렇게 3개 층으로 구성된 몽쌩미쉘 수도원에서의 회랑은 2열로 늘어선 원형기둥으로 하여금 신비로운 공간으로 보이게 한다. 특히 수도원 상층에는

우뚝 솟은 몽쌩미쉘 수도원

2열로 늘어선 돌기둥들의 수도원 회랑

성당과 회랑, 그리고 60명을 수용하던 대식당, 접견실, 도서관 등이 위치한다.

순례지로 알려졌던 몽쌩미쉘 수도원은 8세기에는 조그만 교회당이었으나 중세 때는 교육의 중심지 역할을 하기도 했다. 14세기 백년전쟁 무렵에는 '요새'로 사용되었으며, 15세기에는 수도원의 중앙 부분이 플랑브와이앙(Flamboyant) 후기 고딕 양식으로 다시 지어졌다. 한편 몽쌩미쉘 수도원은 프랑스 혁명 이후 '감옥'으로도 사용되었다. 현재 몽쌩미쉘은 육지와 다리로 연결되어 있는데, 수도원의 서쪽 테라스에서 보여지는 장대한 전망을 만끽할 수 있다.

### 샤르트르(Chartres) 노트르담 대성당

중세 때의 순례 전통이 지금도 남아 있는 샤르트르에서는 중세 역사 도시의 모습을 볼 수 있다. 하늘 높이 솟아 있는 두 개의 종루는 각각 로마네스크 양식과 고딕 양식의 형태를 취한다. 후에 지어진 고딕 양식의 종루를 '신종루'라고 하는데, 그 대비가 무척 흥미롭다. 빠리 남서쪽으로 약 80킬로미터 지점에 위치한 샤르트르 노트르담 대성당은 유네스코 세계 문화유산에 등록되어 있다.

서로 다른 종루의 샤르트르 대성당

12세기 고딕 양식의 대성당 안으로 들어가면 진한 색조의 스테인드글라스인 '샤르트르의 블루'를 감상할 수 있다. 즉 스테인드글라스를 통해 스며드는 엷은 빛이 성당 안을 가득 채워, 환상적인 파란색의 세계를 연출한다. 이러한 신비롭고 장엄한 광경은 고딕 예술의 걸작으로 평가된다. 남쪽의 회랑에는 "스테인드글라스의 보배"라 불리는 '아름다운 성모 마리아'가 12세기부터 변함없는 광채를 보여준다. 다른 고딕 양식의 대성당에서처럼 샤르트르 대성당에도 13세기에 지어진 남, 북, 서쪽의 장미 창이 있는데, 그중에서 성모 마리아가 그려진 북쪽 창이 디자인이나 색채 면에서 가장 예술적이라는 평가를 받는다.

### 랭스(Reims) 노트르담 대성당

랭스 대성당의 상징 '미소짓는 천사상'

유네스코 세계 문화유산으로 지정된 랭스 성당은 유럽에서 가장 아름다운 고딕 건물로 손꼽힌다. 이곳은 빠리에서 북동쪽 샴페인의 유명한 생산지 샹빠뉴(Champagne) 지방의 랭스에 위치해 있다. '랭스의 상징' 노트르담 대성당은 13세기 초에 착공된 우아하고 조화로운 성당이다. 제1차 세계대전으로 대부분이 파괴되어 20년의 시간을 들여 복구되었다. 이 대성당의 특징은 중세 때부터 1825년까지 프랑스 왕 33명의 대관식이 거행되었던 곳으로, 1429년 샤를르(Charles) 7세의 대관식에는 쟌 다르크(Jeanne d'Arc)도 참석했다. 3단으로 구성된 정면에는 좌우대칭으로 2개의 탑이 서 있으며, 석양빛을 받으면 성당 전체가 황금색으로 빛난다.

또한 대성당의 겉모습은 무수한 조각들로 뒤덮여 있다. 2400여 개의 조각상들로 장식된 정면의 파사드 중에서, 특히 왼편 출입구의 '미소짓는 천사상'이 가장 유명하다. 이것은 고딕 조각 중에서도 걸작으로 꼽힌다. 한편 신비스러운 예배당의 외관은 프라잉 버트레스가 떠받치고 있으며, 가느다란 돌기둥으로 빛을 세분하고 장식적이면서 교차하는 무늬를 만들어, 고딕식 창 장식의 시초가 되었다. 본당의 규모면에서는 샤르트르 대성당보다 랭스의 본당이 더 큰 편이다.

또한 성당 안에는 장미 창과 후진 예배당에 있는 성서를 바탕으로 구성한 마르크 샤갈(Marc Chagall)의 스테인드글라스가 볼만하다. 20세기 초에 만든 푸른색이 아름다운 그의 작품은 내부 중앙에 있는 작은 방에서 볼 수 있다.

— 15~16세기에 벌어진 이탈리아와의 전쟁은 이내 프랑스인들에게 경이로운 르네쌍스 문화를 발견하게 하는 계기가 되었다. 이후 화려한 르네쌍스 양식은 17세기가 되자 장대함과 우아함의 극치를 보이는 '고전주의 건축양식'으로 이어진다. 이 양식에는 베르사이유 궁전, 앵발리드(군사박물관) 등이 해당된다. 17세기 고전주의 양식의 거장 '망싸르'(Mansart)가 등장하기까지 르와르 강변의 성들을 중심으로 한 우아하고 섬세한 르네쌍스 문화는 프랑스 건축 역사의 문맥을 이어갔다.

## 아르누보(Art nouveau) 건축

1871년 프랑스에 제3공화국이 들어선 이후 경제회복이 이루어졌고, 1890년경부터는 새로운 생활양식이 도래했다. 즉 19세기 말에서 20세기 초에 걸쳐 빠리는 과거에 볼 수 없었던 풍요와 평화를 누렸다. 풍요롭고 화려했던 예술 문화가 번창하고, 거리에는 우아한 복장을 한 신사 숙녀가 넘쳐 흘렀다. 즉 이 시기는 '아름다운 꽃의 빠리'를 이루었다. 아울러 자동차, 비행기, 전화,

영화, 축음기 등이 새로운 즐거움을 선사했고, 프랑스에는 "벨 에포크"(Belle Époque)라 불리우는 '아름다운 시대', '좋은 시대'가 도래하게 된 것이다. 정치적으로는 격동기였으나 프랑스의 경제는 점차 회복되기 시작했으며 사람들의 생활은 크게 향상되었다. 문화적 혜택을 누릴 수 있는 여유도 생겼으며, 이 당시 다양하고 새로운 예술 형태가 출현했다.

### 빠리 지하철(Métro)역 입구

아르누보 양식의 빠리 지하철역 입구는 1900년 디자이너 엑또르 귀마르(Hector Guimard)가 설계했다. 귀마르의 지하철 입구는 아르누보의 우아함을 보여주는 전형적인 사례라고 할 수 있다. 특히 몽마르트르 언덕을 방문할 때 이용하게 되는 빠리 북쪽 12호선 아베스(Abbesses) 역의 출입구 장식은 나뭇잎 줄기 모양의 철제와 이것을 뼈대로 유리 지붕을 덮은 모양이 독특하면서도 아름답다. 또한 빠리 서쪽 2호선 뽀르뜨 도핀느(Porte Dauphine)역에서도 우아하고 아름다운 철골 구조의 지하철 입구를 감상할 수 있다.

우아한 귀마르 양식

지하철 입구의 아르누보 양식

### 파씨(Passy) 구역의 저택들

불로뉴 숲과 쎄느강으로 이어지는 곳이 바로 빠리 16구 파씨 구역이다. 이 일대에는 상류층 사람들이 많이 살고 있으며, 고급 저택들이 밀집해 있다. 파씨 구역은 "아르누보 건축물의 박물관"이라 칭할 정도로 엑또르 귀마르와 그의 동료들이 설계한 아르누보 양식의 건물들이 모여 있는 곳이기도 하다. 귀마르의 손길이 닿은 건물에는 그의 서명이 남겨져 있다. 창의 난간과 문 주변의 밖으로 드러난 장식만 보아도 아르누보 양식의 화려하고 아름다운 모습을 짐작할 수 있게 된다.

파씨 구역의 아르누보 저택

### 갈르리 라파이예뜨(Galeries Lafayette) 백화점

이 아름다운 백화점은 새로운 번영의 상징이며, 세계 패션과 유행의 본고장인 빠리를 대표한다. 특히 1893년에 지어져 오랜 역사와 전통을 자랑하는 갈르리 라파이예뜨에는 벨 에포크 양식의 실내장식이 잘 보존되어 있다. 화려한 실내장식은 궁전에 와 있는 듯한 착각에 빠지게 할 정도다. 즉 20세기 초 유럽 전반에 걸쳐 크게 유행한 아르누보 양식의 아름다운 계단과 장식들을 감상할 수 있다.

한편 다양한 색깔의 유리와 철골 구조물로 아름답게 장식된 초대형 돔은 이 백화점의 어느 곳에서나 볼 수 있다. 바로 1912년에 완공된 아르누보 스타일의 유리와 철제로 된 돔이다. 실내 인테리어 형태로 둥근 천장까지 성당 내부의 화려한 스테인드글라스처럼 꾸며져 있는데,

아르누보 양식의 프렝땅 백화점

갈르리 라파이예뜨 백화점의 천장 돔

현재 프랑스의 문화재로 지정되어 있다. 백화점 내부의 전체적인 모습이 마치 오페라 극장의 내부 배치도처럼 둥그렇게 꾸며져 있음을 보게 된다.

이와 더불어 쇼핑과 상업 지역 오페라(Opéra) 구역에는 갈르리 라파이에뜨 백화점과 함께 패션 마니아들의 사랑을 받는 프렝땅 백화점이 바로 옆에 위치해 있다. 1865년에 창업한 프렝땅(Printemps) 백화점 또한 아르누보 양식의 건물에 해당된다. 이곳 또한 백화점 정면의 사계 조각과 둥근 채색유리 천장은 문화재로 지정되었다.

### 오르쎄(Orsay) 미술관

빠리에는 각각 시대별로 고대와 중세, 근대, 현대 등 각 시기의 특징을 담은 대표적인 3개의 미술관이 있다. 루브르, 오르쎄, 뽕삐두 센터가 바로 그것이다. 특히 1986년 1월 개관한 오르쎄 미술관은 전형적인 아르누보 양식의 건물에 해당한다. 쎄느강변에 위치한 이곳은 1848년~1914년 시기의 근대(인상파) 미술작품들을 주로 전시하고 있다. 시대적으로 루브르와 뽕삐두의 중간

우아한 아르누보 양식의 오르쎄 미술관

오르쎄 미술관 내부

시기에 해당한다고 볼 수 있다.

1900년 빠리만국박람회를 위해 호화롭게 건축된 역사(驛舍)는 20세기 초반까지 기차역과 호텔로 호황을 누렸으나 시대의 흐름에 따라 폐쇄되었다. 1970년대에 19세기 형태로 지어진 건축물의 가치가 재조명되어, 1979년 역사를 미술관으로 활용하려는 계획이 세워졌다.

이렇듯 천장의 유리 돔이 인상적인 이곳의 지상층은 과거 기차 역사의 돔과 플랫폼을 잘 활용했다. 건축 당시의 내장이나 골격은 그대로 유지하면서, 현대적 최신 기술을 도입하는 대개조 공사를 하는 데 오랜 세월이 걸렸다.

오르쎄는 넓고 큼직한 벽과 천장의 창문 덕분에 자연광이 밝혀준다. 즉 날씨와 시간대에 따라 빛의 밝기가 달라져 미술관의 느낌이 매번 다르다는 특징이 있다. 한편 원래 모습 그대로 벽에 걸려 있는 대형 시계는 오늘날 오르쎄 미술관의 상징으로 남아 있다. 5층의 전시관에 위치한 이 시계탑은 가장 인기 있는 포토존이다.

### 그랑 빨레(Grand Palais) & 쁘띠 빨레(Petit Palais)

이 시대에 성행했던 아르누보 건축양식은 그랑 빨레와 쁘띠 빨레 같은 건축물에서도 찾아볼 수 있다. 그랑 빨레는 1900년 세계박람회 동안 두 차례 프랑스의 그림과 조각작품 전시회를 위해 샤를르 기로(Charles Girault)가 설계했다. 이 웅장한 궁전의 외관은 엄숙한 고전주의 양식의 석조와 다양한 아르누보 양식의 철제(철 버팀목)가 혼합된 것이다. 즉 기본적인 양식은 고전주의적 건축양식을 사용했으나 세세한 장식은 20세기 초에 유행했던 아르누보 양식을 따르고 있다. 둥근 지붕은 유리로 되어 있으며, 건물의 네 귀퉁이는 천마와 마차 모양의 거대한 청동상으로 화려하게 장식되어 있다. 이 건물의 국립 갤러리에서는 각종 전시회가 계속되고 있다.

국립 갤러리 '그랑 빨레'

빠리 시립미술관 '쁘띠 빨레'

한편 그랑 빨레, 알렉쌍드르 3세교와 더불어 거의 같은 시기에 지어진 쁘띠 빨레도 역시 1900년 빠리 세계 박람회 개최를 앞두고 프랑스의 미술품들을 전시하기 위해 건축되었다. 즉 이 시기를 기점으로 세계 박람회를 기념하거나 전시회장으로 쓰기 위해 일련의 건축물들이 지어졌다. 건축물 자체가 하나의 예술품이라 할 수 있는 쁘띠 빨레에는 현재 빠리 시립미술관이 들어서 있다. 아름다운 반원형의 안뜰과 정원을 둘러싸고 있는 쁘띠 빨레 건물도 그랑 빨레와 유사한 철 장식을 볼 수 있다.

## 르 꼬르뷔지에(Le Corbusier)의 근대 건축

르 꼬르뷔지에(1887~1965)는 전 세계에 영향을 끼친 오늘날 가장 위대한 근대 건축가로 손꼽힌다. 스위스 태생의 세계적인 프랑스 건축가로, 그가 말하길 "건축은 생활을 담는 기계"라고 이야기했듯이, 건축은 바로 우리의 삶을 은유하고 있다. 그런 면에서 볼 때 건축은 인간이 투영된 공간의 종합이면서 인간의 삶을 읽을 수 있는 매개체가 된다.

그는 1917년 순수주의 운동을 전개해 순수파를 창시했다. 근대 건축운동의 '기능주의'와 '대담한 표현주의'를 결합한 설계가 특징이다. 또한 르 꼬르뷔지에는 1920년대 시작된 국제적인 '합리주의 건축사상'의 기수가 되었으며, 서양건축의 기조인 고전주의 미학을 조화시켜, 표현주의적인 강렬한 감각을 결합시켰다. 요컨대 거칠게 마감된 '콘크리트 건축'의 새로운 국면을 개척했다.

르 꼬르뷔지에

19세기 건축도 새로운 시대를 맞이한다. 이는 소재에 관한 변화로 유리, 철, 콘크리트를 주재료로 하는 경쾌한 건축물이 많이 지어졌는데, 이 시대를 상징하는 에펠탑(1887~1889)은 건축 기술의 새로운 시도라고 말할 수 있다. 아울러 아르누보 양식 이후 점차 건물 내·외부의 과한 장식이 불필요하다는 추세로 전환되었다. 즉 화려한 장식보다는 실용성을 더 중요시 여기는 시대가 도래한 것이다. 한편으로 이 시기는 도시 인구의 급속한 팽창으로 인해 건축에서의 '주거 공간'과 '도시 설계적 측면'이 강화되었다.

### 롱샹(Ronchamp) 성당

부르고뉴(Bourgogne) 지방 디종(Dijon) 부근의 벨포르(Belfort)라는 한적한 시골 마을에는 "롱샹 성당"이라고 불리는 노트르담 뒤 오(Notre Dame du Haut) 성당이 있다. 시멘트로만 빚어낸 예술, 롱샹 성당은 건물이라기보다는 차라리 조각이라고 할 정도의 과장된, 구체적 형상은 1955년에 마무리되었다. 300명 정도 수용할 수 있는 작은 롱샹 성당은 초록색 잔디와 파란 하늘을 배경으로 버섯 모양 지붕의 특이한 하얀색 외관의 건축물이다. 두툼한 벽과 지붕은 모두 기울어진 선이나 곡선으로 되어 있으며, 전체적인 외부의 모습은 마치 성

롱샹 성당의 장엄한 내부

거대한 조각물 '롱샹 성당'

곽이나 보트를 연상시킨다.

성당 내부에 들어서는 순간, 창문으로 비치는 햇빛이 기하학적인 형태로 표현되어 있는데, 천장이 곡선으로 내려앉은 내부는 마치 동굴 속에서 미사를 보는 듯한 느낌을 준다. 성당의 내부는 소박하지만 매우 아름다운 느낌을 줄 뿐 아니라 다양한 형태의 창을 통해 오직 자연 채광만으로 이루어지는 자연과 하나된 건축물임을 느낄 수 있다. 이러한 빛의 연출을 통해 내부 공간을 한없이 성스럽고 장엄한 장소로 만들고 있다. 무엇보다 각각 크기가 다른 창문들의 현대적 스테인드글라스의 아름다움은 극적인 감명을 불러일으킨다.

시각적이고 감정적이면서도 명상적인 롱샹 성당은 현대 종교 건축물의 다른 측면을 보여주며, 유럽의 화려하게 장식된 대성당과는 또 다른 성스럽고 아름다운 가치를 되새겨보게 한다.

**빌라 싸브와(Savoie)**

20세기를 대표하는 거장 르 꼬르뷔지에의 대표작이며, 또한 '근대 건축의 최고봉'이라고까지 일컫는 걸작이다. 싸브와 가족의 주말 저택, 빌라 싸브와는 빠리 근교의 쎄느강과 뽀와씨(Poissy) 도심이 내려다 보이는 완만하게 경사진 언덕 위에 위치해 있다. 1층은 자동차를 안에 주차할 수 있도록 되어 있고, 생활 공간은 수평창을 통해 자연광을 받아들여 파노라마적 풍광이 한눈에 들어오게 한다.

필로티 공법의 빌라 싸브와

제2차 세계대전 이전, 1931년에 완공한 싸브와 주택은 자유로운 평면, 수평 연속창(가로로 긴 창), 옥상 정원(테라스), 자유로운 입면(파사드[façade], 건물의 출입구가 있는 정면부), 필로티(pilotis, 지상층을 자유로운 공간으로 만들어주면서 상층의 건물을 지탱해주는 기둥)와 같은 1926년 자신의 건축 원리를 종합한 '새로운 근대 건축의 5원칙'이 잘 구현되어 있다.

### 공동주택 위니떼 다비따시옹(Unité d'habitation)

마르쎄이유 제일의 건축물은 1952년 르 꼬르뷔지에가 설계한 '복층형 공동주택' 위니떼 다비따시옹이다. 그는 도심에서 약간 떨어진 나무숲의 넓은 공원 안에 복합 기능을 겸비한 하나의 독립된 '수직도시'를 건설했다. 전체 형태는 사각 박스이지만, 황금분할에 기초한 디자인에 의해 건물 폭과 높이, 측부의 비례가 완벽한 원칙을 따르고 있다. 이 공동주택의 외관을 보면 북측은 전체가 벽면이고, 동서로는 균등하게 창이 나 있다.

또한 이 건물에는 외부처럼 내부에도 원색을 많이 사용해 모던함이 돋보이는 것이 특징이며, 창의성과 편의성, 혁신적인 디자인으로 인해 현대 건축에 커다란 영향을 미치게 된 상징적인 건축물로 자리 잡았다. 즉 필로티 공법으로 세운 12층 건물은 복합적 기능의 '집합주거'와 새로운 '도시주택의 모델'로 제시되었다. 즉 이 집합주거 단지는 새로운 건축개념을 제시한 건물로, 미래 사회에 대한 르 꼬르뷔지에의 비전을 처음으로 구체화한 것이다.

마르쎄이유의 공동주택

한 지붕 밑에 340여 가구에 1600명을 수용하는 이 주거단위의 가장 흥미로운 시도는 구매시설을 건물의 중앙층에 배치했다는 점이다. 다시 말해 주택 외에 중간층에는 상점가, 호텔, 까페, 레스토랑, 우체국 등의 서비스 기관이 들어서 있고, 옥상에는 공동 시설들인 유치원, 공원, 체육관, 수영장, 놀이터, 무대 등을 갖추고 있는 그야말로 하나의 마을로 형성되어 있다.

**스위스 파빌리온(Pavillion Suisse)**

스위스 파빌리온은 빠리에 유학하고 있는 전 세계인들의 씨떼 기숙사 안에 자리 잡고 있다. 이 건물은 개성적인 건축 스타일로 눈길을 끄는데, 이른바 '상자형 주택' 형태를 갖춘 모습이다. 이것은 대단위 주거 아파트를 예고했다는 점에서 건축사적으로 중요한 의미가 있다. 총 47개의 방으로 구성된 스위스 파빌리온 건물은 바로 르 꼬르뷔지에의 실험작 중 하나였던 공동주택 '유니떼 다비따시옹'의 모체가 되

상자형 주택 '스위스 파빌리온'

는 작품이다. 수평으로 이어진 창을 선택한 자유로운 외관, 골조와 벽의 독립적 기능, 집이 차지한 땅을 되찾은 옥상 정원 등은 현대 건축의 근본을 이루어냈다.

## 6

# 학교제도

프랑스의 교육정책은 '전문인의 양성'과 '문화 및 지적 수준의 향상'이라는 목표 아래 중앙집권적인 교육 형태와 복선형의 구조를 취한다. 매우 복잡한 복선형 구조는 전문인을 양성하기 위해 조기 교육을 하는 과정에서 생겨난 것이다. 이처럼 다양한 분야로 진출할 수 있게 짜여진 교육 시스템과 체계적인 특성에 따른 학교조직, 무상교육 등을 통해 어려서부터 자신만의 소질, 특성을 발견하고 개발할 수 있도록 행해지고 있다. 바로 이러한 프랑스 교육의 특성화가 유치원 때부터 체계적으로 구성되어 있기에 국가에서도 가정에서도 어린아이가 일찍이 자신의 소질을 개발할 수 있는 발판과 동기를 마련해준다.

## 프랑스 교육의 특징

프랑스 정부는 국가 예산의 23퍼센트 이상을 교육에 투자한다. 그중 대학 등의 공공교육기관에 공부하는 학생을 위해 학비를 상당 부분 보조해준다. 그래서 현재 등록금 수준은 세계에서 가장 낮은 편에 속한다(약간의 학생회비만 냄). 또한 프랑스 교육은 자국학생과 외국학생에 대해 입학조건, 취득학위가 동일하게 적용된다.

프랑스에서는 새학기가 시작되면 정해주는 준비물들이 학교마다, 선생님마다 매우 다양하다. 노트나 수첩·화일의 크기, 두께, 색깔과 색연필·볼펜의 색깔 등을 일일이 정해줄 정도로 복잡하면서도 철저하다. 학년이 높아질수록 과목별로, 또 선생님마다 준비물도 훨씬 늘어난다. 교사의 입장에서는 색깔을 정해놓으면 분류하기도 편하고 멀리서도 누가 노트를 안 가져왔는지 식별하기도 쉽다.

흔히 프랑스인들의 자유스러운 사고방식으로 인해 프랑스 학교도 자유로운 분위기일 것이라 생각하지만 그렇지 않다. 프랑스 교육현장은 훨씬 엄격하고 수요자인 학생보다 공급자인 선생님 위주의 시스템으로 되어 있는 편이다. 한편 중앙집권적 성격이 강한 프랑스는 대통령이 전국 30개 교육구의 교육청장을 직접 임명한다.

한편 프랑스 정부는 자녀 교육에 관심이 많은 해외 인력을 유치하기 위해, 영어와 프랑스어로 이중 언어 수업을 하는 학교를 대폭 늘리고 있는 추세라, 빠리의 경쟁력을 높였다란 평가가 나온다.

## 프랑스 학교 방학의 시스템

프랑스 학교의 여름 방학은 3개월 정도로 긴 편이며, 이 기간 동안 대학생들은 열심히 아르바이트를 해 프랑스 국내를 여행하거나 외국으로 배낭여행을 떠나기도 한다. 새로운 학년의 시작은 9월 초에 있다. 프랑스에는 단기 방학이 많은 편이며, 학기 중간 중간마다 있다. 먼저 카톨릭 전통의 영향으로,

모든 성인들을 기념하는 뚜쌩(Toussaint) 방학(만성절 가을 방학)이 10월 말에서 11월 초까지 열흘간 있다. 그 대신 겨울 방학이라고 따로 있는 것은 아니고, 12월 말에서 1월 초 사이 2주간의 크리스마스 방학이 있다. 이후 학교마다 스키 방학이 2월 초에서 3월 초 사이 2주간 있으며, 한편 학기 중간에도 4월에 2주간의 부활절 방학(봄 방학)과 같은 종교적 휴일과 관련된 짧은 방학이 있다.

이때 방학 시기는 프랑스 지역마다 날짜가 약간씩 바뀐다. 왜냐하면 스키장이나 유명 관광지에 한꺼번에 사람이 몰리는 것을 막기 위해 방학 기간을 지역별로 나눈 것이다. 한 학년은 6월에 끝나며 시험을 치르게 된다. 대체로 바깔로레아를 치르는 6월 중순부터 여름 방학에 들어간다. 프랑스에서는 긴 여름 방학에도 숙제는 없다. 직장인들도 보통 여름에 3주간 휴가를 보내며, 이때 프랑스인 60퍼센트가 집을 떠난다.

## 프랑스 교육제도의 구조

프랑스 교육제도 구조의 중요한 특징 중 하나는 다양한 과정이 마련되어 있어 선택의 폭이 매우 넓다는 것이다. 즉 문화의 다원주의를 무엇보다 존중하는 프랑스는 학교제도 역시 복잡하고 다양하다. 프랑스 교육의 행정조직은 대부분 나폴레옹 시대 때 정립된 것으로 대단히 중앙집중화된 피라미드 형태를 띠고 있다.

만 3세가 된 유아들은 "에꼴 마떼르넬"(École maternelle)이라고 부르는 유치원에 다닌다. 3~6세 된 대부분의 아이들은 사실상 일찍이 무상 공교육 · 공보육의 혜택을 받는 것이다.

프랑스에서는 교육의 기회 균등과 함께 3~16세까지의 장기 의무교육이 실현되었다. 학생의 자질을 바탕으로 이루어지는 프랑스의 합리적인 교육은 일찍부터 정착된 의무교육 제도와 더불어 전문기술 교육제도가 활성화되어 있다. 프랑스의 학교제도는 5·4·3년제로 초등학교, 중학교를 졸업한 뒤 고교 진학 때 일반·실업계로 진로가 나뉘어진다.

프랑스 유치원 '에꼴 마떼르넬'

이에 따라 중학교 4학년 과정에서 학생들의 첫 번째 진로 선택이 이루어진다. 계속 공부할 학생과 직업교육을 받을 학생들로 나뉘는데, 직업교육 과정을 마친 학생들은 프랑스 사회의 가장 기초가 되는 부문, 즉 빵 가게·정육점·까페 등 사회의 최일선에서 뛰는 전문 기술인이 된다.

## 바깔로레아

1808년 나폴레옹이 처음 실시한 이후 지금까지 지속되고 있는 바깔로레아(Baccalauréat, 흔히 'Bac'[박]이라고 줄여 말함)는 대학입학 자격시험(고등학교 졸업 자격시험이기도 함)을 가리킨다. 까다로운 4시간의 철학 시험을 시작으로 대략 1주일에 걸쳐 치르는데, 특히 바깔로레아의 철학 논술시험은 무척 논리적이고 창조적인 성격의 높은 사고력을 측정하는 제도로 유명하다. 즉 바깔로레아 입시 제도는 스스로 생각하고 행동하는 시민을 길러내는 것이 그 목적이다. 철학시험에 출제된 논제는 프랑스 지성을 가늠하는 잣대로 인식되며 국민적 관심사가 되기도 한다.

프랑스에서는 바깔로레아 시험을 통과해야 고교 졸업이 인정된다. 평등

### 바깔로레아(Baccalauréat)에 대한 보충 사항

바깔로레아를 치르는 고교생들

바깔로레아는 크게 일반, 기술, 직업 등 3개 분야로 나뉘어진다. 대학 진학을 목표로 한 일반 분야에 지원할 때는 인문·경제사회·자연계 등으로 나누어 응시한다. 학생들의 선택권을 보장하느라 외국어 23개를 비롯해, 선택 가능한 총 시험과목이 73개나 된다. 최근에는 바깔로레아의 외국어 선택과목에 한국어가 새롭게 채택되었다. 학생들은 프랑스어, 철학, 수학, 외국어, 역사 & 지리 등 필수 및 선택 8개 정도의 전과목을 서술형, 또는 논술로 치른다. 따라서 고교 졸업반이 되면, 1년 내내 바깔로레아에 출제될 만한 예제 중심으로 수업을 듣고, 답안 쓰는 연습을 반복한다. 바깔로레아는 한 가지 주제에 대해 교과시간에 배운 지식을 활용해 자신의 견해를 서술하는 형식이다. 이를 준비하기 위해 평소 주제 중심의 수업이 일상화되어 있다. 바깔로레아는 과목당 20점 만점에 10점 이상을 받으면 합격한다. 매년 6월에 치르는 이 시험은 90퍼센트에 육박할 정도로 높은 합격률을 보인다.

바깔로레아는 전국의 고교 교사가 문제은행 방식으로 출제한다. 모범답안을 만들고 채점도 직접 하기 때문에 수업과 입시가 일관성 있게 움직인다. 한편 프랑스 고교 교사는 이처럼 연구를 기본으로 하는 데다 국가고시를 관할해 "교수"(professeur)로 불린다. 바깔로레아는 기본적으로 구술(언어 계열)과 필기로 보는데, 주관식으로만 된 답안을 채점할 때, 채점관 약 17만 명이 동원되어 총 400만 장의 답안지를 평가한다. 따라서 바깔로레아를 치르는 데 많은 재정이 소요되어 시험의 총비용이 약 3000억에 달해 프랑스 내에서는 고비용, 저효율의 논란이 끊이지 않고 있다. 최근에는 똑같은 답안지를 놓고도 채점관에 따라 매기는 점수가 천차만별이라는 문제점도 제기되었다.

교육의 이상을 실현하기 위해 바깔로레아를 통과하면 그랑제꼴을 제외한 모든 대학에 지원할 수 있는 자격이 주어진다. 그러나 시험에 변별력이 없기 때문에 대학에 진학한 후 2학년 올라갈 때 70% 이상이 탈락한다.

## 최근 프랑스 교육의 교과과정

프랑스에서는 초·중·고교 때부터 과목별 수업과 과제에서 독서와 글쓰기(레포트 작성)가 일상화되어 있다. 특히 수업의 3분의 2는 쓰기, 3분의 1은 말하기에 집중되어 있다. 어릴 때부터 책 요약과 자신의 의견 쓰는 법을 가르치며, 신문과 시사잡지, 도서, 다큐멘터리 등 2차 자료의 양이 교과서를 압도한다. 또한 프랑스와 이웃 나라 독일에서는 2006년 9월 학기부터 역사 교과서를 같이 편찬해(프랑스와 독일 역사학자들이 각각 5명씩 참여해 프랑스어판·독일어판 공동발간), 르네쌍스 시대부터 제1차 세계대전과 제2차 세계대전, 현재 유럽연합의 형성과정에 이르기까지 프랑스와 독일의 고등학생들이 같은 교과서로 올바르게 정립된 역사관을 배우고 있다.

한편 최근 프랑스 정부는 중학교에서 이중 언어 수업을 확대할 것과 초중고교에서 '합창'을 정규 과목으로 편성할 것을 추진했다. 합창이 학생들 간의 유대감을 키울 수 있고, 암기 능력 향상에도 도움이 된다는 연구 결과를 근거로 했다. 아울러 최근의 프랑스 학교정책은 초등학교에서 애국심을 고취시키는 교육 강화로 교과과정에서 '마리안느'를 가르치도록 하는 내용을 포함시켰다.

또 다른 한편으로 프랑스의 학교 교육에서는 체육을 중시하는 면을 볼 수 있다. 1880년부터 학교 체육을 의무화시켜 체육 수업이 매주 초등학교 4시간, 중학교 3시간, 고등학교 2시간씩 있다. 고교 3학년 학생들도 대입 시험 '바깔로레아'를 치른 후에도 졸업 직전까지 정규 체육 수업을 받는다. 프랑스 교육부는 바깔로레아 총점의 5퍼센트 비율로 체육 내신 성적을 의무적으로 반영해 학교든 학생이든 체육을 게을리 할 수 없도록 제도적 장치를 만들어 놓았다.

에어로빅을 배우는 학생들

일반 과목 교사는 임용 시험 합격 후 2~3개월 연수만 받고 바로 배치되지만, 체육 교사는 이보다 긴 1년간 연수를 받아야 한다는 점은 신체를 다루는 과목이라는 면에서 더욱 중요하게 여기는 것이다. 특히 대부분의 프랑스 고교는 5~6가지 이상 체육 프로그램을 운영한다. 이에 학생들은 각자 적성과 취향에 맞게 그중 세 가지 운동을 선택한다. 프랑스의 초중고생 대부분이 수요일에는 오전 수업만 하는데, 학생들은 이날 오후를 활용해 학교 내, 또는 해당 종목 시설을 찾아 다른 학교나 지역 스포츠 센터에서 운동한다. 프랑스에서는 동네 생활체육도 활성화되어 있다.

## 국립대학교(Université)

프랑스에서는 바깔로레아(Baccalauréat)를 획득한 뒤, 3년 학사학위 과정의 Licence(기존의 DEUG + Licence) → 2년 석사학위 과정의 Master(기존의 Maîtrise, MST + DEA 또는 DESS) → 3년 박사학위 과정의 Doctorat 학위가 있다. 이것은 1999년 유럽 통합학위에 따라 새로 개정된 학제로, 개혁 이전의 중간 단계의 과정들을 없애고, 학위 체계를 유럽 전체의 시스템과 일치하도록 간소화시켰다. 즉 유럽연합 내에서 통용되는 공통학위 체계를 중심으로 세 과정의 첫 글자를 따서 "LMD"(Licence-Master-Doctorat)라고 부른다. 이는 유럽공동체 회원국 간의 자유로운 학위 교환을 목적으로 학교 간 학점 교환과 학위를 인정하기 위해 도입되었다.

한편 박사학위를 취득하기 위해서는 논문심사나 단체실습 등을 통과한 후에 학위를 받을 수 있다. 새로운 LMD 학제 시스템은 학기제로 운영되며, 한 학기에 30학점을 이수해야 한다. 또한 마스터 과정을 마치기 전까지 학과를 불문하고 제2외국어 시험에 통과해야 학위를 받을 수 있다. 입학 서류는 늦어도 6월 이전까지는 제출해야 한다.

### 프랑스 대학의 특징

국립대학교(학사과정~박사과정)의 경우 내국인과 유럽연합 출신 유학생일 때 학비가 거의 무료이며, 1년간 약 30만 원 정도의 학생회비만 내면 된다. 특히 박사학위논문을 가리켜 "thèse"라고 칭하며, 그 이전의 학위논문들은 "mémoire"라고 명명해 학위별 논문을 구분한다. 논문이 통과된 학생들은 사무국에서 각자 졸업 증서를 받으면 전 수업과정이 끝나게 된다. 논문발표가 끝난 다음에는 동료들과 간단한 다과 칵테일 파티 정도만 갖는다.

지금의 프랑스 대학은 '68혁명'의 산물이다. 1971년 모든 대학이 국립으로 바뀌고, 대학의 공교육·평준화 정책이 도입되었다. 특히 빠리의 모든 대학들은 68혁명 이후 통합되어 '빠리1~빠리13 대학교'와 같이 일련 번호가 매겨져 있다. 따라서 대학은 평준화되어 있어 대학 간의 서열이 없고, 각 대학교마다 특성 학부·학과만 있을 뿐이다. 평준화된 대학의 형편은 부족한 예산 때문에 기자재를 포함한 여러 시설들과 학생복지 면에서 열악한 편이다. 빠리에 있는 대학들은 운동장 없이 대학 건물만 있는데, 학생들은 강의가 없는 시간에는 가까운 까페나 근처 공원에서 차를 마시거나 책을 읽는다.

**68혁명**

프랑스의 '68혁명'은 모든 권위주의와 보수 체제 등 기존 사회질서에 반발하고, 유럽 대륙에 개인주의와 자유주의, 녹색운동, 남녀 평등과 여성 해방, 학교와 직장에서의 평등, 반전, 반핵 등을 확산시킨 '유럽사회운동'의 상징이다. 발단은 학내 문제로 1968년 3월 22일 빠리 근교의 낭떼르 대학에서 대학 당국의 권위적 행정에 대한 반대로 비롯되었다. 캠퍼스에서 시작된 학생 시위는 금세 '사회변혁운동'으로 불붙었다. "금지하는 것을 금지한다"라고 내세우면서 사태가 절정에 이른 1968년 5월 24일, 근로 조건에 불만을 품은 노동자 1000만 명이 거리에 쏟아졌다.

프랑스의 대학생과 지식인, 노동자들이 거리로 쏟아져 나와 수주간 시위를 하면서 경찰과 대치했던 이 문화 혁명은 "5월 혁명", "5월의 위기"로도 불린다. 이를 계기로 알제리 이민자에 대한 거주 증명서 발급 등 이민 규제 완화(1968년), 대학 평준화(1971년), 낙태 합법화(1975년)가 차례로 이루어졌다. 이민 정책, 결혼 문화 등 현재 프랑스 사회의 근간이 여기에 뿌리 두고 있다. 이 외에 세대 간의 관계가 달라졌으며, 성(性)의 혁명, 노동자의 권리 강화 등이 일어났다. 68혁명을 겪은 이후 샤를르 드 골(Charles de Gaulle) 대통령은 1969년 4월 하야했다.

## 그랑제꼴(Grandes Écoles)

특수 명문대인 '대학 위의 대학' 그랑제꼴을 해석하면 '큰 학교', '위대한 학교'가 된다. 프랑스의 대학교육은 대중을 위한 일반 대학과 소수 엘리트를 위한 그랑제꼴로 철저히 이원화되어 있다. 기술, 무역, 경영, 행정 및 기타 분야의 크고 작은 국립과 사립 수백 개의 그랑제꼴이 있다. 하지만 프랑스를 움직이는 최고급 인재를 양성한다고 알려진 대표적인 그랑제꼴은 20여 곳이 채 안 된다. 프랑스의 일반 대학교들은 평준화되어 있지만, 해당분야 전문가를 길러내는 그랑제꼴은 바깔로레아를 통과하더라도 따로 입학 시험을 치러야 한다.

따라서 그랑제꼴은 일반대학과 달리 입학하기는 힘들어도 3년간의 가장 실무적이고 고급화된 학업을 마치면, 유수 대기업 임원이나 정부 기관의 행정 관료, 학자, 전문직 인력 등 좋은 지위에 취직이 보장되는 '엘리트 양성소'다. 과거 프랑스의 대통령, 장관이나 변호사, 세계적으로 이름난 프랑스 여러 대기업들의 최고경영자 등은 대부분 그랑제꼴 출신이다. 그랑제꼴을 졸업한 엘리트 젊은이들의 초임은 대개 월 580만 원 이상으로 일반대학 졸업자에 비해 거의 2배나 된다. 프랑스 상경계 최고 그랑제꼴로는 ESSEC(고등경제상업학교)과 더불어 명문 경영대학원 HEC(고등상업학교)이 손꼽힌다. 이러한 그랑제꼴들은 미국의 MBA(경영학 석사 과정)를 도입해 운영하고 있다. 이러한 비즈니스 스쿨을 포함한 그랑제꼴에서는 최근 국제화 경쟁력에 발맞추어 영어로 진행하는 수업이 늘어나고 있다.

## 프레빠(Prépa) 과정

고교 졸업생 4퍼센트 정도 최우수 학생들의 경우 그랑제꼴에 들어가기 위한 예비학교 '프레빠'(Prépa) 과정에 진학한다. 그 이후 2년간의 '그랑제꼴 준비반'(classe préparatoire)에서 또 탈락시키기도 한다. 즉 프레빠는 순전히 그랑제꼴 입시만 준비하는 예비학교다. 이곳은 주요 명문고에 설치된 별도의 대학 학부 과정으로, 프레빠에도 명문 그랑제꼴 합격률에 따라 엄격하게 서열이 매겨진다. 그랑제꼴 준비반의 경우 매일 필수과목에 대해 구술 테스트가 이어지고, 주말마다 논술 시험이 치러진다. 또한 주어진 텍스트를 논평하는 미니 논문 숙제가 일주일에 3~4건씩 주어진다.

이 준비반 과정이 힘들어 중도 포기하고, 일반 대학으로 빠져나가는 경우도 있다. 프레빠를 이수한 학생에게는 그랑제꼴 합격 여부와 상관없이 일반 대학교 학위를 자동 부여한다. 프레빠 과정을 마친 학생들은 희망하는 그랑제꼴에 복수 지원한다. 그랑제꼴 입학시험은 필기시험 1주일, 구두시험 1주일 등 총 2주일 가량 소요된다. 필기시험은 철학, 수학, 역사, 영어 등 6~7개 과목을 보고, 구두시험 또한 이와 비슷하다.

**프랑스의 최고명문 그랑제꼴 – 프랑스 '두뇌의 산실'**

① 빠리 고등사범학교(에꼴 노르말 쉬뻬리외흐) : 혁명 후 1794년 프랑스 교육체계를 혁신하기 위한 과정으로 설립되었으며, 중등학교 교사를 양성하는 것을 목적으로 졸업생들은 중등학교와 대학 분야, 국가 및 사기업으로 진출한다. 에꼴 노르말 쉬뻬리외흐(ENS)는 신입생 194명의 소수정예로 루이 파스퇴르, 쟝 뽈 싸르트르, 앙리 베르그쏭, 미쉘 푸코 등을 배출한 저명한 그랑제꼴이다. 빠리 5구 빵떼옹(국가 영웅들의 묘소) 뒤편에 위치한 이 학교는 1808년에 지어진 석조 건물로, 지금까지도 그대로 강의실로 사용하고 있다. 특히 빠리 고등사범학교는 노벨상 수상자를 12명이나 배출했으며, 자유로운 연구 분위기와 창의성을 독려하는 교육을 지향한다.

빠리 고등사범학교의 오래된 석조 건물

② 빠리 이공과대학(에꼴 폴리떼끄니끄) : 에꼴 폴리떼끄니끄는 나폴레옹이 총애한

학교로 이과 부문 영재들이 다니는 국방부 소속 국립 고등교육 기관이다. 이곳은 공공 분야에 필요한 기술 인력 양성을 위해 1794년에 설립되었다. 나폴레옹 황제 시절부터 내려오는 '책임감 있는 과학 기술자 양성'이라는 학교 설립의 목표 아래 일종의 사관학교로 변모해 군대의 기술 전문장교를 양성하게 되었다. 이 학교의 총장은 현직 군 장성이 맡는다. 한편 프랑스 혁명기념일(7월 14일)의 가두행진에서는 에꼴 폴리떼끄니끄 학생들이 맨 앞줄에 서서 행진한다. 이는 나폴레옹 시절 때 기술장교를 우대한다는 뜻으로 생겨난 전통이다.

에꼴 폴리떼끄니끄 학생들이 마련한 무도회

프랑스 혁명기념일의 가두행진

졸업 후 25퍼센트는 기술관료, 15퍼센트는 연구소, 60퍼센트는 TGV를 만드는 알스톰이나 또는 에어버스 등 프랑스를 대표하는 대기업의 엘리트로 진출한다. 특히 LVMH 그룹의 베르나르 아르노 회장 등 프랑스 40대 기업의 총수 중 절반 이상이 국립행정학교와 에꼴 폴리떼끄니끄 출신이다. 프랑스 한 해 80만 명의 고교 졸업생 중 에꼴 폴리떼끄니끄에 입학하는 학생은 400명 뿐이다.

아울러 매년 65~75명의 외국 학생을 별도로 선발한다. 즉 추천을 받아 서류 심사를 거친 뒤 필기시험을 본다. 외국 학생에게는 장학금 형태로 생활비를 지원해준다. 그랑제꼴 준비반에서는 1주일에 40시간 이상 수업을 듣고, 기숙사에서 밤 11시까지 공부만 하는 생활을 2년 동안 지속한다. 바깡스는 전혀 없고 국경일에도 시험을 본다. 그랑제꼴 진학 후에도 시험을 3개월마다 한 번씩 치르고, 전교 1등부터 400등까지 순위를 모두 공개한다.

③ 국립행정학교(École nationale d'administration) : 이곳은 '그랑제꼴의 꽃'이라 할 수 있는 국가 지도자 양성기관이다. 국립행정학교(에나[ENA])는 샤를르 드 골

대통령에 의해 1945년 고위공무원 선발의 민주화를 위해 설립되었다. 1년에 80명밖에 뽑지 않으며, 이곳에서는 고위공무원이 되기 위한 준비를 하는 등 3년간 실무과정 교육을 받게 된다. 국립행정학교 학생들은 재학 중 국가로부터 월급을 받으므로, 빠리 고등사범학교와 빠리 이공과대학 학생들처럼 졸업 후 10년 동안 국가 기관에서 근무를 하는 등 국가에 봉사해야 하는 의무를 지닌다.

스트라쓰부르에 위치한 에나

프랑스 정치 엘리트의 산실, 명문 학교인 국립행정학교는 요즘 사상 처음으로 입학 시험에 영어를 채택해서 화제가 되고 있다. 이는 영어의 확산을 경계해왔던 프랑스 자국 엘리트들이 국제 사회에서 영어를 유창하게 해야할 필요성을 인정한 것으로 풀이된다.

역대 프랑스 대통령들과 예전 총리들, 아울러 장·차관, 공·사기업의 장 등 많은 정치인들과 기업인들이 이곳 출신이다. 한편 국립행정학교 교정은 빠리에서 1991년 유럽국회의사당 건물이 자리하고 있는 알자스 지방 스트라쓰부르로 이전했다.

④ 빠리 정치대학(씨앙스 뽀 Sciences Po) : 1872년에 세워져 프랑스의 유명한 정치인들을 많이 배출시킨 이 학교는 사회과학 중심의 최상위 명문 그랑제꼴이다. 입학률이 8~13퍼센트로 입학이 굉장히 까다로운 학교로 알려져 있으며, 소수 정예의 우수한 학생들만 선발한다. 프랑스 다수의 대통령과 국회의원, 외교관 등 정계 주요인사들을 가장 많이 배출한 프랑스 고위 엘리트 양성 대학이다. '프랑스 사회 지도층의 요람' 씨앙스

씨앙스 뽀의 학교 캠퍼스 건물

뽀는 국제관계 및 정치 분야에서 프랑스 최고 동문 네트워크를 자랑한다.

한편 씨앙스 뽀는 연구보다는 취업에 강한 학교로, 무엇보다 전문성 있는 훌륭한 교수진과 실용적인 수업들을 내세운다. 이 학교의 재학생들은 졸업 때까지 영어를 제외한 외국어 수업을 의무적으로 수강해야 하는데, 최근 한국어도 개설되었다. 그랑제꼴 특성상 소수정예의 작은 학교 규모에도 불구하고 세계 대학 정치 및 국제관계 분야에서 2017년 세계 4위로 평가되며 해당 분야에 있어 세계 최고 수준으로 평가받고 있다.

– 흔히 프랑스는 대학까지 평준화한 '평등의 나라'로 알려졌다. 그러나 프랑스는 철저한 엘리트 교육 시스템을 유지하고 있다. 그랑제꼴로 상징되는 프랑스 엘리트 교육은 '능력에 따른 차별'에 뿌리를 두고 있다. 명문 그랑제꼴 학생들은 '예비 공무원' 자격으로, 매달 150~200만 원씩 월급까지 받고, 졸업 후에는 공무원 임용 기회까지 누리는 등 수많은 특혜를 향유한다. 프랑스의 엘리트 교육은 '명문고교(루이 르 그랑, 앙리 꺄트르)–프레빠(그랑제꼴 준비반)–그랑제꼴'로 이어지는 철저한 피라미드 구조를 띠고 있다.

특히 세계적 인재들의 요람인 루이 르 그랑 명문 고교는 1563년에 설립되었으며, 루이 14세의 후원을 받았다. 쏘르본느 대학 근처 라땡 구역의 중심에 있으며, 이 학교는 일반 고교 과정과 그랑제꼴 준비반을 운영하는데, 이 준비반은 특히 유명 그랑제꼴 합격률이 높기로 유명하다. 루이 르 그랑 고교의 선생님들은 일주일에 수업이 10시간 정도인데, 다른 행정업무를 할 필요가 없기 때문에 오로지 수업 준비와 학생 지도에만 집중을 하게 된다.

또한 수학계의 노벨상으로 평가되는 필즈상(Fields Medal) 수상자를 여럿 배출한 루이 르 그랑 학교의 수학 수업은 공식을 알려주고 문제풀이를 하는 방식이 아니라 주어진 문제가 해결될 때까지 교사와 학생이 토론을 하는 시스템이다. 이때 일대일 구술시험을 치러 수시로 학습 진도를 확인하므로 수학을 깊이 이해하게 된다. 또 다른 명문 고교, 국립 앙리 꺄트르도 마찬가지로 빠리 남쪽

5구에 위치해 있다. 빠리 최초의 고등학교로 바로 실존주의 철학의 대가 장 뽈 싸르트르가 다녔고, 학생들을 가르쳤던 곳이기도 하다.

## 사립 전문학교(에꼴 École)

프랑스에서는 국립대학교가 순수 학문을 연구하는 이론적인 측면에 치중하는 데 반해, 사립 전문학교는 전문적인 실무 교육을 통해서 다양한 분야의 전문가들을 배출하는 것을 목표로 한다. 프랑스에서는 실무 교육이 발달된 에꼴(École)이 인기가 많다. 다양한 전문 분야 중에서도 요리, 와인, 사진, 영화, 패션, 디자인, 분장, 플로리스트, 미술, 애니메이션, 예술품 복원, 예술 경영, 음악, 무용처럼 예능 계통들이 많다. 이 외에 호텔, 건축, 통번역 등 여러 분야의 에꼴들이 있다. 해당 분야에 따라 학비, 학제, 취득 학위 등이 각각 다르다. 즉 에꼴은 학교에 따라 학비가 차이나며, 수업 기간도 짧게 6~12개월 과정의 단기 코스부터 3~5년 과정의 장기 코스까지 다양하며 편입도 가능하다.

유명한 사립 전문학교의 요리 분야에서는 '파란 리본'이라는 뜻을 지닌 르 꼬르동 블뢰(Le Cordon Bleu)가 있다. 르 꼬르동 블뢰는 19세기 말에 세워져 프랑스 요리·제과를 전수하는 곳으로, 국제적인 마케팅에 성공하면서 이름이 널리 알려졌다. 이 학교의 유래는 19세기 빠리에서 한 요리 잡지가 이름난 요리사들을 모아 특별 강좌를 열어 큰 인기를 얻게 되었고, 1895년 잡지명을 딴 요리 학교 '르 꼬르동 블뢰'가 세워졌다.

한편 패션 분야에서의 유명한 에꼴로는 에스모드(ESMOD)가 있다. 이곳은 나폴레옹 시절 왕실 재단사에 의해 세워진 학교로 오랜 역사를 자랑한다. 또한 프랑스 내에서도 인기가 높은 에꼴 드 루브르(École de Louvre)는 1882년 고급예술 교육과 박물관 행정교육을 목표로 세워졌다.

## 학생들에 대한 혜택과 대학문화

무료에 가까운 학비를 비롯해 학생들이 경제적 어려움을 겪지 않고 학업에 열중할 수 있도록 프랑스 정부는 다양한 정책들을 시행하고 있다. 즉 학생들은 나라로부터 '주택 보조금'을 지원받아 낮은 부담금으로 거처를 구할 수 있고, 만 26세 미만의 젊은이들은 버스나 지하철·전철, 철도 같은 대중교통을 할인된 금액으로 이용할 수 있다. 그 밖에 학생들은 프랑스 각 도시·구역별로 분포된 학생 식당을 비롯해 미술관, 박물관, 극장, 공연장, 패스트푸드점, 각종 옷가게, 미용실 등 문화·여가생활에서 할인을 받을 수 있다. 참고로 프랑스를 포함한 각 나라 유럽에 교환학생으로 온 경우 유럽학생비자만 있으면 빠리의 모든 기관들의 각종 입장료가 무료다.

이렇게 다양한 혜택을 받으며 생활할 수 있는 프랑스의 대학생들도 방과후나 방학에는 열심히 아르바이트를 한다. 프랑스인들은 어릴 적부터 돈에 대한 개념을 철저하게 배우기 때문에 대학생이 되면 본인의 생활비는 직접 벌어 쓰는 것을 당연하게 여긴다. 그뿐 아니라 남는 시간을 이용해 자발적으로 다양한 자원봉사에도 참여한다. 이렇게 프랑스 대학생들은 자신들이 사회·문화적인 혜택을 받고 있고, 아울러 이를 사회에 돌려줘야 한다는 시민의식을 자연스럽게 배워 나간다.

프랑스 대학생들의 초대 모임

한편 프랑스 대학생들의 여가는 대

게 삼삼오오 모여 이야기를 나누며 시간을 보낸다. 프랑스에서는 '초대 문화'가 발달해 있기 때문에, 바깥에서 시간을 보내는 대신 친구들을 집에 초대해 각자 들고 온 음식을 나누어 먹거나 함께 음악을 듣기도 하고, 때로는 음식을 만들어 친구들에게 대접하기도 한다. 즉 '절약형 파티 모임'을 자주 갖는다. 이를 "라붐"(La Boum)이라고 하는데, 프랑스의 레스토랑이나 클럽이 상당히 비싸서 대학생들에게는 부담이 많이 되기 때문이다. 학교에서는 개인적인 인맥을 통한 소모임들이 많은데, 예를 들어 밴드 소모임을 만들어 학생들끼리 거리에서 공연을 하기도 한다.

## 최근 프랑스 교육개혁안

프랑스 정부가 실시한 최근 교육개혁 내용을 보면, 먼저 초중고교 수업일수를 주 5일에서 4일 반나절(수요일에는 오전 수업만 진행)로 축소하고, 중학교에서는 학생들의 학력 수준과 특성에 맞춰 보다 다양화된 수업을 유도하고자 한다. 고교에서는 핵심 필수과목(프랑스어, 수학, 외국어) 비중의 확대와 선택과목은 축소하는 교과과정의 개편을 시도했다. 또한 학부모와 학생들의 선택권을 넓히고 더 경쟁력 있는 공립학교를 키우기 위해 고교 학군제를 점진적으로 폐지하는 개혁안을 추진했다. 아울러 연구실적에 따른 교수의 연구비 차등 지급 등의 개혁 프로그램을 시행했다. 하지만 학부모들은 "자녀들을 집에서 챙겨야 할 시간이 많아져 맞벌이 부부의 부담이 크게 늘어난다"며 반대하고, 교사들은 "효율을 빙자한 교사 해고 프로그램"이라고 반발하고 있다.

아울러 새로운 교육개혁안에 따르면 앞으로 프랑스의 전통적인 평등주의를 깨고 대학에 경쟁 원칙을 도입하려 한다. 그동안 프랑스에서는 대입자격시험인 바깔로레아만 통과하면 그랑제꼴을 제외하고 원하는 대학과 학과에 진학할 수 있었다. 지원자가 몰리는 대학·학과는 추첨으로 학생들을 선발해왔다. 하지만 요즘 프랑스에서는 대학에 학생 선발권을 주는 방식으로 서서히 전환하려고 한다. 이에 따라 새로운 교육개혁을 반대하는 일부 젊은이들의 불만은 커지고 있으며, 교육 분야에서 경쟁 원리가 강조되면서 이에 반대하는 젊은이들이 벌이는 시위도 점점 과격해지는 측면이 있다.

## 프랑스 교육의 결론

프랑스 교육의 특징으로는 무상교육·국가가 책임지워진 교육·조기교육·전문화된 교육(다양성)이 있게 된다. 프랑스에서는 조기교육을 통해 개인의 소질과 적성을 발견하는 데 관심을 쏟는다. 요컨대 박물관, 미술관 등의 관람 견학을 포함한 야외학습, 여러 미술활동이나 여가활동 등 다양한 문화예술 교육을 통해 어릴 적부터 각자 개인의 소질·적성·개성을 알 수 있게 해준다.

이렇듯 프랑스 정부의 청소년 활동에 대한 관심과 노력은 자기계발을 통해 개개인의 성찰과 재능의 발견, 취미생활을 가능하게 해준다. 이에 따라 초등학교와 중학교 시절 자신의 갈 길을 정확히 찾아가도록 학교와 교사, 상담기관에 의해 학생들을 유도한다.

특히 프랑스에서는 자국민을 포함한 유럽연합 출신 유학생들의 경우, 대학교 학사과정부터 박사과정까지 등록금이 없다. 1년간 학생회비 30만 원 정도만 낸다. 따라서 일반교육 과정인 유치원 교육 때부터 국민이 내는 세금으로 무상교육을 받는다.

프랑스의 교육 제도는 국가재정에 전적으로 의존하고 있어 국민들에게 높은 세금 부담율과 국가재정의 적자를 초래했다. 유치원부터 대학(대학원)까지 를 책임지는 프랑스에서 대학생 1인당 소요되는 교육비 재정은 연간 약 915만 원 정도다. 프랑스 정부는 앞으로 더 많은 투자를 대학에 지원하겠다고 밝혔다. 한편 현재 프랑스에서는 입학은 쉽게 하지만 2학년 올라갈 때 학생의 절반 이상이 중퇴하는 지금의 대학교육 제도는 '돈과 시간의 낭비'라는 비판도 높다. 또한 학교를 졸업한 후 젊은이들의 높은 실업률과 심한 박사학위 취업난 등 그 효과를 잘 거두어들이지 못하는 부정적인 측면도 강하다. 다시 말해 교육효과의 비효율성을 낳고 있다.

한편 프랑스 대학의 재정은 정부가 70퍼센트를 부담하는 구조이기 때문에 대학의 자율권은 상당히 부족한 편이다. 그러나 현재 프랑스 정부는 대학 개혁법을 만들어 현재 대학 자율화를 추진하고 있다. 즉 국가 발전을 위해 대학의 경쟁력 회복 시급과 대학에 학생 선발권 등 자율권 확대에 초점을 맞추고 있다. 이에 프랑스 정부의 대학지원 방안에 따르면 앞으로 대학 예산의 50퍼센트 증액과 더불어 대학의 자율적 재정관리 등을 골자로 기숙사 · 식당 등 학생 복지시설 개선, 대학 인력의 재정비, 열악한 연구 기자재의 현대화, 젊은 연구진 및 강사진의 처우 개선, 기업 기부금을 더 많이 유치하도록 유도한다는 것 등을 포함한다.

# 7
# 만화

프랑스에는 이성과 철학이 발달해 책을 많이 읽으며, 특히 만화 분야에도 큰 관심을 가지고 있다. 프랑스인의 기지와 유머가 잘 섞여 있는 것은 바로 풍자 만화다. 스캔들이나 국가적인 이슈가 생기면 어김없이 신문이나 잡지의 시사만화에서는 날카로운 풍자적 논리와 기지, 재치로 어떤 특징들을 우스꽝스러운 묘사로 신랄하게 확대해가면서, 만화가는 자신의 상상이나 환상을 만화에 펼쳐 놓는다. 요컨대 프랑스를 포함한 유럽 만화는 색채의 아름다움과 풍부한 재치와 유머, 날카로운 비판의식으로 허를 찌르는 면이 돋보인다. 아울러 유럽의 만화 시장에서는 아직 '출판 만화'가 주류를 이루고 있다.

## 프랑스의 만화 산업

만화 산업이 발달한 프랑스는 20세기 초부터 이미 만화를 '제9의 예술'[3]로 간주하고 있으며, 인기 또한 높은 편이다. 오랫동안 꾸준히 사랑받는 만화 시

3 프랑스에서 정의하는 예술분야 순서는 다음과 같다. 즉 연극(제1의 예술)-회화-무용-건축(제4의 예술)-문학-음악-영화(제7의 예술)-사진-만화(제9의 예술) 등과 같이 이런 순서의 형태로 각각의 예술 분야를 규정지었다.

리즈가 많으며, 개성이 넘치는 독특한 그림으로 그려진 다양한 만화들이 있다. 대부분 프랑스인들의 기질처럼 풍자적이며 모험심이 강하고, 상상력이 풍부한 작품들이 많다.

한편 프랑스어로 만화는 '방드 데시네'(bande dessinée)로, 줄여서 "베데"(BD)라고 부른다. 이 단어의 의미는 '그림들의 띠'이지만, 만화 일반을 가리키는 용어가 되었다. 또한 프랑스에서는 일반적인 만화책의 형태를 "앨범"(Album)이라고 한다. 프랑스에서는 모든 종류의 만화책들이 크기가 큰 편이며, 올 컬러 그림으로 구성되어 있다. 아울러 만화 그림의 배경은 매우 사실적이며 세밀하게 그려져 있어 프랑스인들의 정확성, 세심하고 섬세한 면을 엿볼 수 있게 된다. 내용 또한 단순하지 않고 스토리가 치밀하게 구성되어 있는 편이며, 등장인물들의 각 대사의 양도 많다.

아울러 만화 강국 프랑스에서는 만화가를 예술가 이상으로 대접하며, 만화가는 사회적으로 존경받는 직업으로 인식된다. 프랑스 서점에 가도 가장 눈에 잘 띄는 쪽에 만화책 시리즈가 수십 권씩 꽂혀 있다. 프랑스에서는 인구의 3분의 1이 만화를 열독하고 있는데, 부모들이 흥미롭게 읽고 자란 만화를 자식들에게 권하는 분위기가 전반적으로 널리 인식되어 있다. 이런 사회적 분위기 영향에 따라 최근 프랑스에서의 만화 출판은 7년째 상승세를 보이고 있으며, 2017년에는 1600여 권의 새 만화가 출간되었다.

참고로 프랑스에는 최대 애니메이션 채널 '굴리'(Gulli)가 있는데, 최근 한국의 기차 로봇이 등장하는 '로봇 트레인'이 이 채널에서 높은 시청률을 기록해 2018년 시즌 2가 방영되기도 했다.

## 땡땡(Tintin)의 모험

『땡땡의 모험』은 사건 탐정기자인 땡땡(Tintin)과 그의 충직한 개 밀루(Milou)가 전 세계를 모험하면서 사건의 진실을 파헤친다는 내용을 담고 있다. 땡땡과 애견 밀루는 세계 각국은 물론 사막과 바닷속, 심지어 달나라까지 넘나든다. 땡땡은 유럽에서 특히 인기가 많다. 만화 작품 역사상 최고 낙찰가를 매년 경신하며, 원화가 경매시장에서 수십억 원에 거래될 정도다.

벨기에 만화가 에르제(Hergé 1907~1983)가 그린 세계적으로 유명한 이 모험 시리즈는 1929년 첫 작품 '땡땡과 밀루'(Tintin et Milou) 연재 이래, 생전에 남긴 마지막 작품 '땡땡과 삐까로'(Tintin et les Picaros)까지 이미 1930년대부터 여러 나라에서 번역 출간되어 큰 사랑을 받았다. 유럽대표 만화 '땡땡의 모험' 시리즈는 이제는 약 60개국 50개 언어로 번역되어 3억 부 이상 판매고를 올리며, 헐리우드 영화로도 제작되었다.

에르제는 1929년 1월 'Petit Vingtième'(20세기 소년)라는 주간 어린이 잡지에 처음으로 땡땡 캐릭터를 선보였다. 포마드로 앞머리를 말아올리고 트렌치코트를 휘날리는 것이 그의 트레이드 마크다. 전 세계 여러 나라를 돌면서 문제를 해결하며 악당들을 물리치는 땡땡에 대한 독자의 반응은 즉각적이어서 연재는 순항했다. 에르제가 작품 활동했던 시기는 1930년 무렵부터 1970년까지인데, 이미 그는 20대 때 대중적 인지도와 흥행 파워를 가진 작가 반열에 올라섰다.

주인공 땡땡이 태어난 곳이 브뤼셀이라, 브뤼셀의 큰 광장 그랑 쁠라스(Grand Place) 근처에는 '땡땡 캐릭터 숍'이 위치해 있다. 한편 브뤼셀 근교에 위치한 '에르제 박물관'은 에르제와 그의 작품과 연관된 모든 것을 보여주며, 한 명의 만화가가 이루어낼 수 있는 성취가 어디까지인지 보여주는 의미심장한

세계적으로 잘 알려진 '땡땡의 모험' 시리즈

슈베르니성에 위치한 땡땡 전시관

공간이다. 또한 프랑스 르와르 강변에 위치한 슈베르니(Cheverny)성에서도 땡땡을 만날 수 있는데, 슈베르니성은 땡땡 시리즈 중 한 편에 등장한다. 여기에 착안해 이곳에 아기자기한 땡땡 전시관을 만들어 관광객들로부터 사랑받고 있다. 바로 사냥개 사육장 옆에 위치한 이곳은 예쁜 빨간 창문으로 되어 있는 게 눈에 띈다.

아울러 땡땡의 그림체, 이른바 '클리어라인'(clear line)은 명암 없이 모든 색과 움직임을 일정한 두께의 윤곽선 안에 배치하는데, 이 필체는 후에 미국의 팝아트(전통적 예술개념을 타파한 미술 운동·대중예술)와 신문 연재 만화에도 큰 영향을 미쳤다.

## 아스떼릭스(Astérix)

『아스떼릭스』는 독특한 재치와 유머로 유럽인들에게 사랑받으면서 3억 부가 넘게 팔린 프랑스의 베스트셀러 국민만화다. 이는 프랑스 문화를 상징하는 대표적 캐릭터로 통하고 있으며, 만화 캐릭터로도 잘 알려져 있다. 아스떼릭스는 1959년 프랑스 만화잡지 '필로뜨'(Pilote)에 처음 등장했다.

프랑스 국민만화 '아스떼릭스'

프랑스의 유명한 작가 르네 고시니(René Goscinny)가 쓴 작품으로 프랑스인들의 조상 골(Gaule)족의 갈리아 마을을 배경으로 한 영웅담이다. 기원전 50년경 프랑스 토착민 골족 마을을 무대로 작지만 영리한 아스떼릭스(Astérix)와 순수하고 힘센 친구 오벨릭스(Obélix)가 마법의 물약으로 괴력을 발휘하며 로마군에 대항해 마을을 지킨다는 내용이다. 정확하고 빠른 판단을 하는 아스떼릭스와 달리, 작은 강아지 이데픽스(Idéfix)에게 늘 애정을 보이며 사리 판단이 늦은 오벨릭스는 엉뚱한 행동이나 말로 웃음을 선사한다. 두 골족 전사들은 이집트와 영국, 북미까지 넘나들며 클레오파트라, 올림픽 대회의 고대 그리스인, 로마의 검투사, 바이킹과 같은 역사적 인물들을 만난다.

이 역사만화는 그동안 110여 개 언어로 번역되어 팔린 책을 쌓으면, 에펠탑보다 무려 7000배나 더 높다고 한다. 총 36권으로 이루어진 『아스떼릭스』 전집은 지구상에서 가장 많이 읽힌 작품 중 하나로 손꼽히며, 프랑스 역대 출판통계 베스트셀러 1위를 차지했다. 이 외에도 그동안 8편의 애니메이션 시리즈와 게임, 또한 4편의 영화로도 만들어져 큰 흥행 성공을 거두었다. 『아스떼릭스』 시리즈는 이제 프랑스인의 상징이자 대중문화의 자존심으로 떠올랐고, 수도권 지역 북동쪽 샤를르 드 골 공항 근처에 1989년 테마파크 '아스떼릭스 공원'(Parc Astérix)도 개장되어 큰 인기를 끌고 있다.

## 띠떼프(Titeuf)

사회 풍자 만화 '띠떼프'

땡땡과 아스떼릭스 이후 프랑스에는 사회의 여러 문제들을 코믹하고 앙증맞게 그려낸『띠떼프』가 등장해 프랑스인들의 사랑을 받고 있다. 1993년부터 출간되어 현재까지 14권이 출간되었으며, 1996년 앙굴렘 만화축제에서 어린이상을 수상하기도 했다. 또한 2000년 최고 판매 만화 기록을 수립해 지금까지 2500만 권이 팔렸다. 작가는 젭(Zep)으로 2000년에 애니메이션으로 제작되어 프랑스 TV에서 방영했다. 한국에는 '말썽꾸러기 띠떼프'라는 제목으로 들여왔다.

제목이 띠떼프인 이유는 프랑스어로 쁘띠(petit, 작은)와 왜프(oeuf, 달걀)를 빠르게 발음한 것에서 따온 것이다. 그래서 주인공 모습이 작고 병아리 같은 금발로, 위로 치솟은 닭벼슬 머리 형태를 취하고 있다. 주인공 띠떼프 외에 그의 단짝 친구 마뉘와 띠떼프가 짝사랑하는 여자친구 나디아 등이 등장한다.『띠떼프』는 빠리의 아파트 단지에 사는 10살 꼬마가 바라본 세상 이야기로, 가족과 학교 친구들과 함께 일상에서 겪는 일들을 옴니버스식으로 구성되어 있다. 소소한 일들이 때로는 유쾌하면서 솔직하게 표현되어 있는 등 호기심 많고 현실에 대해 수많은 의문을 품고 있는 장난꾸러기의 전형적인 어린이 만화지만, 소재는 실업·학교·고정관념 등 다양한 사회 문제를 다룬다.

## 앙굴렘 출판만화축제

### 출판만화축제의 특성

프랑스 만화 산업과 관련지어볼 때 프랑스 중서부 보르도 부근의 소도시 앙굴렘(Angoulême)에서는 매년 1월 나흘간 세계 최대 출판만화축제인 '국제만화페스티벌'이 펼쳐진다. 인구 10만 명의 작은 마을에서 펼쳐지는 이 페스티벌은 세계적으로 권위를 인정받는 만화축제다. 이 축제에는 20만 명 이상의 만화 팬이 방문하는데, 이때 온갖 건물들은 만화로 뒤덮이고, 사람들의 표정도 익살스러워진다.

앙굴렘 국제만화페스티벌 도서전

앙굴렘 만화축제의 거리 풍경

아울러 1974년부터 시작된 앙굴렘 만화축제는 초기에는 주로 지역 주민과 만화 애호가들이 즐기던 작은 행사인 '국제만화살롱'으로 시작했다가, 1980년대 들어 출품작들이 미국 시장에 수출되어 호평을 받으면서 이 행사도 국제적 명성을 얻게 되었다. 1980년대에는 프랑쓰와 미떼랑(François Mitterrand) 정부의 대중문화 지원에 힘입어 깐느 영화제와 함께 프랑스를 대표하는 5대 국제문화 행사로 자리 잡았다. 이 축제는 만화 전시를 위해 새로운 건물을 짓는 대신에 교회·학교·극장 등 기존의 공간들을 최대한 활용하는 것이 특징적이다.

### 프랑스어권 만화축제

앙굴렘 출판만화축제는 '국제만화페스티벌'이라는 이름을 달고 있지만, 앙굴렘은 프랑스어권(francophonie 프랑꼬포니) 만화팬들을 위해 마련된 축제다. 앙굴렘을 찾아오는 관객의 약 5퍼센트만이 비프랑스어권 국가에서 온 사람들이며, 부스를 차리는 출판사들 역시 프랑스어권 출판사가 대부분이다.

한 해 동안 출간된 최고의 만화에 시상하는 '앙굴렘 그랑프리'는 전 세계 만화를 대상으로 하지만, '프랑스어판이 출간된 작품'에 한정된다. 그럼에도 불구하고 이 만화축제에 세계적인 관심이 쏠리는 이유는 탄탄한 프랑스어권

#### 한국 웹툰, 만화 강국 프랑스에서의 위상

특별히 2003년에는 한국이 앙굴렘 만화축제에 주빈국(Guest of Honor)으로 초청을 받았으며, '한국만화 특별전'을 통해 한국만화의 유럽 진출은 본격적으로 탄력을 받기 시작했다. 이후 2013년 두 번째 앙굴렘 만화축제에 선보인 한국만화 특별전의 타이틀은 '만화, 그 후'였다. 이때 가장 주목을 받은 것은 역시 '웹툰'(온라인으로 보는 만화)이었다.

유럽의 만화 강국, 프랑스에서 한국 웹툰은 스토리가 탄탄하고, 모바일 기기로 보기 편하게 만들어져 최근 마니아층이 생겨나기 시작하는 등 저변을 넓혀가고 있다. 특히 진화하는 디지털 기술을 만화에 접목하는 젊은 만화가들의 실험이 "신선하다"라는 평을 받았다.

프랑스에서는 최근 '델리툰'(Delitoon)이라는 업체에서 한국 웹툰을 프랑스어로 번역해 유료(일부 무료)로 볼 수 있는 서비스를 제공하고 있다. 한국 웹툰을 보는 독자 75퍼센트가 모바일 기기로 만화를 보며, 델리툰을 통해 한국 웹툰을 즐긴 프랑스어권 독자가 100만 명에 달할 정도로 인기가 높다. 현재 한국만화는 프랑스 내 아시아 만화 시장의 약 20%를 점하고 있다.

만화 시장을 기반으로, 아직 유럽 쪽에 알려지지 않은 타국의 만화들을 적극 조명하고 소개하는 과감한 시도 때문이다.

### 국제만화 영상단지

한편 '만화 도시' 앙굴렘에는 문화재로 지정된 고전만화책을 보관·전시하는 '국제만화 영상단지'가 조성되어 있다. 만화축제가 펼쳐지는 프랑스 국제만화 영상단지는 만화 전시관이자 복합단지를 말한다. 앙굴렘은 원래 종이 생산지였는데, 소규모 만화 전시회와 비평회가 자주 열리면서 만화관련 시설들이 늘어나 만화 도시가 되었다.

박물관과 전시관에는 약 8000점의 만화 원본·시청각 자료·각종 만화관련 도구 등이 전시되어 있고, 만화 제작기법에 대해서도 살펴볼 수 있다. 또한 프랑스를 비롯한 세계 각국의 만화, 영상 등도 만날 수 있는데, 광범위한 규모의 도서관에서는 만화에 관한 거의 모든 자료들을 관람할 수 있다.

## 프랑스 만화 역사의 흐름

프랑스에서는 제2차 세계대전 직후인 1949년 도덕적 해이를 자탄하는 분위기에서 청소년 보호법이 제정되었다. 이에 따라 악인이 주인공이 되거나 총, 칼 등이 만화에 등장하는 게 금지되었다.

이후 1960~1970년대에 뚜렷한 예술관을 가진 작가들이 대거 등장했고, 이들의 다양한 실험적인 작품이 동호인 잡지를 통해 큰 인기를 얻으면서 만화가 대중 사이에 뿌리를 내릴 수 있었다.

또한 프랑스 정부는 도서정가제를 도입해 대형 마트에서나 소규모 전문서점에서 만화책 값을 똑같이 받게 했으며, 그 덕분에 중소 만화 출판사들이 살아남아 발전할 수 있게 되었다. 아울러 프랑스 정부는 복사기 제조사의 부가가치세에서 만화 지원기금을 충당해 만화업계를 지속적으로 지원하기에 이르렀다.

한편 2012년 5월 프랑스어권 최초의 웹툰 포털사이트 '델리툰'(Delitoon.com)이 문을 여는 등 디지털 만화에 대한 관심은 급격히 커지고 있다.

# 8
# 대중영화와 도서관

프랑스는 영화의 탄생지·종주국이자 영화를 '제7의 예술' 분야로 규정짓고 있다. 또한 빠리에는 영화 학도들을 위한 많은 에꼴 전문 교육기관들이 있다. 이 단원에서는 영화의 탄생 시점이라 할 수 있는 '뤼미에르 형제'와 '조르쥬 멜리에스'가 활동했던 시기와 더불어 '씨네마떼끄 프랑쎄즈'라는 영화 박물관 겸 도서관에 대해 알아보고자 한다. 또한 씨네마떼끄 프랑쎄즈와 연관된 누벨바그 시기의 영화 사조도 함께 살펴보겠다.

아울러 세계의 지식을 탐험할 수 있는 도서관은 서로 다른 문화와 세상을 이해할 수 있는 여행의 통로이자 열쇠가 된다. 프랑스 도서관은 빠리에 체류하면서 한 번쯤 들러보게 되는 공간으로, 빠리에는 어떤 주요한 도서관들이 있는지 고찰해보며, 이 분야는 프랑스 사회적인 측면, 또는 관광지 방문 차원으로도 볼 수 있겠다.

프랑스에는 이성과 철학이 발달해 책을 많이 읽고 도서관도 많다. 프랑스는 책값이 비싸, 책을 빌려주는 순회이동도서관(Bibliobus)이 전국적으로 발달했음을 알 수 있다. 한편 프랑스의 많은 대학들은 예산 부족으로 운영이 효율적으로 이루어지는 게 어려운 실정이다.

## 미떼랑(Mitterrand) 국립 도서관 - 아날로그와 디지털, 자연과 사람

### 국립 도서관의 위치와 위상

빠리에는 프랑스 국립 도서관이 2곳에 위치해 있다. 먼저 1구에 구 국립 도서관(리슐리외 국립 도서관)이 있으며, 그 다음 빠리 13구 쎄느강변 탁 트인 곳에는 예전 "문화 대통령"이라 불리던 프랑쓰와 미떼랑(François Mitterrand)의 이름을 따 1997년 신 프랑스 국립 도서관(BNF, Bibliothèque Nationale de France), 또는 미떼랑 도서관으로 지어졌다. 미떼랑 대통령의 도시 계획에 의해 지어진 이곳은 대통령이 직접 부지, 공모작 선정, 건설 상황 등을 점검하며 애착을 드러내어, 그의 이름을 도서관명으로 하게 되었다. 빠리 남동쪽의 랜드마크로 세워진 미떼랑 도서관은 가치 있는 모험과 혁신, 세계 최대의 도서관이다. 또한 프랑스 최첨단의 현대식 건축으로 설계된 최다 서적 보유의 국립 도서관이기도 하다.

이 국립 도서관은 외관이 모두 유리로 되어 있으며, 매우 독특한 구조로 설계되어 있다. 세계에서 가장 크고, 현대적인 미떼랑 도서관은 유명한 건축가인 도미니끄 페로(Dominique Perrault)가 설계했다. 양 사각형의 네 모서리에 마치 4개의 책을 반쯤 펼쳐놓은 듯한, 서로 마주보고 있는 22층의 건물들과 그 주변을 둘러싼 넓은 나무데크 산책길, 그리고 에스컬레이터를 타고 내려가면 중앙부분에 심어진 울창한 소나무와 전나무 숲 등으로 인해 독특하고 획기적인 형태의 장소로 인식된다. 즉 '건물 안의 숲'이라는 현대적인 자연친화 개념을 엿볼 수 있다.

국립 도서관의 에스컬레이터 출입구 모습

### 국립 도서관의 세부 사항

도서관 중앙부분에 위치한 자연환경

숲을 중심에 두고 사면으로 설계된 타워 하단 부분의 열람실은 유리로 되어 있기 때문에, 책을 읽고 학습을 하는 도중 휴식을 취할 겸 나무들을 바라볼 수 있다. 층층이 내려가는 하단 부분의 열람실에서 책을 찾아 주문하면, 고속 기계가 4개의 타워에 층층이 저장된 책들을 자동으로 가져다 준다. 책들은 오랜 보관을 위해 기계 안에서 빛이 차단된 책꽂이에 보관된다. 또한 이 건물들의 특징은 온도와 빛의 양을 완벽하게 조절하기 위해 유리창에 나무로 된 블라인드를 설치했다.

특히 열람실에는 자동온도 조절방식을 도입하고, 각 열람자의 쾌적하고 넓은 공간을 위해 특수 인체공학 가구가 디자인되었다. 또한 1층부터 7층에 이르는 사무실들 위, 끝 층까지 위치한 막대한 양의 자동 서적 보관 창고에는 프랑스에서 발간되는 모든 책들이 구비되어 있다.

### 관광명소가 된 국립 도서관

지금은 이곳이 관광명소가 되어 주변에 새로 개발된 베르씨 구역(12구)과 연계해(미떼랑 국립 도서관과 베르씨 공원 사이에는 가장 최근 건설된 씨몬느 드 보봐르교가 위치함) 점점 방문객들이 늘고 있다. 빠리를 방문하게 되면, 이렇게 새로 조성된 구역들은 반드시 들러서 현재 빠리가 추구하는 이미지를 느껴보아야 한다. 특히 관광명소가 된 국립 도서관 내부로 들어갈 때에는 입장료를 받는데, 26세 미만 학생은 할인이 된다.

이 국립 도서관은 프랑스 왕실의 장서에서 출발해 수많은 소용돌이의 역사를 거치면서 16세기 이후 출간된 모든 책들을 소장하게 되었으며, 서가를 한 줄로 늘어 놓으면 400킬로미터가 넘는다. 이곳에서는 자료의 수집과 보존, 지식의 가치를 소통시키며, 디지털 도서관과 연구 및 협력 학술교류를 위한 전문적인 전시 프로그램과 컨퍼런스가 진행된다. 이렇듯 각종 기획전시 및 문화생활을 한 곳에서 할 수 있어, 각계각층의 다양한 이용객이 늘어났다. 국립도서관에는 프랑스 왕실에서 전해 내려오는 고서부터 시청각 자료까지, 열람할 수 있는 자료들이 무궁무진하다. 특히 판화, 사진 소장품 분야에서는 세계 최대의 자료들을 보유하고 있다.

## 쌩뜨 쥬느비애브(Sainte-Geneviève) 도서관

쌩뜨 쥬느비애브 도서관

쏘르본느 대학과 가까워 많은 학생들이 찾는 대형 도서관으로, 이곳은 빠리 5구 빵떼옹 옆에 위치해 있다. 빠리 좌안에 위치한 5구는 '프랑스 지식과 문화의 요람'으로 대변된다. '쌩뜨 쥬느비애브'는 5세기경 사람으로 빠리를 지킨 수호신·성녀처럼 여겨지는 인물이다. 451년 쥬느비애브는 빠리 시민들을 규합해 훈족(흉노족)의 침입에 대항했다. 그녀는 다른 여인들과 함께 빠리를 구원해 달라는 간절한 기도를 올렸고, 그녀들의 기도는 이루어졌다. 그녀는 곧 성녀로 추대되었고 이후 빠리의 수호성인이 되었다. 쌩뜨 쥬느비애브 도서관 입구에는 그녀의 흉상이 조각되어져 있다.

한편 쌩 미쉘(Saint-Michel) 구역의 쌩뜨 쥬느비애브 도서관이나 국제 대학

기숙사촌(씨떼 위니베흐씨떼흐)에 있는 씨떼(Cité) 도서관의 경우 학생증 제시로 간단한 출입증을 교부받아 입장할 수 있다.

## 뽕삐두 센터(Le Centre Georges Pompidou) 도서관

종합문화예술센터 '뽕삐두'

복합문화센터 뽕삐두 내의 공공 도서관은 통제 없이 무료 입장이 가능하다. 뽕삐두 도서관은 소수의 마이크로 필름을 제외하고는, 완전 개가식으로 되어 있어 편리하게 이용할 수 있다. 주말에도 이용 가능한 이곳은 깔끔한 시설과 노트북 전용 콘센트 구비, 와이파이 사용으로 아주 편리하다라는 평을 받는다.

건물의 2층과 3층이 전부 도서관이며, 기둥이 없는 탓에 탁트인 내부를 책상과 서고가 가득 채우고 있다. 또한 책상도 널찍널찍하고 통로도 넓어서 한눈에 쾌적하다라는 느낌을 받는다. 2200명을 수용할 수 있는 큰 도서관으로 혼자 공부할 수 있는 공간뿐 아니라 음악을 듣거나 영상을 보는 공간, 자료를 찾아볼 수 있는 공간 등으로 구성되어 있다. 특히 뽕삐두 도서관에는 굉장히 희귀한 언어들을 배울 수 있는 자료들도 많이 참조할 수 있다. 요컨대 뽕삐두 도서관은 진입 장벽이 없는 다양성 수용의 상징성을 지니며, 자유로운 공공 도서관으로 인식되어 있다.

# 프랑스 대중영화

### 영화의 탄생지 프랑스

'영화'라는 장르를 탄생시킨 프랑스는 세계 어느 나라의 영화들보다 특색 있는 영화사조를 선보였고, 이에 따른 다양한 형식과 장르의 작품들을 출현시켰다.

한편 프랑스의 유명한 제작 배급회사 겸 극장 체인점으로는 '고몽'(Gaumont)과 '빠떼'(Pathé)가 있다. 이는 프랑스 영화를 감상하게 될 때 처음 등장하는 글자 자막에서, 또는 프랑스 각 도시에 분포된 극장명에서도 발견하게 된다. 특히 '빠떼'라는 이름은 프랑스 경제계의 거물인 샤를르 빠떼(Charles Pathé)에서 비롯되었는데, 그는 1896년 영화사를 설립했다. 이 영화사는 20세기 초반 세계 최대의 영화사로 성장했으며, 고몽과 함께 프랑스 영화의 발전에 큰 공헌을 했다.

### 영화의 개척자 뤼미에르(Lumières) 형제

세계 최초로 영화를 만들어 상영한 형 오귀스뜨 뤼미에르(Auguste Lumière 1862~1954)와 동생 루이 뤼미에르(Louis Lumière 1864~1948) 형제는 리옹에 거처가 있었던 것에 기인해, 현재 리옹에는 뤼미에르 형제 영화 박물관이 있다. 아울러 '벽화 도시' 리옹의 오래된 건물 벽에는 리옹이 배출한 다른 인물들과 함께 뤼미에르 형제의 모습을 볼 수 있다.

'대중영화의 아버지'라고 여겨지는 뤼미에르 형제는 혼자 순간적인 영상을 틈이 난 구멍으로 들여다보는 에디슨의 기계장치(kinetoscope [키네토스코프])와 달리, 바로 영화에 스크린을 통한 영사의 기능을 부여했다라는 점에서 대비된다. 즉 그들은 '시네마토그라프'(cinématographe)라는 기계를 선보였는데, 바로 필름을 연속적으로 영사해 스크린을 통해 볼 수 있는 장치였다.

'스크린'이라는 장치를 통해서 여럿이 함께 공감할 수 있는 획기적인 방식이 채택되어진 셈이다. 뤼미에르 형제가 1895년 세계 최초로 만든 영화 '뤼미에르 공장의 퇴근'(La sortie des usines Lumière)과 1896년 '라 시오따 역에 도착하는 기차'(L'Arrivée d'un train à La Ciotat) 등은 당시 빠리 중심가의 그랑 까페에서 문화예술인들을 초청한 가운데 공식적으로 상연되었다. 그러나 뤼미에르 형제 자신들은 이 새로운 예술을 과학적 호기심으로만 다루고 머지않아 영화 제작을 포기하게 된다.

영화의 개척자 '뤼미에르 형제'

### 영화의 대중·상업화의 선구자 조르쥬 멜리에스(Georges Méliès)

한편 그랑 까페 상연회의 관람객이었던 조르쥬 멜리에스(1861~1938)는 당대의 유명한 마술사이자 사진사였다. 그 또한 영화에 대중성을 가미하는 데 결정적으로 공헌했는데, 기계로서의 영화적 가치를 '예술로서의 영화'로 대중에게 각인시킨 주역이다.

그는 영화를 예술로 인지한 '최초의 영화 제작자'이며 '영화 언어의 발명가'다. 요컨대 멜리에스는 스토리보드 작업과 성공적인 상업화로 이끌게 한 '연출'을 최초로 선보였으며, 마술사 경험을 이용한 특수한 무대장치와 기발한 촬영, 편집 기법 등으로 비로소 관객들에게 현실감 있는 환상적 시각 체험을 제공했다. 그가 제작한 500여 편의 영화 중 약 20여 편은 멜리에스가 직접 영화 미술을 책임지고 진행할 정도의 '영화 미술의 선구자'였다.

아울러 그는 세계 최초의 영화 제작 프로덕션과 역시 최초의 종합 촬영소를 세웠으며, 영화의 흥행 체제도 확립했다. 1902년 '달세계 여행'(Le voyage dans la lune)이라는 환상적인 영화를 통해서 이전의 기록영화가 아닌 허구적·가상적 이야기를 영화에 설정하는 시도를 했다. 이는 영화에 지대한 대중적인 영향을 끼치게 되는데, 이로써 멜리에스는 뤼미에르 형제와 함께 본격적인 영화 장르를 탄생하게 한 인물이 되었다.

영화의 대중화 선구자 '조르쥬 멜리에스'

– 유럽에서 열리는 '세계 3대 영화제'를 손꼽으면 베니스(1932), 깐느(1946), 베를린(1951)이다. 그중 깐느 영화제에 대한 설명을 덧붙이자면, 프랑스가 영화 발상지일 뿐 아니라 이 영화제에 세기적 걸작이 많았고, 상을 운영하는 화려하고 세련된 방식이나 스타급 심사위원 진용에서 앞선 점을 들 수 있다. 한편 매년 5월에 펼쳐지는 깐느 영화제는 영화감독의 재능과 창의적인 시도를 중점적으로 평가하며, 특히 이 영화제는 '작가주의' 작품을 선호한다.

## 씨네마때끄 프랑쎄즈(Cinémathèque Française) – 누벨바그 시기 영화인들의 놀이터

### 씨네마때끄 프랑쎄즈

프랑스는 '제7의 예술' 영화를 탄생시킨 종주국으로 빠리에는 영화 학도들을 위한 많은 에꼴 전문 교육기관들이 있다. '프랑스의 자존심' 씨네마때끄 프랑쎄즈는 1936년 필름 수집광인 앙리 랑글르와(Henri Langlois)에 의해 설립된 영화 박물관 겸 도서관·상영관으로 사용되고 있다. '씨네마때끄'(Cinémathèque)라는 말은 영화(cinéma)와 도서관(bibliothèque)의 합성어다. 즉 이곳은 프랑스 영화는 물론, 세계 영화사의 발자취들을 소장하고 있는 영화 도서관이다.

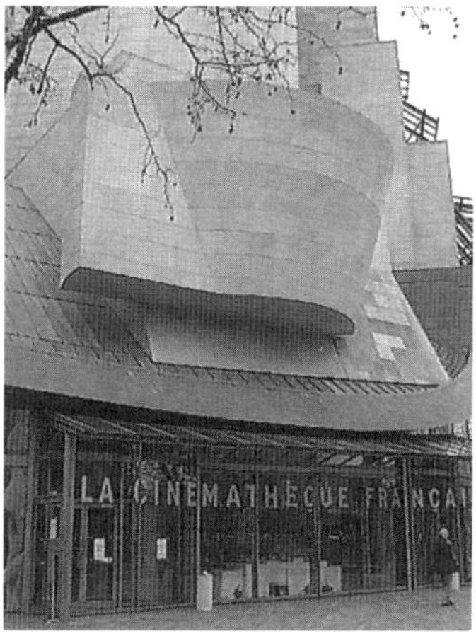

씨네마때끄 프랑쎄즈

영상 자료의 보존과 연구 분야에서 세계적으로 유명한 이 영화 도서관은 2005년 빠리 12구 베르씨 빌라쥬 바로 옆 아메리칸 센터(미국 문화원)로 옮겨 재개장했다. 내부에는 상영관을 비롯해 영화박물관, 기획전시장, 필름 도서관 등이 조성되어 세계 각국의 영화 팬들의 주목을 받고 있다. 이곳에서는 꿈의 명작이나 해외의 진귀한 작품들을 상영해 영화광들이 모여드는 명소(고전 영화 팬들의 성지)로 자리매김하고 있다. 특히 영화박물관의 상설전시 '패션 씨네마'(Passion Cinéma)에서는 영화제작과 관련된 자료나 촬영장비, 소도구, 의상 등의 수집품들을 잘 갖춰 전시하고 있다.

### 누벨바그(Nouvelle Vague) 영화의 특징

특히 씨네마때끄 프랑쎄즈는 1950년대 말 '누벨바그'(Nouvelle Vague 새로운 물결) 시기의 영화감독들이 영화를 배우고 비평한 곳이다. 대표적인 누벨바그의 대표주자로는 프랑쓰와 트뤼포, 쟝 뤽 고다르, 알랭 레네, 끌로드 샤브롤, 에릭 로메르 등이 있다. 바로 이 장소가 누벨바그를 꽃피우게 한 성지이자 그들의 놀이터였음을 알 수 있다.

이 시기 영화의 특징은 '제작여건'과 '촬영기술'에 있었다. 즉 여건에 맞는 저예산으로 간결한 제작과 최소한의 기술팀에 의한 스튜디오 및 완벽한 영상미를 거부하고, 보다 가벼운 촬영기구를 사용했다. 누벨바그 시기 작품들의 특징은 전통적인 영화에 대항해 줄거리보다 표현에 중점을 두고, 현실과 카메라와의 직접적인 접촉(카메라 워킹)을 중시했다. 또한 즉흥 연출과 장면의 비약적 전개(점프 컷), 완결되지 않은 스토리, 영상의 감각적 표현 등 종래의 영화 개념을 바꾸어 놓았다. 한마디로 과거의 구조들을 깨뜨렸으며, 자유롭고 기발한 작품들을 선보였다.

아울러 이 시기는 '작가주의와 작가영화'로 특징지울 수 있다. 즉 영화를 처음 제작할 때부터 전체 과정을 지휘하고 책임질 수 있는 작가 한 사람이 필요하며, 그 작가가 만든 영화가 진정한 '예술영화'라고 표현할 수 있게 된다.

### 누벨바그 영화의 대표작 400번의 구타(Les quatre cents coups)

누벨바그 영화의 대표작 '400번의 구타'

대표적인 '누벨바그' 영화로 자주 거론되는 작품들로는 가정과 사회에서 사랑받지 못하는 문제아 소년 앙뜨완느를 그린 '400번의 구타'가 있다. 프랑스 속담에 "어릴 때 적어도 400번은 맞아야 철이 든다"라는 이야기가 있다. 그러한 의미를 담고 있는 이 영화는 불행했던 소년 시절의 기억과 영화광으로서의 추억을 담담하고도 따뜻하게 그려내고 있다. 400번의 구타는 이제껏 볼 수 없었던 영화의 낯선 아름다움으로 사람들을 경탄시켰으며, 아울러 누벨바그의 신호탄이자 대표작이 되었다. 영화 400번의 구타는 맨 마지막 장면을 주목할 만하다. 즉 소년원을 탈출해 바닷가로 향해가는 소년을 카메라가 죽 쫓아가는 '롱 테이크'(Long take) 기법과 뒤돌아 보는 앙뜨완느의 얼굴을 '클로즈업'(Close-up)해 정지된 모습은 오래도록 기억에 남는 극적 여운의 효과를 갖고 있다. 400번의 구타의 마지막 장면은 프랑스 영화계의 명장면으로 기억되고 있다.

### 누벨바그의 서정시인 프랑쓰와 트뤼포(François Truffaut)

프랑쓰와 트뤼포

400번의 구타는 바로 프랑쓰와 트뤼포의 '자전적 데뷔작'으로 1959년 깐느 영화제 최우수 감독상을 비롯해 뉴욕비평가협회 최우수 외국어영화상 등을 받았다. '네 멋대로 해라' 시나리오를 집필하기도 했던 프랑쓰와 트뤼포의 또 다른 작품들로 '피아니스트를 쏴라', '쥘르와 짐' 등이 있다.

먼저 그의 두 번째 영화 '피아니스트를 쏴라'는 그가 비평가 시절에 각별한 애정을 보였던 저예산 B급 필름 느와르(암흑가를 무대로 한 비정한 범죄물)에 바쳐졌다. 영화 내용은 과거 갱스터였던 고독한 피아니스트의 사랑과 절망의 메시지를 담고 있다. 프랑쓰와 트뤼포의 백과사전적인 영화지식을 보여주듯 이 영화는 다양한 스타일과 무드로 펼쳐지며, 영화 제목에서 독특한 뉘앙스를 느낄 수 있다. 또한 '쥘르와 짐'은 쥘르와 짐 두 사람 앞에 매력적인 여인 까뜨린느가 나타나고, 그 둘은 동시에 그 여인과 사랑에 빠지게 되는 내용을 담고 있다.

그는 대표적인 영화작가이며 영화평론지 '까이에 뒤 씨네마'(Cahier du cinéma)의 평론가로 뛰어난 활약상을 보였다. 한편 프랑스적인 향취를 물씬 풍기는 감독이기도 했던 그의 영화는 '예술과 인생', '영화와 허구', '젊은이와 교육'과 같은 매우 엄숙한 주제를 일관되게 파헤치고 있다.

### 누벨바그의 가장 과격한 전사 장 뤽 고다르(Jean-Luc Godard)

장 뤽 고다르

한편 누벨바그의 양대 기수, 즉 프랑쓰와 트뤼포가 '누벨바그의 서정시인'이었다면, 장 뤽 고다르는 급진개혁을 주장한 선동가였다. '고다르 이전'과 '고다르 이후'라는 말이 있듯이, 그는 현대 영화 언어의 발전에 획기적인 공헌을 남겼다. 고다르의 영화는 일정한 틀에 머무르지 않고 새로움을 추구하는 실험정신을 구현했다. 아울러 그의 영화에는 기존의 윤리관에 대한 냉소와 새로운 반역정신, 반항적인 이미지가 넘친다. 이미지만으로도 모든 것을 설명하는 장 뤽 고다르, 그의 최초 장편영화 '네 멋대로 해라'(1960년) 이 한 작품에서 적어도 누벨바그파는 결정적인 성공을 거두었다. 이 영화로 고다르는 베를린 국제영화제에서 감독상을 수상했다.

반항적인 이미지로 센세이션을 불러 일으킨 장 뽈 벨몽도와 진 세버그 주연의 '네 멋대로 해라'는 새로운 영화 언어를 선보였다. 즉 주인공 미쉘이 카메라를 향해서 제멋대로 이야기를 한다. 고다르의 초기 작품들은 미국 영화들의 인기 있는 멜로 드라마와 추적극의 관습들을 변형시킨 것이다.

# 9
# 문화정책과 정치제도

프랑스 문화정책의 가장 큰 특징은 바로 문화의 다양성을 인정하고, 대외적으로 외부 문화에 대한 개방과 포용력에 있다. 또한 정부주도식 경향이 강한 프랑스는 '국가 관리형 체제' 방식의 정부간섭을 사회 곳곳에서 볼 수 있는데, 오래전 제정된 문화정책이 현재까지 고수되는 이런 면에서, 한 번 정한 건 잘 바꾸지 않는 프랑스인들의 특성이 드러나게 되는 것이다.

특히 군주제적이며 중앙집권적인 문화정책은 프랑스의 강력한 전통(과거 절대왕정에서 비롯된)으로 그 지속적인 생명력을 발휘했다. 프랑스를 문화대국으로 만드는 데 중요한 역할을 한 이 특권적 전통, 바로 프랑스의 중앙집권화는 정치·경제·산업·교육 등 전반적인 모든 분야에 걸쳐 발견된다.

이 장에서는 프랑스에서 주요 문화정책을 시행했던 인물들과 기관 위주로 살펴보기로 한다. 프랑스는 이러한 주요 인물들과 기관의 활동을 현재까지 일관된 문화정책으로 계승해 발전시키고 있다.

아울러 이러한 프랑스 문화정책을 이해하는 것을 토대로 프랑스 사회·문화적 측면에서 반드시 고찰해봐야 할 프랑스의 주요 정치제도에 대해 간략히 알아보기로 한다.

## 문화정책

**프랑쓰와(François) 1세와 르네쌍스 문화**

프랑쓰와 1세

학문과 예술을 후원하고 장려했던 프랑쓰와 1세(1494~1547) 왕은 이탈리아의 르네쌍스 문화를 받아들이고 전파한 장본인이다. 그는 이탈리아와의 전쟁 때 당시 절정에 달해 있던 르네쌍스 및 인문주의 문화에 흠뻑 도취되어 레오나르도 다 빈치(Leonardo da Vinci)나 미켈란젤로(Michelangelo) 등을 프랑스로 초빙해 활동하게 하는 등 예술가들을 존경했다. 그는 스포츠뿐 아니라 문학과 예술에도 관심이 많았고 뛰어난 재능을 보였다. 르네쌍스 문화를 동경했던 그는 1516년 다 빈치를 초청해 프랑스에서 활동하게 했고, 이후 다 빈치는 자신을 돌봐주고 배려해준 프랑쓰와 1세에 대한 고마움의 표시로 '모나리자' 그림을 선사하게 된다.

르네쌍스에 대한 관심은 건축으로도 이어졌다. 르와르 강변의 고성들 중 그가 건축한 유명한 샹보르(Chambord) 성이 잘 알려져 있으며, 16세기 퐁뗀느블로(Fontainebleau)에 르네쌍스 양식의 궁전을 지으면서 르네쌍스 예술의 토대를 마련했다.

프랑쓰와 1세는 문예 활동에도 지대한 관심을 보여 인쇄술이 그의 치세에 크게 발전했고, 1518년 블르와(Blois) 성에 방대한 왕실 도서관을 설치하기도 했다. 아울러 이탈리아식의 고전 문헌 연구를 중심으로 하는 인문주의 학교 및 도서관 창설을 도모해 현재 '꼴레쥬 드 프랑스'(Collège de France, 왕립학술원)의 전신인 '꼴레쥬 르와얄'(Collège royal)을 1530년 설립하기도 했다. 참고로 꼴레쥬 드 프랑스는 빠리 좌안 라땡 구역에 위치한 프랑스의 국립 고등교육기관이자 연구기관이다.

### 꼴베르(Colbert)의 중상주의 정책

프랑스 국가관리형 보호주의 정책 모델의 뿌리는 루이 14세 당시 재경부장관이었던 꼴베르(Jean-Baptiste Colbert, 1619~1683)까지 거슬러 올라간다. 상인 출신인 꼴베르의 정책사항은 중상주의[4]를 대표하는 프랑스의 국위 선양과 경제력 강화에 노력한 정치가였다. 그는 국력을 높이기 위해서는 국부를 증가시켜야 하며, 이를 위해 무역을 진흥시켜 나가고 산업 활동을 장려시킨 인물이었다. 그는 여러 제도와 분야에 있어 중앙집권을 강화했으며, 프랑스 장인 정신을 널리 알리는 데 공헌했다.

장 밥띠스뜨 꼴베르

한편 그는 학예를 보호하고, 문화에 대해서도 조예가 깊어, 프랑스의 힘과 명성을 높인다는 원칙하에, 일찍이 '왕립 과학아까데미'(1666년)와 '왕립 건축아까데미'(1671년) 같은 여러 교육기관들을 세웠다.

이후 현대에 와서 그의 이름을 딴 명품업계의 위상을 드높이는 '꼴베르 위원회'(Comité Colbert)라는 이익단체가 생겨나기도 했다. 즉 대외적으로 중상주의 정책을 근간으로 고율의 관세를 매겨 수입을 억제하면서 프랑스 내수시장 양성과 함께, 재정흑자 발전을 위한 기반을 닦는 데 주력했다. 또한 이 시기에

4 중상주의 정책의 일례로, 꼴베르는 공업 육성책과 철저한 보호무역 정책을 펼침으로써, 수출을 장려하고 수입 제품에는 금지적 보호 관세를 부과했다. 이러한 수출 증진과 수입 제한을 통해 국부 축적, 국부 증대에 노력한 그는 수출업자에게 세금 면제와 보조금을 지급했다.

그는 현재의 프랑스 내 지역별 수공업과 가공업 형태의 기본을 만들게 되었다. 이렇듯 꼴베르는 프랑스 특유의 여러 문화적 메시지를 전파하는 데 기여한 인물이다.

### 앙드레 말로(André Malraux) 문화부 장관

앙드레 말로

소설가이자 비평가, 정치가이기도 했던 앙드레 말로(1901~1976)는 1933년에 발표한 대표작 『인간의 조건(꽁꾸르 문학상 수상작)』을 통해 프랑스의 주요 소설가이자 정치적 지도력을 가진 현실 참여 지식인으로서의 명성을 굳혔다.

또한 제2차 세계대전 중에는 프랑스 레지스탕스 운동에도 가담했으며, 알자스 전선에서 샤를르 드 골 장군을 만난 뒤로 말로는 드 골과 밀접한 관계를 맺게 된다. 1958년 집권한 드 골 밑에서 1958년 제5공화국 초대 내각의 문화부 장관이 된 그는 그 후 10년 동안 드 골의 측근으로 있으면서 혁신적이고, 강력한 문화 행정을 펼쳤다.

그의 대표적인 예술문화 정책으로 공연과 전시 및 새로운 창작을 촉진시키기 위해, 인구 10만 명 이상의 모든 도시에 "문화의 집"(Maison de la Culture)이라고 명명한 복합 문화공간의 설립을 추진했다. 이 문화의 집은 연극을 중심으로 음악·무용·전시·영화 등 다양한 분야의 창작활동과 확산 기능을 수행할 수 있게 했다. 문화의 지방자치와 고급문화의 보급화로 인해, 문화의 집은 이후 프랑스 각 지역의 모든 문화활동을 지원·육성하는 종합문화센터로 자리 잡게 되었다.

앙드레 말로의 또 다른 문화정책을 보면, 당시 도시화에 따른 개발과 관련해 문화재 보존을 위한 법령 제정과 재정적 보조를 뒷받침하는 장기정책의 확립에 있다. 즉 그의 이름을 딴 '말로 법'은 옛 문화유산의 보전, 복원에 관한 법을 뜻한다. 이 말로 법으로 인해 프랑스는 문화재에 대한 보호조치를 구체화시켰다.

샤갈의 작품 '꿈의 꽃다발'

앙드레 말로는 또한 문화부 장관 당시 당대의 유명한 화가인 마르크 샤갈에게 부탁해, 1962년 가르니에 오페라(Opéra Garnier) 건물의 내부 둥근 돔 천장에 '꿈의 꽃다발'이라는 화사한 색채의 아름다운 그림을 그리게 했다. 아울러 그는 영상자료원과 영화박물관 및 영화예술교육을 위한 영화관 설립 등을 추진하기도 했다.

### 프랑쓰와 미떼랑(François Mitterrand) 대통령의 그랑 프로제

역대 프랑스 대통령 중 최장 기간 동안 재임한 대통령 프랑쓰와 미떼랑(1916~1996)은 프랑스 사회당의 아버지로 좌파 세력을 이끈 상징적 인물이었으며, 제5공화국 최초의 좌파정권수립에 성공함으로써 유럽 좌파 세력의 지도자로 거듭나게 되었다. 1993년 유럽연합 발족을 성사시켰던 그는 5주 유급휴가제, 국가보험의 전면적 확대, 사형제 폐지 등과 같은 여러 정책사항들 가운데, 특히 '그랑 프로제'(Grand Projet)와 같은 대규모 건축공사의 성과는 문화와 예술에 대한 남다른 애정을 가진 '문화 대통령'의 면모를 가장 잘 보여주었다.

프랑쓰와 미떼랑

미떼랑은 강력한 지도자이자, 또한 도시 계획가이기도 했다. 그의 '문화적 도시개발'과 '국가의 기념비적 건축물 건립'과 같은 그랑 프로제는 빠리의 풍경에 현대적인 감각을 더했다. 그중 가장 대표적인 프로젝트는 루브르의 유리 피라미드를 들 수 있다. 설립 당시 많은 반발에도 불구하고 유리 피라미드는 오늘날 에펠탑과 함께 빠리의 명물이 되었다.

바로 문화를 통해 강대국으로 부상해야 한다는 미떼랑의 생각은 여러 기념비적인 문화유산들로 남겨지게 되었다. 즉 루브르의 '유리 피라미드'를 비롯해 라데팡스의 '신개선문'(그랑드 아르슈), 세계 최대 규모 '미떼랑 국립 도서관', 오페라 공연장 '바스띠유 오페라', 인상파 화가 미술관으로 변모한 '오르쎄 미술관', 빠리 북동쪽의 멀티 공간 '라 빌레뜨 공원'의 건물들, 프랑스 북부 노르망디 지방의 '노르망디 대교'와 같은 굵직한 건축물들을 통해 '문화 대통령'의 위상을 잘 드러내었다.

**아까데미 프랑쎄즈(Académie Française)**

프랑스는 일찍이 자국어의 보호에 앞장서기 위해 노력해왔다. 프랑스어의 보호와 진흥을 위해 프랑스 아까데미인 '아까데미 프랑쎄즈'라는 기관을 세워, 이 기관에 의해 검열되고 조절되는 공식 언어가 있다. 아까데미 프랑쎄즈는 '프랑스 최고의 지성'을 의미하며, 이 기관은 1635년 루이 13세 절대왕정 시절, 최고 대신 리슐리외(Richelieu)에 의해 창설되었다. 아까데미 프랑쎄즈는 프랑스어 관련 기관 중에서 가장 오래된 역사

최고 대신 '리슐리외'

를 가지고 있다. 요컨대 아까데미 프랑쎄즈는 프랑스 지식인들의 학술 단체로서 문학상을 수여하고, 프랑스어 사전을 편찬하는 기관이다. 회원은 40명이고 일단 회원으로 선출되면 종신직이다. 정회원들은 문학가가 다수를 차지하며, 이 외 과학자와 사회학자, 철학자, 의사도 있다. 루이 14세 시절, 재경부 장관이면서 프랑스의 국부 증대와 문화적 메시지 전파에 힘쓴 꼴베르도 과거 아까데미 프랑쎄즈 회원이었다.

한편 프랑쓰와 1세의 프랑스어에 대한 관심은 프랑스 왕권의 자부심과도 연결되었다. 따라서 이 당시 왕이 관할하는 행정 문서는 모두 프랑스어로 작성할 것을 결정하기에 이르렀다. 이러한 노력들을 바탕으로 16세기를 지나 17, 18세기에 이르러 프랑스어는 프랑스 왕실의 발전과 더불어 유럽 세계의 공용어로 발전하게 된다.

아까데미 프랑쎄즈는 프랑스어와 문학에 절대적인 권력을 행사하기 위해 만들었으며, 국가가 프랑스어의 규범화 작업 등 언어 문제에 최초로 관여하게 되었다. 이는 국가가 모든 것에 관여하는 오랜 '국가 개입주의' 전통이 있음을 알 수 있게 된다. 아까데미 프랑쎄즈에서는 전통적으로 백과사전을 만드는 작업을 해오고 있다. 그 밖에 주요 불어사전(대표적인 불불사전)으로는 시리즈로 출판된 로베르(Robert), 라루쓰(Larousse) 등이 있으며, 프랑스에서는 사전 만드는 분야가 발달되었다.

## 정치제도

### 프랑스 정치제도의 성향

프랑스는 강력한 중앙집권체제의 대통령 중심제 국가다. 한편 프랑스는 대통령제이면서도 내각제를 함께 가지고 가는 듯한 정치 시스템을 유지하고 있다. 요컨대 선출된 대통령 소속 정당이 다수당일 때는 완벽한 대통령제가 된다. 하지만 대통령 소속 정당이 소수당이 될 때는 내각이 책임지는 의원내각제 형태로 운영이 된다. 다시 말해 대통령제와 의원내각제의 핵심 요소를 섞어서 만든 정치 시스템인 것이다.

아울러 대통령 임기는 5년제로 중임까지 가능하다. 프랑스에서의 대통령 선거 방식은 국민의 직접 보통 선거에 의해 과반 득표가 안 나오면, 1차 투표의 상위 득표자 두 명을 대상으로 2주일 후 2차 결선투표가 실시되어 최종 승자를 결정한다.

### 프랑스 정당과 총선 절차

프랑스의 정당에는 중도우파 '레퓌블리끄 앙 마르슈'(전진하는 공화국, LREM), 우파 '공화당', 극우파 '국민연합', 좌파 '사회당', 극좌파 '프랑스 앵수미즈'(굴복하지 않는 프랑스), '유럽생태녹색당' 등으로 구성되어 있다.

국회는 양원으로 구성되어 있다. 프랑스의 입법부는 하원우위의 양원제이나 상원도 개헌문제에 관해서는 하원과 동등한 권한을 가지며, 상원은 대통령의 의회 해산권에서 제외되어 있다. 3권분립의 원칙에 따라 사법부가 독립되어 있으나, 대통령이 사법권 독립의 보장자로서 최고사법위원회의 의장을 겸하고, 최고사법위원회가 대법관 및 고등법원장 임명을 제청하게 되어 있는 등 사법권에 관해서도 대통령은 상당한 권한을 보유한다.

또한 프랑스 총선의 경우에서도 대선과 똑같은 투표 방식을 채택한다. 즉 1차 투표 총 577개 지역구[5]에서 실시되어, 50퍼센트 이상 득표율을 기록한 후보는 바로 당선된다. 이에 반해 과반 득표자가 나오지 않아 2차 투표까지 갈 경우, 1차 투표에서 12.5퍼센트 이상의 득표율을 얻은 후보들끼리 재경합을 벌여 가장 득표율이 높은 후보가 최종 당선된다. 다만 1차 투표 참가율이 25퍼센트를 넘기지 못한 선거구에서는 과반을 넘긴 경우에도 결선투표가 실

---

5 현재 577석인 하원에 반해 상원은 348석을 차지한다. 참고로 프랑스 의회 정원은 1986년 이후 변동이 없었다.

시되며, 최종 결선투표에 2명이 올라가는 대선과 달리 총선에서는 4명의 후보까지 결선투표에 진출한다.

한편 총선(하원)은 직선으로 치러지는데, 프랑스에서의 법안 의결권은 하원에 있지만 대통령이 추진하는 의회 비례대표제 도입 등 정치개혁이 성공하려면 상·하원의 5분의 3 의석(925석 중 555석)이 필요하다. 하원과 달리 상원은 지방자치단체장, 지방의원 등으로 구성된 7만 5000여 명의 선거인단이 뽑게 되는 간접선거 형태로 이루어진다.

**프랑스 정치의 '동거 정부' 꼬아비따시옹(Cohabitation)**

프랑스의 대통령제(이원집정부제)에 등장하는 정부 형태로, 여당과 의회 다수당이 다를 경우에 대통령이 의회 다수당 출신의 인사를 총리로 기용함으로써 구성하는 연립 정부를 일컫는다. 주로 프랑스 제5공화국에서 등장한 좌우 연립 내각의 사례가 인용되므로 "좌우 동거 정부"라고 부른다.

1986년 3월 프랑쓰와 미떼랑(François Mitterrand) 대통령 재임 당시, 국민의회선거에서 우파연합이 과반수를 차지하자, 우파 정당인 공화국연합의 쟈끄 시라끄(Jacques Chirac)[6]를 총리로 임명, 좌파 대통령과 우파 총리라는 1차 좌우 동거체제(1986~1988)를 만들어냈다. 이때 2년 동안 엘리제궁(대통령 관저)과 마띠뇽(총리 관저) 간에 대립을 빚기도 했다.

미떼랑과 시라끄의 동거 기간 동안 대통령은 본연의 임무인 '외치', 즉 외교·국방의 의무에 힘썼고, 총리인 시라끄는 '내치', 즉 국가의 행정적 살림에

6 시라끄는 1995년 대선에서 사회당의 리오넬 죠스뺑 후보와 맞붙어 승리함으로써, 대선출마 3번째 도전 끝에 엘리제궁에 입성했다. 그는 드골주의 노선의 계승을 이어갔으며, 재임기간 중 2000년 대통령 임기를 7년에서 5년으로 줄이는 헌법 개정을 했는데, 이로써 대통령과 의회 의원의 임기가 서로 맞게 수정이 되었다. 이후 시라끄는 2002년 5년 임기의 대통령 선거에 다시 출마했다. 결선투표에서 극우파인 국민전선의 쟝-마리 르 뻰(Jean-Marie Le Pen)을 압도적인 표차이로 누르고 당선되어, 프랑쓰와 미떼랑에 이어 직접선거에서 재선에 성공한 두 번째 대통령이 되었다.

집중했다. 이 당시 미떼랑 대통령이 내치에서 거리를 두게 되면서, 그동안 시라끄는 감세정책을 펴고, 주요 기간산업의 민영화를 주도하는 등 이전의 미떼랑의 시행 개혁을 뒤집는 정책을 펼쳤다.

이후 1993년 3월 총선거에서도 이때 우파 연합이 압승, 공화국연합의 에두아르 발라뒤르(Édouard Balladur)가 총리로 임명되어 또다시 2년 동안 2차 동거 정부(1993~1995)의 좌우동거내각이 출범했다.

한편 1995년 보수 진영의 쟈끄 시라끄가 진보 진영의 리오넬 죠스뺑(Lionel Josepin)을 누르고 프랑스 대통령에 당선되었다. 시라끄 대통령은 계속적인 개혁정책의 순조로운 이행을 하기 위해, 또한 보수 세력의 유지를 위해 1997년 4월에 하원 해산을 발표하고, 1년 후로 예정된 하원 총선을 앞당겨 실시했다. 그러나 이때 좌파연합이 과반수 의석을 차지하면서, 시라끄는 사회당 총수인 죠스뺑을 총리로 임명했다. 이로써 3차 좌우 동거 정부(1997~2002)가 구성되었다. 죠스뺑은 2002년 대선에서 시라끄에 패배할 때까지 총리로 재임해, 3차 좌우 동거 정부의 기간은 가장 긴 햇수를 기록했다.

**프랑스 동거 정부의 기원**

'꼬아비따시옹'(cohabitation)이라는 원래 결혼하지 않은 '남녀의 동거'를 뜻하는 말인데, 정치적으로 좌·우파가 대통령과 총리를 나누어 맡아 국정을 함께 수행하는 '좌우 동거 정부'를 가리킨다. 동거 정부는 프랑스 정치 과정의 독특한 형태로, 직선 대통령이 있지만, 내각은 의회 다수당이 구성토록 한 제5공화국 헌법에 따라 가능해진 것이다.

요컨대 프랑스는 내각제적 요소를 가진 제4공화국에서의 만연한 정치적 불안을 해소하기 위해, 1958년 이원집정부제를 기반으로 한 새로운 헌법을 마련하고, 제5공화국을 출범시켰다. 또한 프랑스의 대선은 1962년부터 선거인단에 의한 간접선거가 아닌 직접선거로 선출되어 왔다.

동거 정부의 형태는 대통령의 소속 정당과 의회 다수당이 동일할 경우에는 문제가 되지 않으나 대통령의 임기가 7년인 데 반해 의회 의원들의 임기는 5년이었기 때문에 언젠가 대통령의 소속 정당과 의회 다수당이 다를 가능성은 늘 존재했다.

따라서 2000년 당시 대통령이었던 시라끄는 제5공화국 대통령의 임기를 7년에서 5년으로 단축해 의원의 임기와 맞도록 하는 헌법 개정안을 내놓아 국민투표를 통해 통과시켰다. 이 새로운 법안은 2002년 대통령 선거부터 개정된 임기가 적용되었다.

한편 이로 인해 좌우 동거 정부의 성립 가능성은 낮아졌다. 프랑스 유권자들이 분할 투표를 하지 않고 대통령이 도중에 의회를 해산하지 않는 한 이 좌우 동거 정부 체제는 등장하기 어려울 것으로 전망된다.

제5부

# 빠리 체류

1. 교통
2. 생활공간
3. 유로화와 유럽연합

# 1
# 교통

빠리에서의 교통은 나비고 교통카드를 중심으로, 가장 대중적인 교통 수단 지하철 이외에 RER 수도권 전철 교외선, 버스가 있으며, 최근 주목받는 공용자전거 '벨리브', 심야버스 '녹띨리앙', 노면전차 '트램', 기차 등을 이용할 수 있게 된다. 여기에서는 나비고 교통카드와 까르네를 포함한 버스, 지하철, RER 교외선 등을 중점적으로 살펴보고자 한다. 이와 더불어 프랑스에서의 TABAC(따바 '담배가게')의 개념에 대해서도 알아보겠다.

## 나비고(Navigo) 교통카드

현재 빠리시에서는 2008년 7월부터 '나비고'라는 새로운 형태의 플라스틱 교통카드로 대체했다. 나비고는 선불충전 방식에 따라 자유롭게 사용이 가능한 카드다. 즉 자신이 선택해 사용하는 기간에 따라 1주일이나 1개월 단위로 미리 충전해 사용하게 된다.

특히 외국 여행객들을 위한 '나비고 데꾸베흐뜨'(Navigo Découverte) 교통카드는 지하철역 매표 기계에서 즉시 발급이 가능하다. 대중교통 수단 나비고는 버스나 지하철과 마찬가지로 트램(노면전차)에도 동일한 시스템으로 사용되고 있다.

지하철역에서 볼 수 있는 나비고 충전기

여러 기간별 충전 방식에서 먼저 나비고 1주일권(나비고 쓰맨느semaine)이 있다. 1주일권은 보통 한 주가 시작되는 요일에 충전한다. 그 주 월요일부터 일요일까지 사용한다. 또한 나비고 1개월권(나비고 므와mois)은 한 달이 시작되는 초반에 충전한다. 1일부터 그 달 말일까지 사용한다. 각각 해당하는 기간 동안에 무제한 탈 수 있는 버스·지하철·RER·트램 구간 공용 정기 교통카드다.

빠리에서 멀리 갈수록 교외 구역별로 5존(zone)까지 있는데, 참고로 빠리 도심은 1존에 해당하며, 빠리 시내의 거의 모든 관광지는 2존 내에 있다.

한편 기본 신청료를 지급하고 나비고 교통카드를 구입해야 하는데, 이 교통카드는 나중에 사용한 후 반납(보증금 환불)도 안 되며, 도난이나 분실 시 재발급 또한 안 된다. 처음 발급받을 때 지하철역 자동판매기에서 카드발급비를 지불한 후 나비고 패스를 구매해 지하철역 매표소에 영수증을 제출하면 실제 카드로 교환해 준다.

이 카드를 'Rechargement Navigo'라고 적힌 자동판매기에서 원하는 기간만큼 충전해 사용하며, 재충전도 얼마든 가능하다. 공항이나 일부 큰 역에는 카드 판매부터 등록, 충전까지 해주는 매표소도 있다. 현지인들이 사용하는 나비고 카드는 지하철역 창구에서 준비해간 거주증명서와 증명사진을 동봉해 제출하면 만들어준다. 이때 가격은 무료이며 현지인들이 사용하는 보라색 나비고 카드는 사진이 카드에 직접 부착된 형태이다. 반면에 여행객용 나비고 카드는 동봉된 견본물이 따로 있어 사용자가 증명 사진을 직접 첨부하며, 자신의 성과 이름을 따로 적는 칸에도 반드시 작성한다. 또한 나비고 교통카드에는 개인 고유번호가 있으며, 청소년이나 어린이 할인 요금은 없고 성인 요금만 충전이 가능하다.

### 꺄르네(Carnet)

한편 1회권 표 이외에 1회권 표 10장이 한 세트로 된 버스·지하철·RER·트램 구간을 사용하는 공용표 '꺄르네'가 있다. 1장을 여러 번 사는 것보다 꺄르네(10장)를 한 번에 사는 것이 훨씬 더 경제적이며, 티켓에는 유효기간이 없다. 참고로 지하철역 개찰기에서 종이 티켓은 아래쪽 투입구에 넣고, 나비고 카드는 위쪽 인식기에 터치한다. 이 10회권 꺄르네는 지하철역에서 흔히 볼 수 있는 티켓 판매기에서 언어를 선택하고(영어 선택 가능) 구매한다.

아울러 빠리에 체류하는 젊은이들을 위한 교통권 또한 존재한다. 즉 만 26세 미만의 젊은이들이 주말과 공휴일에만 사용할 수 있는 주말 우대권 '티켓 줴느'(Jeunes)가 있다.

버스와 마찬가지로 지하철, RER, 트램 등 빠리의 모든 교통 시설을 이용할 때에는 티켓이나 나비고 카드 등 승차권을 항상 지니고 있어야 한다. 몇 명의 검표원들이 불시에 버스에 타서, 아니면 지하철역의 통로나 출구 바로 앞에 대기해 엄격하게 단속한다.

## 버스(Bus)

빠리 지하철의 여러 노선들로 인해 버스 노선은 그리 많지 않다. 지하철과 달리 버스는 창문 밖으로 빠리의 관광지나 길거리, 건물, 상점 모습 등을 관람할 수 있다는 장점이 있다. 버스 앞유리 위에는 노선 번호와 행선지가 표시되어 있다. 한편 버스도 지하철을 탈 때 사용하는 똑같은 표, 또는 나비고 교통카드로 승차한다. 앞문으로 타서 1회권은 승객 스스로 운전사 옆에 있는 티켓 개찰기 아래쪽 투입구에 넣어야 하고, 나비고 교통카드일 경우 보라색 인식기에 터치한다.

내리고자 하는 목적지에 오면 표시된 하차 버튼을 누른 후 뒷문으로 하차한다. 하차지점 안내 방송보다는 버스 내부에 설치된 정류장 이름을 표시한 전광판을 보고 내린다. 좌석은 대체로 둘 씩 네 명이 서로 마주보게 되어 있다. 한편 승객이 많은 노선에는 버스 두 칸 차량을 연결한 굴절버스가 다니며, 관광 안내소와 역에 비치된 버스·지하철 노선표를 구할 수 있다. 모든 버스 정류장에는 정차하는 버스의 번호가 표시되어 있으며, 정류장 이름이 적혀 있다.

두 칸 차량의 굴절버스

쾌적한 버스 실내모습

**따바(TABAC)**

대중적인 편의시설 '따바'

낱장으로 된 표 1회권과 10회 묶음 꺄르네는 지하철 매표 기계나 'ratp' 표시가 있는 담배가게 '따바'에서 판다. 빠리를 포함해 프랑스의 각 도시·마을들 곳곳에서 볼 수 있는 따바에서는 이러한 시내 교통권뿐 아니라 전화카드·신문·잡지·엽서·체류증 인지·우표·복권과 더불어 노상 주차 카드·벌금 납부증 등을 팔며, 대부분 카페도 겸해 커피와 함께 간단한 식사도 할 수 있다. 한마디로 서민들의 일상생활과 매우 밀접한 따바는 생활에 필요한 모든 것들을 구비했고, 많은 것을 해결할 수 있는 편의시설이다.

## 지하철(Métro)

지하철은 빠리의 주요 대중 교통수단이다. 빠리 교통공단(RATP)에 의해 운영되는 지하철은 1900년 7월 만국박람회 때 처음 개통되었다. 거미줄처럼 얽혀 있는 지하철은 빠리의 여러 구역 어디서든지 쉽게 Ⓜ으로 된 지하철 입

빠리 지하철역 승강장

빠리 지하철의 전동차 내부

구를 찾을 수 있다. 빠리의 지하철역은 미로찾기를 하듯 구불구불한 통로와 계단이 많아 길을 찾는 재미가 있다.

**빠리 지하철의 특징**

a. 1호선을 제외하고 역 이름 안내 방송이 없으며, 스스로 바깥에 붙어 있는 큰 표지판을 보고 내린다.
b. 지하철역 각각의 정거장 사이 길이가 무척 짧으며 전동차 내부도 좁다.
c. 갈아탈 때 많이 걷는다. 대형 환승역(샤뜰레, 몽빠르나쓰 비엥브뉘 등)에서는 아주 긴 수평으로 움직이는 '무빙 워크'를 볼 수 있다.
d. 전동차 문은 자동문이 아니고 수동식 문이기 때문에 내리거나 타는 사람 스스로 회전식 레버(예전 방식의 전동차 차량)를 위로 제껴 올리거나 버튼(근래 방식의 전동차 차량)을 누른다. 이때 열린 문은 자동으로 닫힌다. 하지만 1호선과 나중에 건설된 14호선(라 마들렌 교회~미떼랑 국립 도서관)은 자동문이며, 특히 14호선은 무인 운전 시스템으로 스크린 도어가 설치되어 있다. 특히 14호선은 전동차 간의 통로가 없이 뻥 뚫려 있으며, 지하철 역사의 모습이 마치 공항이나 우주정거장 같은 모습이다.

지하철 전동차의 회전식 레버 출입문

지하철 전동차의 버튼식 출입문

e. 빠리 지하철의 좌석은 전동차에 따라 각기 다른 좌석의 형태(옆으로 짧게 배열)를 취하는데, 대체로 둘씩 네 명이 서로 마주보게 되어 있다. 최근에는 화려해진 지하철 의자 커버를 선보였다.

f. 빠리시의 지하철역들은 오래전에 지어져서 지하철역 내부에 공중 화장실도 없으며, 전체적으로 시설이 노후되었다. 따라서 지하철역 내에 엘리베이터가 설치된 곳은 4퍼센트밖에 되지 않는다. 또한 대부분 냉방시설이 설치되어 있지 않다.

g. 빠리시에서 테스트해 높은 경쟁률 속에 뽑힌 아마추어 음악가와 연주자들이 전동차 안, 또는 지하철 역 안에서 독특한 공연문화를 선보인다.

h. 프랑스에서 지하철을 탈 때 알아두면 편리한 용어들로는 입구(Entrée), 출구(Sortie), 행선지(Direction), 갈아타는 곳(Correspondance), 승차권(Billet) 등이 있다.

## 수도권 전철(RER)

2층으로 된 RER C 선

도시 재정비 사업으로 인해 도심의 주거지가 사무실이나 상가로 바뀌고 교외에 베드 타운이 들어서자, 수많은 시민들이 교외에서 시내로 출퇴근하게 되었으며, 이들은 폭발적인 교통량 증가를 가져왔다. 빠리시는 이러한 교통 문제를 해결하기 위해 고속전철인 교외선 RER를 개설했다. 고속전철은 수도권 지역 교외와 빠리 도심을 단번에 직통으로 연결시켜준다는 장점을 갖는데, 기존의 빠리 지하철 노선들과도 환승이 가능해 편리하다.

시속 60킬로미터의 빠른 속도로 달리는 급행전철 RER은 같은 선이라도 여러 갈래로 갈라진다. 그렇기 때문에 플랫폼의 안내 전광판에서 최종 목적지의 방향에 표시된 것을 확인 후 승차한다. 또한 지하철과 마찬가지로 RER의 전동차 문도 수동식이어서 타고 내릴 때 문에 있는 버튼을 누른다.

RER 노선에는 A선(쌩 제르맹 앙 레~말메종~라데팡스~유로디즈니랜드, 쎄느강 북쪽을 동서로 달림), B선(샤를르 드 골 공항~국제 대학기숙사촌[씨떼 위니베흐씨떼흐]~쏘공원~오를리 공항, 쎄느강 북쪽과 남쪽을 통틀어 남북으로 달림), C선(베르사이유 궁전~앵발리드(군사박물관)~오르쎄 미술관~에땅쁘, 주요 노선으로 쎄느강 남쪽 강변을 따라 활모양으로 달림), 그 밖에 D선, E선 등이 있다.

# 2
# 생활공간

빠리 재래시장의 모습

이 장에서는 빠리에서 지내거나 생활하게 되면서 겪게 되는 필수 사항들을 실용적인 측면으로 살펴보기로 한다. 즉 전화카드와 우체국, 학생식당과 체류지, 은행 등 빠리에서 체류할 때 대면하게 되는 여러 생활공간들에 대해 알아본다.

한편 "한 나라의 문화를 잘 느끼려면 시장에 가보라"라는 말이 있을 정도로, 시장은 '도시의 이면을 비춰주는 거울'에 해당한다. 시장을 찾아가 진열된 물건들도 구경하고, 직접 사보기도 하고, 상인과 손님의 모습을 지켜보는 등 한 지역의 사는 모습과 인정을 가장 쉽게 체험할 수 있는 방법 중 하나는 바로 대표적인 생활공간인 '시장'을 방문해보는 것이다.

## 전화카드(Télécarte)

현재 프랑스에는 동전 전화기는 없으며, 전화카드로 통화할 수 있는 전화기만 설치되어 있다. 전화카드는 종류에 따라 가격이 다르다. 국제전화는 선불 카드인 '앵떼흐나씨오날 뗄레꺄흐뜨'(international télécarte)를 구매하는 것이 좋다. 이런 것들은 주로 신문, 잡지, 꺄르네(10장 묶음의 일회용 티켓) 등을 파는 Tabac(담배 가게)나 우체국에서 구매한다. 한편 전화카드의 디자인이 독특하고 예술적이어서 다 사용한 후에도 버리지 않고 수집하는 사람들이 많다.

요즘은 프랑스로 떠나기 전에 보통 선불 유심을 챙긴다. 일반적으로 현지에서 2주 동안 사용이 가능한 통신사의 심 카드를 많이 준비한다. 유심은 공항이나 현지 매장에서 구매해 크기에 맞게 똑 떼어서 스마트폰에 넣어 사용한다. 만약 추가 충전을 원할 경우 유심 등록을 하기도 한다.

## 우체국(Poste)

프랑스 우체국의 우편마크

프랑스 우체국의 우편마크(LA POSTE)는 노랑색 바탕에 파랑색 글자로 씌어 있으며, 제비 모양을 취한다. 거리에서 쉽게 노란색 우체통이 눈에 띄며, 우체국에는 다양한 크기의 소포용 상자를 구비하고 있다. 우표의 구매는 운치 있는 그림 형태의 우체국 창구 이외에 스티커 형태의 우표 자동판매기나 따바(담배가게)가 있다. 한편 국제우편은 길거리 우체통의 오른쪽 투입구(외국 전용)에 넣는다.

## 은행(Banque)

대표적인 프랑스 은행으로는 Crédit Lyonnais(크레디 리요네), BNP Parib-

크레디 리요네 은행

길거리 현금 인출기

as(베엔삐 빠리바), Société Générale(쏘씨에떼 제네랄르) 등이 있다. 특히 BNP 빠리바 은행은 프랑스 최대 은행이다.

프랑스에서의 수표 사용은 수표책을 은행에서 발행 받아 1장씩 뜯어서 사용한다. 이때 사용자가 금액 숫자를 전부 프랑스어로 쓴다. 요즘 프랑스인들은 수표책 이외에 신용카드를 많이 사용하고 있는 추세다. 대표적인 신용카드로는 까르뜨 블뢰(Carte Bleue), 비자(Visa) 등이 있다. 한편 현금인출기는 거리 벽에 바로 붙어 있어 돈을 찾으려는 사람들이 길게 줄 선 모습을 흔히 볼 수 있다.

## 학생식당(Restaurant U)

'학생협회', '대학생 후생복지센터'를 뜻하는 C.R.O.U.S.(Centre régional des oeuvres universitaires et scolaires)는 대학 소재지마다 설치되어 숙소·식당·직업 알선 등 학생의 생활 전반에 걸쳐 지원을 담당하는 기관이다. Crous가 표시된 학생식당은 대학교에 딸린 식당이라기보다는 정부 차원에서 지원하는 식당이다. 값비싼 일반식당보다 훨씬 저렴하고, 음식의 질과 양도 훌륭한 학생복

뷔페식 '학생식당'

학생식당 차림

지 개념의 식당이다. 여러 지방 도시들과 빠리 각 구역별로 분포되어 있다.

각 코스별로 다 뷔페식으로 되어 있어 전채, 메인, 디저트(또는 음료수 포함) 등 총 3~4개 메뉴를 선택한다. 대체로 신선한 샐러드 종류의 전채 요리와 스파게티, 피자, 쇠고기 스테이크 또는 닭요리와 감자튀김, 연어요리, 케밥 등과 같은 메인요리가 있으며, 음료수를 포함해 요구르트, 푸딩, 과일, 치즈, 타르뜨, 조각케이크 등의 후식 중에서 선택한다. 학생식당에서는 학생뿐 아니라 배낭객, 일반인도 식사를 할 수 있다.

## 체류지(Pension)

빠리에 장기간 머무를 때의 체류지로는 대학·사설·종교단체 기숙사, 또는 스튜디오(내부에 가구가 다 갖추어진 형태) 등을 이용한다. 기숙사의 장점은 값이 저렴하고, 여러 시설들을 편리하게 이용할 수 있다는 것이다. 즉 건물 층층마다 씽크대 달린 식당, 화장실, 샤워실 등이 위치해 있고, 각 방마다 기본적 가구들이 다 구비되어 있는데, 특히 방 내부는 보통 간접 조명(스탠드)의 시스템을 갖추었다. 기숙사는 빠리에 오랫동안 체류할 경우 적당하다.

**국제 유학생 대학기숙사촌(Cité internationale universitaire)**

국제 유학생 씨떼 기숙사

씨떼 기숙사의 메인센터

쎄느강 남쪽 14구, 약 140여 개국 출신의 유학생들이 머무르고 있는 기숙사촌을 말한다. 이 기숙사촌에는 1920년대부터 각 나라의 기숙사 건물관들이 하나씩 생겨 각국의 개성을 대표한다. 초창기에 생긴 영국관과 독일관은 고풍스러운 멋을 간직하고 있으며, 르 꼬르뷔지에가 설계한 스위스관은 개성적인 건축 스타일로 눈길을 끈다.

씨떼 기숙사의 전체적인 모습은 넓은 대지 위에 공원처럼 펼쳐진 산책로를 따라 각국의 건물들이 띄엄띄엄 배치된 가운데, 나무와 숲이 우거진 여유롭고 한적한 모습이다. 40여 개의 기숙사 건물은 약 1만 명 정도를 수용할 수 있으며, 이 대단위 기숙사 단지는 전 세계 독지가들이 자기 나라의 이름을 내건 기숙사를 지어 기부함으로써, 오늘날과 같은 대규모 기숙사촌이 되었다. 기숙사촌 입구에는 학생식당과 까페, 도서관 등이 위치한 웅장한 건물 메인센터(기숙사촌 본부)를 중심으로 우체국, 은행, 극장, 수영장, 축구전용 잔디구장, 테니스장, 조깅코스 등이 펼쳐져 있어 학생들의 편의를 돕는다. 빠리 대학에 재학 중인 학생에게 우선적으로 입주권을 주지만 빈방이 있을 때는 일반 여행자들도 이용할 수 있다.

또한 기숙사촌 건너편에는 운치 있고 산책하기 좋은 영국식 정원의 예쁜 몽쑤리 공원(Parc Montsouris)이 자리 잡고 있다. 수도권 전철 RER B선 Cité Universitaire(씨떼 위니베흐씨떼흐) 역에서 하차한다.

한편 씨떼 기숙사를 포함한 프랑스의 기숙사들은 대부분 1인 1실이며, 방안에는 침대, 책상과 의자, 옷장, 책꽂이, 탁자 등의 가구들이 조명 기구, 세면대 등과 함께 구비되어 있다. 기숙사 내에는 공동시설로 씽크대와 전자레인지, 냉장고, 식탁 등이 완비된 식당, 빨래방, 화장실, 샤워실, 스포츠와 레크레이션 시설, 공중전화 등 생활에 필요한 대부분의 것들이 편리하게 구비되어 있다.

## 3
# 유로화와 유럽연합

유로화(Euro)는 국제 기구에서의 유럽연합의 영향력을 높이기 위해, 또한 유럽국가 간의 활발한 무역 경제활동을 위해, 더 나아가 유럽여행자들의 편의성을 위해 설립된 화폐 단위다.

아울러 유럽연합(EU)은 유럽의 정치경제공동체로 집행위원회, 각료이사회, 유럽의회가 유럽차원의 입법·행정 권한을 부여받고 있다. 더 나아가 유럽의 정치통합을 한층 강화하는 유럽연합 미니헌법 '리스본 조약'이 2009년 12월에 발효되어, 유럽연합을 보다 단단한 '정치공동체'로 지향하고자 한다. 또한 리스본 조약은 유럽연합을 보다 효율적인 통합체로 개혁하고, 국제무대에서의 위상을 보다 더 강화하기 위한 구상이 담겨져 있다.

## 유로화(Euro)

### 유로존의 특징

유로화의 상징 표기 €는 가운데 2줄이 그려진 형상인데, 가운데 2줄은 유로화 통화 가치의 안정을 바라는 의미다. 2002년 1월 1일부터 사용되기 시작했으며, 현재 유럽공동체에 속한 유로존(유로화 사용국들을 가리킴)이 사용하는 유럽단일 화폐(스위스[유럽연합 미가입국], 영국, 스웨덴, 덴마크, 동유럽 등을 제외)이며, 이 외에 cent(유로화의 보조통화 단위)가 있다. 유럽연합 회원국이 아니지만 모나코, 산마리노, 바티칸, 안도라는 EU와 합의하에 유로화를 사용하고 있다.

유로화 상징 조형물

앞으로 유로존의 수는 점차 늘어날 전망이다. 유로화의 가치를 보증하는 유럽중앙은행(ECB)은 독일 프랑크푸르트에 위치해 있다. 최근 ECB의 조사에 따르면 유로존 거주자들은 매장에서 결제할 때 현금을 사용하는 경우가 전체의 4분의 3에 달할 정도로, 유로화 현금은 현재 유럽 경제에 필수적인 요소로 남아 있다.

**유로화 지폐**

우선 지폐(6종류 5, 10, 20, 50, 100, 200유로)의 도안(디자인과 색깔)이 각각 다르다. 각 지폐의 색깔들은 화사하고 밝은 파스텔톤으로 되어 있다. 지폐마다 유럽의 건축사조를 보여줄 수 있도록, 유럽 각 시대의 건축양식과 유럽연합을 상징하는 별들이 그려져 있다. 즉 유로 화폐의 앞면에는 '화합과 개방'의 이념을 담고 있는 '문'과 '창문' 같은 건축물이, 뒷면에는 '다리'와 '유럽의 대륙'이 그려져 있다.

한편 유로 최고권액인 500유로 지폐가 2019년 초를 기점으로 완전히 사라지게 되었다. 따라서 유로화 지폐는 예전보다 한 종류가 줄어들어 총 여섯 종류가 되었다. 유로 최고권액인 500유로권 발행 중단은 이 지폐가 각종 테러나 범죄에 악용될 가능성을 차단하기 위해서다. 그동안 500유로 지폐는 탈세, 돈세탁과 테러 단체의 자금조달 수단으로 악용되고 있다는 비판을 받아 왔으며, 고액권은 상대적으로 작은 부피에 비해 높은 가치 때문에 범죄 세력을 중심으로 수요가 집중되어 왔었기 때문이다.

**새롭게 바뀐 유로화 지폐들**

2015년 2월 새롭게 공개된 20유로 지폐에는 '초상창'이라는 혁신적인 위조방지 기술이 적용되었다. 특히 20유로 지폐의 위조문제가 특히 심각한데, 반대쪽에서 빛을 비추면 지폐의 오른쪽 창이 투명해지며 신화 속의 '유로파 공주'의 얼굴이 나타난다. 또 '20'이라는 숫자가 에메랄드 빛을 띠는데, 기울이는 각도에 따라 지폐의 왼쪽 면에 유로파 공주의 얼굴로 바뀌는 특수 홀로그램 기술도 적용되었다.

ECB는 2013년 5월과 2014년 9월에 각각 5유로와 10유로짜리 신권을 각각 도입한 바 있다. 아울러 유럽중앙은행은 2019년 5월 고액권 100, 200유로 신권들도 유로파 시리즈를 차례로 도입하게 되었다. 이번에 신권을 만들게 되면서 전체적인 디자인과 크기, 위조방지기술 등 여러 가지가 추가되고 바뀌게 되었다. 이 지폐들에도 유로파 시리즈가 적용되어 유로파의 얼굴이 그려져 있는데, 평상시에는 투명처리 되어 있다. 또한 이 부분에다 빛을 비추는 각도에 따라 앞면에는 유로화 기호가, 뒷면에는 액면가가 보인다. 공통점으로 배경에 삼각형 무늬의 홀로그램도 나타나며, 숨은 띠도 적용되어 거의 가운데에 배치해놓은 것도 특징적이다.

한편 유럽에서 가장 많이 사용되고 있는 50유로 지폐에도 2017년 4월 이러한 위조방지 기술 장치가 도입된 바 있다. 여기에서는 에메랄드빛으로 새겨진 숫자 '50' 위에 빛을 비추면 그리스 신화에서 제우스 신이 황소로 둔갑해

납치한 페니키아 공주 '에우로페'의 초상을 볼 수 있다. 최근에 발행된 모든 유로화 신권은 구권보다 크기가 작아져 지갑에 넣기가 수월해졌다.

### 유로화 동전

동전(8종류 1, 2유로 및 1, 2, 5, 10, 20, 50센트)의 앞면은 유럽 대륙을 상징하는 기본 문양으로 통일되어 있고, 동전 뒷면은 각국마다 서로 다른 자국의 고유한 문양으로 디자인했다. 즉 각 국가의 개성을 담을 수 있도록 했고, 동전의 디자인에 상관없이 유로화 사용 국가들에서는 똑같이 사용할 수 있다. 동전도 지폐처럼 금액별로 색깔이 각기 다르다(1, 2유로는 둘 다 금색과 은색으로 되어 있고, 10, 20, 50센트는 금색이며, 1, 2, 5센트는 청동색이다).

한편 프랑스가 발행하는 동전에는 모두 RF가 새겨져 있는데, 이것은 프랑스 공화국(République Française)을 의미한다. 1, 2, 5센트에는 프랑스 공화국을 상징하는 여인 '마리안느'(Marianne)의 얼굴이, 10, 20, 50센트에는 앞으로 전진하는 여성을 상징하는 '씨 뿌리는 여신'이 있다. 또한 동전 1, 2유로에 새겨져 있는 '나무'는 자유·평등·박애를 상징한다.

## 유럽연합(EU)

### 유럽연합의 기원과 형태

정치·경제동맹 '단일 시장'을 추구하는 유럽연합의 인구가 최근 5억 명을 돌파했다. 유럽연합은 1957년 로마조약을 통해 유럽연합의 전신인 '유럽경제공동체'(EEC 석탄 및 철강 공동시장)가 설립된 것을 기반으로 한다. 한편 로마조약을 'EEC 조약'이라 부르기도 한다. 이후 1993년에 '마스트리히트(Maastricht) 조약'이 정식으로 발효되어 '유럽연합'(EU)이라는 이름이 확정되고 제도적 기틀도 완성되었다.

유럽연합의 상징

한편 유럽연합을 상징하는 깃발은 남색 바탕에 노란색 원모양으로 12개의 별이 그려져 있다. 이는 유럽연합이 처음 출범할 당시 가입국이 12개국이었던 것에 기인한다. 현재 유럽연합의 공식 언어로는 24개의 언어가 사용되고 있다. 실제 업무에서는 영어·프랑스어·독일어가 진행 언어로 사용되고 있으며, 24개의 공식언어를 사용하는 경우는 유럽연합의 관보를 비롯한 대외홍보 업무 등에 한정되는 경향이 있다. 그렇지만 직접투표로 구성되는 유럽의회에서는 개별 회원국을 존중하고 각국 시민의 원활한 참여를 위해 회원국의 모든 공식 언어가 사용된다.

### 유럽의회(EP)

유럽의회는 유럽연합의 입법 기관으로 유럽연합에서 행정부 역할을 하는 유럽위원회가 제출한 법안을 심의해 법을 제정하는 기구다. 개별 국가 의회처럼 법안을 독자적으로 발의하지는 않지만, 환경·노동·정보보호·난민 등 유럽연합 회원국에 공통 적용되는 법을 만든다. 또한 유럽의회에서는 유럽연합 회원국의 신규 가입에 대해 거부권을 행사할 수 있다. 유럽의회의 의사당은 프랑스의 스트라쓰부르에 있지만, 실제 회의는 집행위원회(EU본부)가 있는 벨기에의 브뤼셀(유럽의 수도)에서 주로 이루어진다. 의원의 임기는 5년이다.

유럽의회의 전체 의원은 총 751명이며, 인구 비례로 각 회원국에 의석을 배분한다. 한편 각국에서 유권자들이 지지 정당에 투표하면 득표율만큼 각 정당이 미리 순서를 정해 내건 후보를 당선시킨다. 이 선거는 유권자만 3억

7400만 명에 달한다.

유럽의회의 권한과 역할에 대해 살펴보자면, 한 해의 예산을 배분하는 등 유럽연합 단위의 입법권을 가진 유럽의회의 기능은 유럽 국민의 삶과 깊이 관련되어 있다. 유럽의회에서는 유럽연합 주민들이 유럽 전역에서 휴대폰 자동 로밍 서비스를 받을 수 있게 하고, 매년 일정한 보조금으로 유럽 농민을 보호하고 있다. 또한 데이터의 개인정보 보호, EU 내 이동통신비 상한선 설정과 같은 EU 단일시장에 적용되는 법규를 제정한다.

한편 유럽의회는 회원국이 9개국이던 1979년 첫 선거를 치렀으며, 이는 유럽 각국의 집권당에 대한 중간평가의 성격을 띠고 있다. 그러나 첫 선거에서 61.9퍼센트였던 투표율은 줄곧 하락하고 있다. 각국 국민들이 브뤼셀 소재 EU 본부에서 지시를 내리는 유럽연합에 대해 갈수록 환멸을 느껴 투표를 거부했기 때문이다.

### 리스본 조약과 유럽연합 대통령

리스본 조약(유럽통합헌법)의 공식 명칭은 '유럽연합 개정조약'으로 유럽연합 회원국 정상들이 2007년 10월 포르투갈 수도 리스본에서 열린 정상회담에서 합의해, 그해 12월 공식 서명했다. 이 조약은 유럽이 단일 '정치공동체'로 나아가기 위한 일종의 '유럽연합 미니 헌법'과 같은 성격을 띤다. 한편 리스본 조약 50조에는 유럽연합의 회원국 탈퇴 조항을 넣었다.

2년 6개월 임기의 유럽연합 대통령(EU 정상회의 상임의장)과 5년 임기의 외무장관(EU 외교·안보 고위대표)직을 신설하고, 유럽연합 회원국 간 군사협력 강화, 유럽의회의 권한도 대폭 강화하는 동시에 정책 결정, 집행의 효율을 높이는 것을 골자로 한다. 즉 대외적으로 유럽연합을 대표할 인물을 내세워 국제사회에서 유럽연합의 영향력을 키우겠다는 것이다. 참고로 유럽연합을 대표하는 대통령의 임기는 2년 6개월이며 1번의 중임이 가능하므로, 총 5년까지 맡을 수 있다.

리스본 조약은 이미 경제적 통합을 어느 정도 이룬 유럽이 정치적 통합을 이루기 위해 추진하고 있는 숙원 사업으로, 이 조약의 근본 취지는 유럽연합의 정치적 통합을 발전시키는 동시에 의사결정 구조를 효율화시키는 데 있다. 즉 의사결정 과정에서 모든 유럽연합 가입국의 만장일치제 대신에 EU 전체인구의 65퍼센트 이상, 전체 회원국 중 16개국이 찬성하면 체결되는 가중다수결제를 많은 부분에 도입했다. 한편 2009년 12월 1일 리스본 조약이 발효되어 서로 함께 손잡은 유럽연합은 국제 무대에서 '하나의 유럽'을 표방하는 목소리가 커지게 되었다.

### 최근 유럽연합의 상황

과거 2016년 6월, 43년 만에 유럽연합과 결별을 선택했던 영국의 EU 탈퇴(브렉시트 Brexit) 투표로 인해 더 나아가 유럽연합의 존립에 대한 근본적인 의문이 제기될 가능성이 커져 향후 흐름이 주목되고 있다. 한편 EU와 약속한 조건으로 사이 좋게 '이별'하지 못할 수도 있다는 두려움이 엄습하면서, 영국 내는 물론 세계적으로 논란은 더 가중되었다. 즉 영국에서의 글로벌 기업들이 잇따라 서둘러 영국을 탈출하는 '브렉소더스'(Brexodus 영국 탈출)를 시행하기도 했다. 영국 정부가 야당과 대치하면서 해결책을 내놓지 못해 불확실성이 커지고, 불안감과 공포감이 증폭되었던 것이다.

향후 EU의 법인세 혜택을 유지하기 위해 선박 회사들이 EU 회원국으로 선박 국적을 바꾼다거나 기업들은 EU 국가들과의 사이에서 관세 장벽이 생기고 통관 절차가 까다로워지면서 물류 대란이 일어날 것을 우려했다. 아울러 영국에서 프랑스·독일·네덜란드로 유럽 본사를 옮긴다거나 외국 국적을 취득하는 영국인들이 폭발적으로 증가한 것처럼, 영국에서의 시장과 기회를 잃을 것을 우려한 기업과 인재들의 탈출이 이어졌다.

이러한 글로벌 기업들의 엑소더스(exodus)가 잇따랐고, EU는 독일과 프랑스를 중심으로 더욱 공고해졌다. 특히 네덜란드의 암스테르담이 이 사태로 인해 가장 큰 반사이익을 얻었다. 즉 브렉시트 반사효과로 외국기업 153개와 1만 5000명이 암스테르담으로 몰려들었다. 이 도시는 생활수준이 높고 첨단산업이 발달했다. 무역으로 성장한 나라의 수도답게 이곳은 전통적으로 외국인에게 호의적이고 규제가 적은 것도 강점이다. 또한 유럽 각지로 이동하기 수월하다는 지리적 이점과 영어가 잘 통한다라는 점에서, 아울러 암스테르담이 런던의 최대 강점인 금융산업을 키워 대체재 역할을 할 수 있게 대비한 것도 주효했다.

#### 영국의 브렉시트 여론

브렉시트 여론은 2008년 글로벌 경제위기로 촉발된 유럽 재정위기가 계기가 되었다. 유럽연합의 재정 악화가 심화되자 영국이 내야 할 EU 분담금 부담이 커진 반면 이익은 적다는 불만, 이에 영국 보수당을 중심으로 유럽연합 잔류 반대 움직임이 확산된 것이다. 여기에 영국으로 들어오는 취업 목적의 이민자가 크게 증가하고(영어권의 이점), 특히 2015년 말 시리아 등으로부터의 난민 유입이 계속되자 영국 내 유럽연합 탈퇴를 요구하는 움직임은 가속화되었다.

2004년 3만 5000여 명이던 영국으로의 이민자 이동은 EU 확대 등과 맞물려 유럽대륙 내 중동·아프리카계 불법 이민자까지 몰려오면서 2016년 33만 6000명으로 급증했다. 따라서 자신들의 일자리를 뺏기고, 교육·의료 손해, 복지 혜택 축소 등 여러 분야에 걸쳐 영국인들의 원성은 극에 달했다.

한편 영국은 전통적으로 유럽대륙과 정치적 통합을 하는 데 있어 회의적인 국민 정서를 가지고 있다. 여기에 유로화 사용국 간의 재정위기 해결 과정과 난민 문제 등 EU 정책에 불만이 생긴 것도 한 원인으로 지목된다.

2019년 3월 영국 내 상황은 영국 정부와 의회가 브렉시트 방향을 잡지 못하고 계속 갈팡질팡하자 "브렉시트 안건을 의회·정부에 못 맡기겠다"라는 국민들의 여론이 형성되어, 약 100만 명에 이르는 분노한 시민들이 거리로 몰려나왔다. 갈피를 못 잡는 브렉시트 혼란 속에 "이제 국민이 결정해야 한다"며 브렉시트를 묻는 국민투표를 다시 하자는 대규모 집회를 벌였다. 브렉시트 발효일은 애초 2019년 3월 29일이었는데, 이 당시 EU 동의 아래 연기되었다.

**셍겐(Schengen) 조약**(유럽 내 무비자 출입국)

셍겐 조약은 유럽국가 간에 여권 없이 자유롭게 통행할 수 있게 하는 유럽연합의 가장 기본적인 조약이다. 유럽연합 국가들 사이의 '거주이전 국경'을 없앰으로써 유럽연합을 단순한 경제공동체 차원을 넘어서는 '생활공동체' 수준으로 발전시키는 데 큰 역할을 담당했다. 1995년 발효한 셍겐 조약은 유로화와 함께 '하나의 유럽'을 이끄는 축이다. 유럽연합 시민들과 물자의 자유로운 통행을 보장한 셍겐 조약에 따라 유럽연합 회원국 시민들은 어느 나라에 가더라도 교육 및 취업 기회 면에서 현지인들과 동등한 권리를 갖는다.

유럽연합 내 단일 시장의 토대를 마련한 셍겐 조약은 1985년 룩셈부르크의 작은 마을 '셍겐'에서 맺어졌다. 프랑스, 독일, 베네룩스 3국(벨기에·네덜란드·룩셈부르크) 등 5개국 합의로 시작된 이 조약에는 현재 대부분의 유럽연합 회원국과 유럽연합 미가입국들이 가입되어 있다. 조약 가입국 간에는 국경 검문과 여권 검사가 전혀 없다. 즉 유럽 각국이 공통의 출입국 관리 정책을 사용해 국경 시스템을 최소화해 국가 간 통행에 제한이 없게 한다.

한편 유럽에서의 최근 각종 테러 발생과 유럽 내 난민 유입 등으로 인해 '국경 없는 유럽'의 꿈은 최대 위기에 처해지게 되었다.

제6부

# 프랑스 관광

1. 빠리
2. 수도권 지역
3. 프랑스 지방

# 1
# 빠리
## 예술가들이 사랑한, 예술을 사랑하는 도시

**꿈꾸는 사람들의 도시 & 걷고 싶은 도시**

'문화와 예술의 도시' 빠리는 그 자체가 하나의 박물관이라고 할 수 있을 정도로 많은 역사적·문화적 유산을 지녔다. 그렇지만 이런 역사적인 유물 이외에도 빠리에서는 늘 다양한 공연 등 문화적 변모를 거듭하며, 활력이 넘치는 도시의 모습을 보여준다. 다시말해 빠리는 늘 '공연 중'이자 '전시 중'이다. 각종 공연이 넘쳐나니 도시 자체를 '공연장'으로 볼 수 있다.

한편 빠리시가 최근 본격적으로 '도로 혁신 프로젝트'를 시행해 그 모습이 새롭게 바뀌어지고 있다. 즉 차가 몰리는 도심 곳곳이 보행자 위주 공간으로 변했다. 특히 쎄느강 주변의 도로 일부를 보행자 전용 거리로 바꾸어 다양한 볼거리와 행사가 넘치는 '걷고 싶은 도시'의 이미지, 아름다운 빠리의 풍경을 천천히 즐길 수 있게 한다. 아울러 빠리는 앞으로 배기가스 오염을 막기 위해 차량 통행을 억제하는 정책을 추진 중이며, 특정 길은 전기차만 다닐 수 있도록 규제할 방침이다.

## 빠리의 모습

고성 분위기의 빠리 시청건물

서유럽의 한복판에 위치한 빠리는 유럽의 다른 나라, 각 대륙으로 쉽게 뻗어나가는 지리상의 위치로 인해, 예전부터 활발한 교류의 무대로 비춰졌다. 지금도 세계 여러 분야의 회의·전시회·박람회가 항상 개최되고 있으며, 빠리에서의 유행과 모든 감각은 곧 전 세계로 퍼져 나간다. 이러한 빠리의 집중화는 빠리 중심의 방사선 형태로 뻗어나가는 교통망 외에도 정치·경제·산업·문화 등 모든 분야에 걸쳐 발견된다.

16세기 당시 이미 프랑쓰와(François) 1세는 "빠리는 도시가 아니라 하나의 국가"라고 선언했던 것처럼, 프랑스 국민도 "빠리는 프랑스가 아니라 그 자체의 다른 세상"이라고 말한다.

중세부터 근대에 이르기까지 빠리를 둥그렇게 둘러싼 확장된 성벽들이 있어, 예전에 타 지역에서 빠리로 이동할 때에는 이 성벽의 문을 통과해야 했다. 따라서 빠리의 외곽 지역 곳곳에는 지금도 "porte(문)~"라고 불리는 지명들이 많다. 세월이 흐르면서 성벽이 있던 자리는 외곽과 경계를 이루는 자동차 도로인 '빠리 외곽 순환도로'(périphérique)로 변모했으며, 성벽의 문이 위치했던 곳은 지금은 광장이나 교차로가 되었다.

크리스마스 시즌의 샹젤리제 거리

## 빠리의 역사

빠리가 태어난 근거지·전초지는 '씨떼(Cité)섬'이다. 빠리의 역사는 바로 이 씨떼섬에서 시작되었다. 참고로 쎄느강변에는 조그마한 섬이 2개 있다. 왼쪽에 있는 섬이 노트르담(Notre-Dame) 대성당, 스테인드글라스로 둘러싸인 아름다운 쌩뜨 샤뻴(Sainte Chapelle) 성당, 혁명기 시절 감옥이었던 꽁씨에르쥬리(Conciergerie) 등이 위치한 씨떼섬이다. 반면에 오른쪽은 17~18세기의 아름다운 거리 모습이 남아 있는 한적하고 작은 쌩 루이(Saint-Louis)섬이 있다.

작은 씨떼섬에 기원전 300년경, 켈트족의 '빠리씨'(Parisii)라는 부족이 정착했다. 쎄느강 근처에 위치한 이 지역은 기름진 토양과 많은 가축들로 인해, 번성하기 시작해 점차 도시를 형성하게 되었다. 조그만 어촌에서 시작한 도시는 점차 규모가 커졌으며, 첫 번째 토착 민족의 이름을 기념해 현재의 이름인 빠리로 불리기 시작했다. 그 후 빠리는 시저가 이끄는 로마군에 의해 점령당한 후 300년 동안 로마인의 통치를 받는다. 즉 이 당시 갈로-로망 시대의 빠리는 "뤼떼쓰"(Lutèce)로 불렸다. 프랑스인의 선조인 골(Gaule)족을 정복한 로마

군은 빠리에 여러 공공건물들을 세우기 시작했다. 현재 쏘르본느 대학 부근 쌩 미쉘 구역(5구)의 국립 중세 박물관(끌뤼니 박물관) 안 '끌뤼니 공중 목욕탕'은 대표적인 갈로-로망 시대의 유적이다. 로마의 지배 이후 빠리는 급격히 팽창·발전하게 된다.

오스만 시장

오늘날 빠리의 모습에 대해 잘 이해하려면 무엇보다 19세기 중반(1860년대) 나폴레옹 3세 치하, 당시 빠리의 시장이었던 오스만(Haussmann) 남작의 업적에 대해 살펴봐야 한다. 즉 오스만(1809~1891)은 산업혁명 이후 늘어난 도시 인구의 팽창과 그로 인한 위생 상태, 환경 파괴, 슬럼화 등에 철저한 도시계획을 세워 본격적으로 대응했다. 오스만은 17년 동안 빠리 시내의 근대화·도시화에만 전념했다. 그는 당대의 가장 뛰어난 건축가와 기술자들을 모아 19세기 중반, 산업 혁명으로 인해 급격한 도시 인구의 팽창에 대응한 '최초의 대규모 도시계획'을 세웠다. 오스만 시장의 '빠리 개조계획'은 중세적인 빠리의 도시구조를 근대적으로 변모시켰으며, 빠리 시내를 바둑 무늬처럼 정연한 수도의 모습으로 바꾸었다.

### 오스만 시장의 빠리 개조계획

a. 중세의 복잡하고 비위생적인 거리를 재정비해서 주요 도로를 체계적으로 연결한 교통망을 조직했다. 이에 오스만은 샹젤리제 한쪽 끝을 재설계해 개선문을 중심으로 12개의 거리를 별 모양의 방사형으로 만들어 재개발을 했다. 과거 유물의 존재 여부와 관계없이 구도심과 새로운 외곽 지역 사이, 쎄느강의 양쪽, 빠리의 중심을 관통하는 도로들을 체계

적으로 연결했다. 따라서 그는 빠리를 질서정연하고, 교통 소통이 원활한 도시로 발전시켰다.

b. 유명한 빠리의 하수도를 이 당시 정비했다. 즉 물을 계속 흐르게 하고, 공기를 순환시킬 수 있는 '도시의 허파' 기능을 만들기 위해, 엄청난 크기의 지하 운하를 팠다. 빠리의 하수도는 과거로부터 현재까지 약 500년 이상의 개발과정을 거치게 되었다. 이렇듯 현재 지하에 넓은 하수도가 만들어져, 그곳으로 각종 전화케이블 선, 난방과 가스 파이프라인 등이 거미줄처럼 터널의 천장에 매달려 있다. 빠리 전역의 하수도망의 총연장은 2400킬로미터에 달한다. 이것을 일렬로 연결하면 빠리에서 이스탄불에 이르는 길이다. 오늘날에는 이 하수도가 관광명소가 되었는데, 께 브랑리 박물관(Musée du Quai Branly) 근처 하수도 박물관(Musée des Égouts de Paris)이 위치해 있다. 이곳은 도보로 관광을 해야 하며, 하수도에서 사용되었던 다양한 종류의 기구들이 전시되어 있다.

빠리의 하수도 박물관

c. 그 당시 환경오염과 최악의 위생 상태로 인해, 하수도와 더불어 빠리에 아름다운 마로니에 가로수길을 만들었으며, 대규모 녹지 공원을 조성했다. 즉 빠리의 서쪽 끝 16구에 불로뉴 숲(매우 넓은 이 숲에는 경마장과 축구 경기장, 정원과 호수, 테니스 코트 등이 있음. 이곳에는 2014년 10월, 루이 뷔똥 재단에서 '예술의 소통 공간'으로 마련한 하얀 돛단배 형태의 현대 미술관이 들어섬)을, 그리고 동남쪽 12구에 뱅쌩느 숲을 각각 설치했다.

d. 모든 시민들에게 필요한 시청과 구청들, 시장, 도서관, 교회, 극장과 같

은 여러 공공 시설들을 빠리 전 지역에 걸쳐 고르게 분포시켰다.

e. 빠리의 조명을 근대화함으로써 '빛의 도시' 빠리를 만들었다.

f. 현재와 같은 달팽이 모양의 20개 빠리의 구, '아롱디쓰망'(arrondissement)을 정했다.

## 빠리의 생활환경

**빠리의 전체적인 특징**

빠리는 쎄느강을 사이에 두고 쎄느강 북쪽을 "우안"이라고 부른다. 이곳은 '정치와 행정의 중심지'이며, 은행과 대기업들이 몰려 있는 '상업 지역'(샹젤리제 거리, 오페라 구역 등)으로 형성되어 있다. 특히 8구(개선문과 샹젤리제 거리)는 빠리 제1의 상업 구역으로 몇몇 특권자들의 거주지가 되었다. 반면에 쎄느강 남쪽을 "좌안"이라고 부른다. 이곳에는 라땡 구역과 쏘르본느 대학(빠리 제4대학), 쌩 제르맹 데 프레(구역명)등 까페, 공연장, 영화관, 대학과 도서관, 서점 등이 많이 형성된 '젊은이들의 거리'로 이루어져 있다. 따라서 좌안은 '학문 문화활동 지역'에 해당한다.

a. 벨리브(Vélib): 프랑스에는 큰 도시들마다 시에서 관리하는 공공자전거가 있는데, 도시마다 이름·자전거색·가격이 모두 다르다. 빠리의 경우 편리한 친환경 교통시스템 '벨리브'가 있다. 벨리브는 '자전거'(vélo)와 '자유'(liberté)의 합성어로써, 자전거로 인해 도시와 사람에게 '자유로움'을 부여하겠다는 뜻이 담겨 있다. 이 교통수단은 현재 빠리의 또 다른 문화로 자리매김했다.

빠리 길거리 '벨리브' 공용자전거 대여소

자전거 전용도로 표시

한편 또 다른 대도시 리옹의 자전거 시스템은 '벨로브'(Vélo'v)라 불린다. 빠리보다 2년 먼저 도입해 성공을 거둔 리옹의 벨로브는 '자전거'(vélo)와 '사랑'(love)의 합성어에 해당된다.

2007년 7월부터 빠리 시내 교통 체증과 에너지 절약, 대기오염을 방지하기 위해 도입된 공용자전거 시스템(무인자전거 임대체계)으로, 자전거를 빌려 타고 이동한 뒤 300미터마다 있는 가까운 보관소에 반납하면 된다. 현재 빠리에는 1800개가 넘는 자전거 대여소가 있으며, 만약 한 곳에 너무 많이 몰려 있으면 큰 트럭에 자전거를 싣고 다른 곳으로 이동하는 모습을 종종 볼 수 있다. 보통 한 대여소마다 15대 이상의 자전거가 거치되어 있는데, 그중 이용자 수가 많은 대여소에는 50~70여 대의 자전거가 준비되어 있다. 자전거 보관소에는 일반 자전거와 전기 자전거로 구분되어 있다.

또한 2만여 대의 자전거는 안전해 보이는 깔끔한 디자인에, 짐을 넣을 수 있는 수납용 바구니가 달려 있다. 아울러 모든 자전거는 인공 위성으로 추적할 수 있는 시스템을 탑재하고 있으며, 기간 내 반납하지 않으면 경보 장치가 울리게 되어 있다. 벨리브를 이용할 때 처음 30분은 무료이며, 초과 시에는 30분 단위로 추가 요금이 부과된다. 벨리브를 사용할 때 해당된 금액 이외에 보증금이 있으며, 만일 기간 내 반납을 안 할 경우 보증금이 인출된다. 자전거를 이용할 때 신용카드로만 결제할 수 있으며, 반납할 때 거치대 램프에 초록색 불이 들어오는 것을 잘 확인해야 한다. 벨리브에는 1일권뿐 아니라 1주일권과 1년권도 있다.

24시간 내내 사용할 수 있는 벨리브는 하루 평균 이용객이 약 12만 명에 이르며, 이제는 세계에서 가장 큰 자전거 대여제도가 되었다. 빠리 시민 20만 명 이상이 벨리브 회원으로 가입했으며, 최근에 실시한 여론조사 결과에 따르면 응답자의 94퍼센트가 벨리브에 만족하고 있는 것으로 나타났다. 한편 프랑스는 자전거를 많이 이용하는 나라답게, 자전거 전용도로도 잘 정비되어 있으며, 자전거 도로에 전용 교통신호 또한 설치되어 있다.

b. 트램(Tram): 빠리에는 69년 만에 2006년 12월부터 트램이 재운행되고 있다. 빠리를 환경친화적이고 경쟁력 있는 꿈의 도시로 거듭나게 하려는 계획으로 시행되었다. 심각한 빠리의 교통 상황을 개선하기 위해, 트램은 소음과 교통정체도 없으면서, 대기오염을 일으키지 않는 친환경적인 교통시스템이다. 트램은 주로 빠리 경계선을 그대로 따라 돌거나 빠리 외곽과 다른 외곽 도시를 연결한다.

매우 쾌적한 트램의 재등장은 창문 밖의 거리 풍경을 바라볼 수 있으며, 여러모로 시민들에게 환영받고 있다. 한편 '빠리의 녹색 혁명' 트램 노선 주변에는 잔디가 심어진 녹지 공간을 마련해 도보자들에게 자연을 접할 기회를 제공했다. 즉 소음과 함께 차들로 삭막하게만 느껴지던 예전의 거리 풍경과 또 다른 모습을 연출한다.

트램 이용 시 탑승 전과 후 문에 있는 버튼을 눌러야 문이 열린다. 종이 티켓은 탑승 후 각인하고, 나비고는 인식기에 터치한다.

c. 화장실 문화: 빠리의 길거리에서는 종종 원통형 모양의 자동 공중화장실을 찾아볼 수 있다. 최근 무료로 전환된 화장실 문 입구에는 각 사용 상황에 따라 여러 가지색의 알림 불빛이 존재한다. 자동으로 작동하는 시스템의 화장실 외벽에는 동네 지도도 붙어 있다. 한편 빠리의 일부 상가나 카페 등 건물 내부의 화장실에서는 돈을 받는 경우가 있으며, 오래전에 지어진 지하철역 내부에는 공중 화장실을 찾아보기 힘들다.

d. 기타 사항들: 빠리의 모든 길거리 벽에는 이름이 붙어 있어, 지도만 있으면 관광지 · 상점 · 집 등을 찾기 쉽다. 예) Rue de Tolbiac(똘비악 거리), Av. des Champs-Elysées(샹젤리제 가로), Bd. St-Michel(쌩 미쉘 대로). Rue보다는 Boulevard와 Avenue가 더 넓은 도로에 해당한다. 즉 이 2개의 도로는 양쪽 대로변에 가로수가 심어진 큰 거리를 가리킨다.

Boulevard는 옛날 빠리의 성곽을 허물고 만든 '대로'를, Avenue는 '가로수길'을, Rue는 작은 규모의 길로 '동네 골목길'을 각각 의미한다.

한편 우리나라 건물의 1층은 프랑스에서는 0층에 해당된다. 지하층은 우리나라와 세는 방식이 같다. 참고로 빠리의 행정구역은 전체 20구로 나뉘어져 있다. 주택과 행정기관, 각종 상점 등 주소 끝에 붙는 우편번호를 보게 되면, 75013의 경우 75는 '빠리'를 가리키며, 013은 '13구'를 말한다.

### 빠리 각 구역별 특징

'르 누벨 옵쎄르바뙤르'라는 프랑스 주요 시사주간지는 빠리 20개구의 생활환경을 비교 분석을 했는데, 그 결과를 보면 각 구역의 특징들을 알 수 있다.

즉 8, 15, 16구와 같은 서부 지역에는 부자들의 화려한 저택들이 줄을 잇고 있는데, 이 지역은 근처에 자연 녹지가 있어 훌륭한 생활환경을 자랑한다.

빠리에서 가장 생활환경이 열악한 구들은 18, 19, 20구로 조사되었는데, 이곳들은 모두 빠리의 북부와 동부 지역에 위치해 있다(이민 노동자들이 많이 사는 지역). 몽마르트르 언덕이 있는 이 지역은 교통이 매우 불편하고, 편의 시설이나 녹지도 거의 없어 황량하고 우울한 분위기를 보여주고 있다. 특히 동부 지역의 구들은 매우 낙후된 곳으로 서민들의 집단 주거지다. 특히 19, 20구는 빠리에서 인구밀도가 가장 높은 구이기도 하다.

빠리 제4대학 '쏘르본느 대학'

쎄느강 좌안에 있는 5, 6구는 빠리에서 문화 혜택을 가장 많이 받아온 지역이다. 이 지역은 프랑스 문화와 지식의 요람으로 꼽힌다. 이곳의 라땡가에는 쏘르본느 대학과 함께 서점, 도서관, 영화관, 공연장, 까페들이 밀집되어 있기 때문이다. 문화적 혜택의 측면에서도 빠리의 북부와 동부는 완전히 소외되어왔다. 이러한 빠리 각 지역별 생활환경과 분위기는 인근 수도권 지역에까지 그대로 연장된다.

## 최근의 관광지 – 최근에 조성된 빠리의 '걷고 싶은' 친환경적인 장소들

오늘날 프랑스는 과거의 유물 문화재 도시에서 22세기를 지향하는 '인간중심도시'를 꿈꾼다. 즉 '걷고 싶은 도시'를 지향하는 프랑스는 전통을 중시하는 것을 바탕으로, 각 지역에 걸맞은 '그랑 빠리(Grand Paris)계획'을 통해 다양하고 섬세한 통제와 관리 시스템을 실현시키고 있다.

### 프롬나드 쁠랑떼(Promenade Plantée)

재개발된 산책길 '프롬나드 쁠랑떼'

프롬나드 쁠랑떼는 폐쇄되었던 바스띠유 역에서 빠리 동남쪽 4.5킬로미터에 이르는 예전의 고가 철도 길을 재개발해 나무와 식물이 가득한 산책길로 바꾼 장소다. 현재 산책로와 공원, 수영장, 놀이터까지 들어선 이 '예술의 육교'는 아이들의 쉼터가 되었다. 한편 철길 밑부분에 해당하는 육교의 아치를 장인의 작업실과 매장 등으로 고쳐 사용하고 있다. 빠리 12구에 조성된 이곳은 세계 여러 도시들의 트레일 재개발의 모델이 되기도 했다.

### 포럼 데 알(Forum des Halles)

빠리 최대 쇼핑몰 '포럼 데 알'

최근 리모델링한 포럼 데 알은 1구(루브르 박물관과 뽕삐두 센터 사이) '빠리의 얼굴' 레 알(Les Halles) 구역에 위치해 있다. 이곳은 원래 빠리 시내 중심의 옛 중앙 노천시장터였다. 과거 에밀 졸라는 이곳을 "빠리에서 가장 아름다운 지역"이라고 언급했다. 그러다 1970년대 빠리 시내 재건과 도시 정비를 위해 재래시장을 빠리 외곽으로 옮기고, 그 후 이곳을 활성화하기 위해 쇼핑과 레저를 즐길 수 있는 복합 공간으로 바꾸었다. 또한 근처에 뽕삐두 센터를 건립해 놓음으로써 이 지역은 이른바 '젊음의 광장'으로 다시 태어났다. 여러 지하철 노선과 교외

전철 RER 등과 연결되어 있어 찾아가기 쉬운 이 대형 쇼핑몰 주변에는 마레 구역 등 방문해 볼만한 빠리의 유명 장소들이 참으로 많다.

지상 1층, 지하 4층 규모의 대형 쇼핑센터 '포럼 데 알'은 지하에서부터 지상까지 연결되어 있다. 과거 소매치기 등 크고 작은 범죄를 일으켰던 이 장소는 '대형 환경 공원'으로 모습이 확 바뀌었다. 이 지역에는 시민들의 휴식처인 지상의 녹색 정원과 더불어 지하를 파내려간 굴 형태로 지어져 있으나, 유리와 강철을 이용한 우산 모양의 투명한 지상 돌출부를 통해 햇빛이 지하 4층까지도 들어오게 하는 등 자연 채광과 통풍에도 신경을 썼다.

즉 예전에 어둡게 얽혀 있던 레알 구역이 밝고 넓은 하나의 공간으로 재정비된 것이다. 지하 공간을 잘 활용한 이러한 재개발 건축은 프랑스뿐 아니라 다른 나라들에게도 미래지향적인 도시 건축 선례로 평가받고 있다. 이는 예전 빠리 시장 베르트랑 들라노에(Bertrand Delanoë)가 실시한 '빠리 프로젝트' 덕택이다. 즉 '걷고 싶은 도시'를 지향하는 그의 철학이 반영되었다.

**베르씨 빌라쥬(Bercy Village)**

친환경 쇼핑몰 '베르씨 빌라쥬'

예전의 와인 저장고와 도매시장을 최근 도시개발 사업에 의해 재탄생한 곳으로, 베르씨 빌라쥬는 백 년 전만 해도 세계 최대의 와인 시장을 형성했던 역사적인 장소이다. 현재는 웰빙과 쇼핑을 동시에 즐기는 엔터테인먼트 센터로 변모했다. 인근 낭만적인 '베르씨 공원'과 더불어 차 없는 거리는 오솔길을 걷는 듯 하며, 철길의 흔적은 마치 남프랑스의 작은 시골마을로 소풍 온 느낌이 든다. 쎄느강변을 따라 12구에 위치한 베르씨 빌라쥬는 스포츠 센터와 공원 등의 문화시설과 대규모 주거단지를 구성하는 베르씨 지구 재개발 사업의 일환으로 조성된 쇼핑마을이다. 이곳은 아담하고 예쁘게 지은 숍(친환경, 웰빙, 여가, 휴식 등을 테마로 한 상점들), 서점, 와인전문점과 카페, 레스토랑, 레저센터와 극장 등을 이룬 쇼핑가로, 특히 이곳의 건축물들은 나무와 유리로 지어져 자연친화적인 느낌이 물씬 나, 한가로이 산책하는 기분으로 쇼핑을 할 수 있는 이색적인 공간이다.

베르씨 일대는 요즘 들어 빠리에서 가장 각광받으며 시시각각 발전하고 있는 구역으로, 베르씨 구역은 21세기형 공원도시로 거듭 태어나고 있다. 빠리 지하철 14호선 Ⓜ Cour St-Émilion에서 하차한다. 이 지역은 '프롬나드 쁠랑떼'와도 가깝다.

### 씨몬느 드 보브와르(Simone de Beauvoir)교

빠리 쎄느강에서 가장 나중에 생긴 37번째의 다리로 북쪽 12구 베르씨 빌라쥬(Bercy Village)와 남쪽 13구 프랑스 국립 도서관(Bibliothèque Nationale de France)을 잇는 보행교다. 빠리시의 균형 회복의 상징물로 이중 구조의 여성스럽고 가볍고 우아한 다리다. 아울러 다리 아랫부분은 피크닉을 즐기기 위한 구조로 이루어져 있다. 특히 자유로운 풍경이 펼쳐지는 이 다리의 바닥은 친환경적인 나무 데크로 만들어졌다. 마치 파도를 연상시키는 듯한 이 다리는 현대적인 디자인이 무척 인상적이다.

씨몬느 드 보르와르교의 현대적인 디자인

**독특한 형태의 현대 건축**

프랑스 현대 건축의 특징은 그 건축적 수준과 독창적인 아이디어로 인해, 세계적으로 현대 건축사의 건축적 완성도와 건축 기술의 고도화를 가져왔다. 빠리는 고전적인 도시의 면모가 지배적인 곳이다. 그러나 1980년대 "그랑 프로제"(Grand Projet 큰 계획)라는 대단위 도시 정비 계획을 기점으로 '현대 건축의 경연장' 빠리의 건축물들은 다이내믹하게 변모했다.

빠리에는 그랑 프로제에 따른 독특한 형태의 여러 건축물들이 들어서 있다. 이는 예전 '문화 대통령' 프랑쓰와 미떼랑(François Mitterrand)이 추진한 것으로, 현재 빠리의 현대적인 모습에는 미떼랑 대통령의 업적이 크다. 미떼랑 대통령의 문화적 도시 개발과 국가의 기념비적 건축물 건립을 목표로 한 그랑 프로제는 빠리의 풍경에 현대적인 감각을 더했다.

아름다운 문화유산을 공들여 보존하지만, 언제나 진보적인 자세를 좋아하는 프랑스인들이기에 그들의 전통적인 삶은 항상 현대 테크놀로지와 조화를 이룬다. 근래에 와서 속속 선보이는 '하이테크(High-tech) 건축물'로 통하는 위대한 예술가의 걸작들은 빠리의 전통 건축양식과 달리, 전에는 볼 수 없었던 혁신적인 아이디어가 돋보인다. 최근 높은 품격과 다양함으로 넘치는 새로운 건축물들이 빠리에 속속 등장하고 있다. 바로 이런 독특한 프랑스 현대 건축물들을 방문함으로써 요즘 빠리가 추구하는 새로운 이미지를 느껴봐야 한다.

## 대표적인 관광지 - 빠리에서 잘 알려진, 방문해볼 만한 장소들

### 빼르 라쉐즈(Père Lachaise) 묘지

빼르 라쉐즈 묘지 입구의 안내소에서 묘지 안내도(프랑스의 저명 인사들이 잠든 위치)를 받으며, 무료 입장한다. 빠리에서 가장 유명한 묘지인 이곳은 프랑스의 사회·문화적 역사가 압축적으로 드러나 있으며, 나무들로 뒤덮인 언덕 위에 위치해 있다. 이곳은 다양한 조각 석상, 우거진 나무들과 구불구불하게 나 있는 미로 같은 작은 길들, 넓은 정원이 펼쳐진다. 이제는 인기 있는 공원으로 자리 잡은 이 묘지는 인근 지역의 분위기를 한층 더 평화롭게 해준다. 1803년 새로운 묘지를 건설하기로 마음먹은 나폴레옹이 이곳을 매입하도록 명령을 내렸다.

공원 같은 넓은 묘지 '빼르 라쉐즈'

이 묘지에 잠들어 있는 저명 인사들로는 쇼팽과 화가 모딜리아니, 들라크르와, 프랑스 작가인 발자끄, 프루스뜨, 고전희극 극작가 몰리에르, 아일랜드 문학가 오스카 와일드, 무용가 이사도라 덩컨, 오페라 가수 마리아 칼라스, 가수 겸 영화배우 이브 몽땅, 샹송의 여왕이자 '작은 참새'라는 애칭을 지닌 에디뜨 삐아프 등이 있다.

한편 빠리 3대 묘지로는 빼르 라쉐즈 묘지(20구) 이외에 몽마르트르 묘지(18구)와 몽빠르나쓰 묘지(14구)가 있다. 이러한 야외 묘지들은 다양한 분야의 문인과 예술가들이 잠들어 있는데, 현재 이곳은 시민들의 휴식처로 이용될 정도로 평온하고 고요한 정취를 지닌다. 이렇듯 '영혼의 순례', '묘지 기행'을 할 때에는 자신이 좋아하는 영웅이 잠든 곳에다 뒷면에 자신의 싸인을 한 지하철 티켓과 예쁜 꽃 한 송이를 놓고, 사진 한 컷을 촬영하고 오는 게 하나의 의식처럼 자리 잡았다.

### 라 빌레뜨 공원(Parc de la Villette)

19구에 위치한 라 빌레뜨는 과거 미떼랑 대통령이 추진한 '빠리 대규모 개

### 몽빠르나쓰 타워

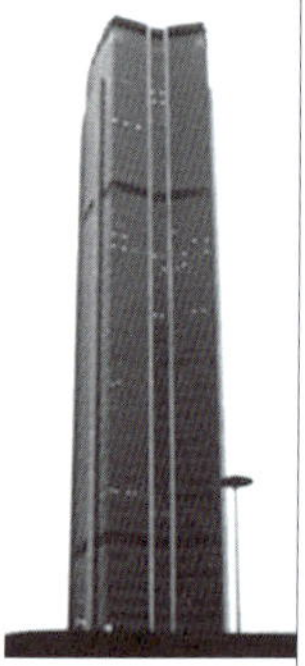

빠리에서 제일 높은 빌딩 '몽빠르나쓰 타워'

몽빠르나쓰 묘지가 있는 14구에는 빠리 시내에서 가장 높은 59층 빌딩 몽빠르나쓰 타워(Tour Montparnasse)가 있다. 이곳은 여러 사무실들로 활용되고 있는 몽빠르나쓰 구역의 랜드마크로, 1973년에 탄생했다. 이 빌딩은 관광객들에게 56층 까페와 59층 전망대 겸 야외 테라스가 개방되어 있다. 처음에는 빠리의 시내 경관을 훼손한다는 비판이 쏟아졌다. 이 빌딩의 옥상 전망대에서는 360도 파노라마뷰로 감상이 가능해 반짝거리는 에펠탑과 화려한 조명의 샹젤리제 거리와 개선문 등 멋진 빠리의 모든 전경을 한눈에 볼 수 있다. 해질 녘 시간에 맞춰서 오르면 가장 아름다운 빠리를 기억할 수 있게 된다.

### 빵떼옹(Panthéon)

프랑스 위인들의 지하묘소 '빵떼옹'

프랑스의 저명 인사와 연예인, 문학가, 예술가 등이 잠들어 있는 빠리 3대 묘지 이외에 프랑스에 공헌한 위인들이 잠들어 있는 곳은 5구 쏘르본느 대학 근처에 위치한 빵떼옹이다. 국립묘지 빵떼옹은 기둥이 있는 돔이 특징으로, 원래 빠리의 수호 성녀 '쥬느비애브'를 모신 사원이었다. 이곳을 루이 15세가 자신의 병이 나은 것을 신에게 감사하기 위해, 건축가 수플로(Soufflot)에게 명해 재건한 신고전주의 양식의 성당이다.

빵떼옹 건물은 돔 아래의 죽 늘어선 열주로 인해, 상당히 경쾌한 느낌을 받는다. 특히 18세기 말에 완공된 이곳의 꼭대기 돔은 4월 초~10월 말까지 개방하는데, 이곳에서 바라보는 빠리 풍경은 무척 아름답다. 이곳의 지하묘소에는 과학자 뀌리 부부와 작가 빅또르 위고, 에밀 졸라, 사상가 쟝 쟈끄 루쏘, 볼떼르, 20세기 중반 소설가이면서 문화부 장관을 역임했던 앙드레 말로, 몽떼 크리스토 백작과 삼총사를 쓴 19세기 낭만주의 작가 알렉쌍드르 뒤마, 혁명가 미라보 등, 70여 명의 지성인들이 잠들어 있다.

발계획'의 일환으로, 1986년 공원으로 새롭게 재개발된 미래 지향적인 종합공간이다. 과거 도축장이었던 곳을 리모델링해 산책로, 정원, 문화시설, 광장, 야외전시물 등이 넓은 부지에 조화롭게 자리하고 있다. 색다르고 독특한 빠리를 발견하는 탐방으로 라 빌레뜨는 과학·산업과 관련된 독특한 기획전이 항상 펼쳐지는 국립 과학산업 박물관이자 과학 테마공원이다.

멀티 예술공간 '라 빌레뜨'

라 빌레뜨 내부는 몇 개의 구역으로 나뉘어지는데, 과학산업 전시관 이외에 사방이 유리로 되어 있고 둥그렇게 생긴 영화관 '제오드'(Géode)와 음악학도들을 위한 최고의 교육기관 '빠리 국립고등음악원'과 국립 음악관, 아울러 음악박물관과 음악 시티, 이 외에 라 빌레뜨 공원, 대규모 콘서트홀 등 한마디로 도시 공간 속에 다양한 문화를 접할 수 있도록 설계되어 있어 누구나 접근이 가능한 도시 공원(과학·음악·건축·문화)이다. 따라서 라 빌레뜨 공원은 빠리의 '복합적인 놀이공간'이자 '멀티 예술공간'인 셈이다. 이곳에서는 꾸준히 상설 전시회가 열리고, 야외상영제와 재즈 페스티벌, 유명 가수 콘서트 등 대형 이벤트도 자주 펼쳐져 시민들의 휴식장소로 애용되고 있다.

### 알렉쌍드르 3세(Pont Alexandre III)교와 기타 유명한 다리들

빠리의 37개 다리들 중 알렉쌍드르 3세교는 북쪽 8구 그랑 빨레(Grand Palais 전시회나 과학 박람회 장소)와 남쪽 7구 앵발리드(Les Invalides 나폴레옹이 잠든 군사 박물관)를 연결하는 다리로, 빠리에서 가장 멋있고 아름다운 다리다. 1900년 만국박람회와 때맞추어 건설된 이 다리는 양쪽 끝에 화려한 아르 누보 양식

공원 같은 다리 '예술교'

낭만적인 예술교 '뽕 데 자르'

의 가로등과 우아한 동상들로 장식되었다. 이 다리의 초석을 놓았던 러시아 황제 알렉쌍드르 3세의 이름을 따서 불리게 되었다.

그 밖에 빠리에서 주목할 만한 다리로는 낭만적이고 운치 있는 보행자 전용의 예술교(Pont des Arts) '뽕 데 자르'가 있다. 하나의 작은 공원 같은 이 다리는 연인들이 많이 찾으며, 각종 전시와 여러 특색 있는 공연들이 펼쳐친다.

아울러 고풍스러운 뽕뇌프교(Pont Neuf)도 1607년 앙리 4세 때 완성한 빠

고풍스러운 석조 다리 '뽕뇌프'

화려한 알렉쌍드르 3세교

리의 유명한 석조다리다. 씨떼섬과 쎄느강 양쪽을 이어주는 뽕뇌프의 뜻은 '새로 지어진 다리'이지만, 아이러니하게도 지금은 빠리에서 가장 오래된 다리가 되었다. 이 다리는 세워졌을 당시부터 지금까지 많은 예술작품들의 무대가 되어왔다.

### 에펠탑(Tour Eiffel)

이곳은 빠리의 상징으로 쎄느강변 7구에 위치해 있으며 환한 주홍색 불빛의 야경이 압권이다. 에펠탑에 불이 들어오기 시작하면 매 정각마다 반짝거리는 라이트쇼가 시작된다. 건립 당시에는 빠리 미관을 해친다고 많은 비판을 받았지만, 이제는 매년 700만 명이 찾는 빠리의 명물이 되었다. 1991년 세계문화유산으로 등재된 에펠탑 방문객의 85퍼센트가 외국인이다. 에펠탑의 포토존으로는 이에나(Iéna) 교를 건너 샤이요(Chaillot) 궁전(해양 · 인류 · 건축 · 문화유산 박물관) 쪽 트로까데로(Trocadéro) 광장에서 찍으면, 에펠탑 전체 모습을 담을 수 있다. 또한 에펠탑을 가운데 두고 그 반대편으로 육군사관학교(École Militaire)까지 이어지는 광대한 샹 드 마르스 공원(Parc du Champ de Mars)이 있다.

예쁜 조명을 입힌 에펠탑

에펠탑에서 바라본 주변 풍경

에펠탑은 1889년 대혁명 100주년 기념 만국박람회를 위해 에펠이 설계해 만들어진 것이다. 320미터 높이의 이 철탑에는 대혁명이 일어난 1789년을 기념하기 위해, 1789개의 계단이 만들어졌다. 제2전망대까지 걸어서 올라갈 수도 있으며, 엘리베이터로 3층(top floor)까지도 올라갈 수 있다. 전망대 티켓 예약은 에펠탑 공식 홈페이지를 이용한다. 특히 날씨가 맑은 날에는 빠리 남서부에 위치한 샤르트르 대성당까지 보인다. 에펠탑 제1전망대에는 탑의 역사를 전시한 미니 박물관과 영상 자료실 등이 있으며, 2층에는 아름다운 전망을 제공하는 최고급 쥘 베른(Jules Verne) 레스토랑이 있다.

한편 에펠탑은 1999년부터 저녁 매시간 정시에 펼쳐지는 불꽃 이벤트에 이어, 건립 125주년 되던 2014년에는 사람들이 많이 찾지 않던 지상 57미터 높이의 1층에 투명한 유리 바닥을 설치해 변신을 거듭하고 있다. 즉 관광객들로 하여금 허공에서 빠리를 조망하는 듯한 아찔한 느낌을 가지게 하는 것이다.

# 2
# 수도권 지역

> 일 드 프랑스(île-de-France)는 '프랑스의 섬'이라는 뜻을 지닌다. 즉 빠리를 둘러싸고 있는 둥그런 동심원 형태의 지역을 가리킨다. 일 드 프랑스는 빠리를 중심으로 한 프랑스의 옛 주였던 곳이기도 하다. 특히 고속철도나 버스를 타고 빠리에서 조금만 벗어나도 아주 작은 도시들과 마을들이 무척 여유롭고, 매력적인 곳이라는 인상을 받으며, 그림 같은 풍요로운 자연을 만끽할 수 있게 된다.

## 수도권 지역의 특징

수도권 지역은 프랑스에서 가장 인구밀도가 높은 지역으로, 빠리 인구(약 250만 명)를 포함해서 약 1200만 명의 인구를 가지고 있다. 즉 빠리의 주변 근교 지역에는 대부분 주거타운이 형성되어 있다. 빠리를 포함한 수도권 지역은 프랑스 전체 면적의 2.2퍼센트를 차지하지만, 프랑스 인구의 약 20퍼센트가 집중되어 살고 있다.

다닥다닥 붙은 4~5층 건물들(내부는 가구가 다 갖추어진 스튜디오 원룸 형태)의 빠리를 벗어나면, 나지막한 1~2층의 단독주택들의 모습이 나타나며, 북동쪽으로 공장지대가 형성되어 있다. 빠리를 포함해 그 주변을 둘러싸고 있는 수도권 지역은 남서쪽과 북동쪽의 생활환경 모습이 확연하게 차이가 난다.

일 드 프랑스의 토지 중에서 겨우 20퍼센트만이 도시화가 되어 있어, 숲과 평야를 가로지르는 느긋한 풍요로움과 한적하고 평화로운 전원 풍경이 펼쳐진다. 빠리와는 또 다른 프랑스의 아름다운 경관과 역사적 유적물, 자연의 순수함을 느낄 수 있다. 이렇듯 빠리 근교에는 아름답고 조용한 전원 도시들이 펼쳐져 있다.

최근에는 수도권 지역에 여러 신도시를 건설해 빠리에 집중된 산업 활동들을 주위로 분산시키며, 빠리로부터 혜택을 받지 못하는 몇몇 지역들을 개혁하고, 교외 도시들 사이의 교류를 원활하게 하는 데 주안점을 둔다. 수도권 지역은 역사적 전통뿐 아니라 경제와 산업에도 매우 발달함을 알 수 있다. 특히 이곳에는 서비스 산업과 관광 산업이 발전했다. 프랑스의 관광 산업은 프랑스의 무역 수지 개선에 중요한 몫을 담당하고 있다.

## 베르사이유(Versailles) 궁전

빠리의 남서쪽 20킬로미터 지점에 위치해 있으며, RER C5선 Versailles-Rive Gauche(Château de Versailles) 행 종점에서 하차한다. 빠리 시내에서 40분 정도 소요된다. 루이 14세(1638~1715)에 의해 1682년 궁전으로 거듭난 베르사유 궁전은 모든 유럽 왕실 궁전의 모델이 되었다. 이곳은 프랑스에서 가장 화려하고 방대한 규모의 궁전이며, 절대 왕권의 상징이다.

화려한 대형 샹들리에 전시장 '거울의 방'

프랑스식 정원 '베르사이유'

베르사이유는 막대한 비용을 들여 완성했는데, 이는 좌우대칭의 2개 건물을 지닌 3층 건물로, 호화건축 · 실내장식 · 정원이 일체가 된 거대한 예술작품이다. 특히 귀족들의 무도회와 베르사이유 조약(제1차 세계대전 종결)의 조인식이 있었던 대형 샹들리에 전시장 '거울의 방'(Galerie des Glaces)이 있다. 이곳에서는 주로 궁정 축제와 중요한 행사들이 열리거나 주요 외국 사신들을 접대했다. 후에 루이 14세의 베르사이유 영화도 루이 16세의 처형과 함께 막을 내린

웅장하고 화려한 베르사이유 궁전

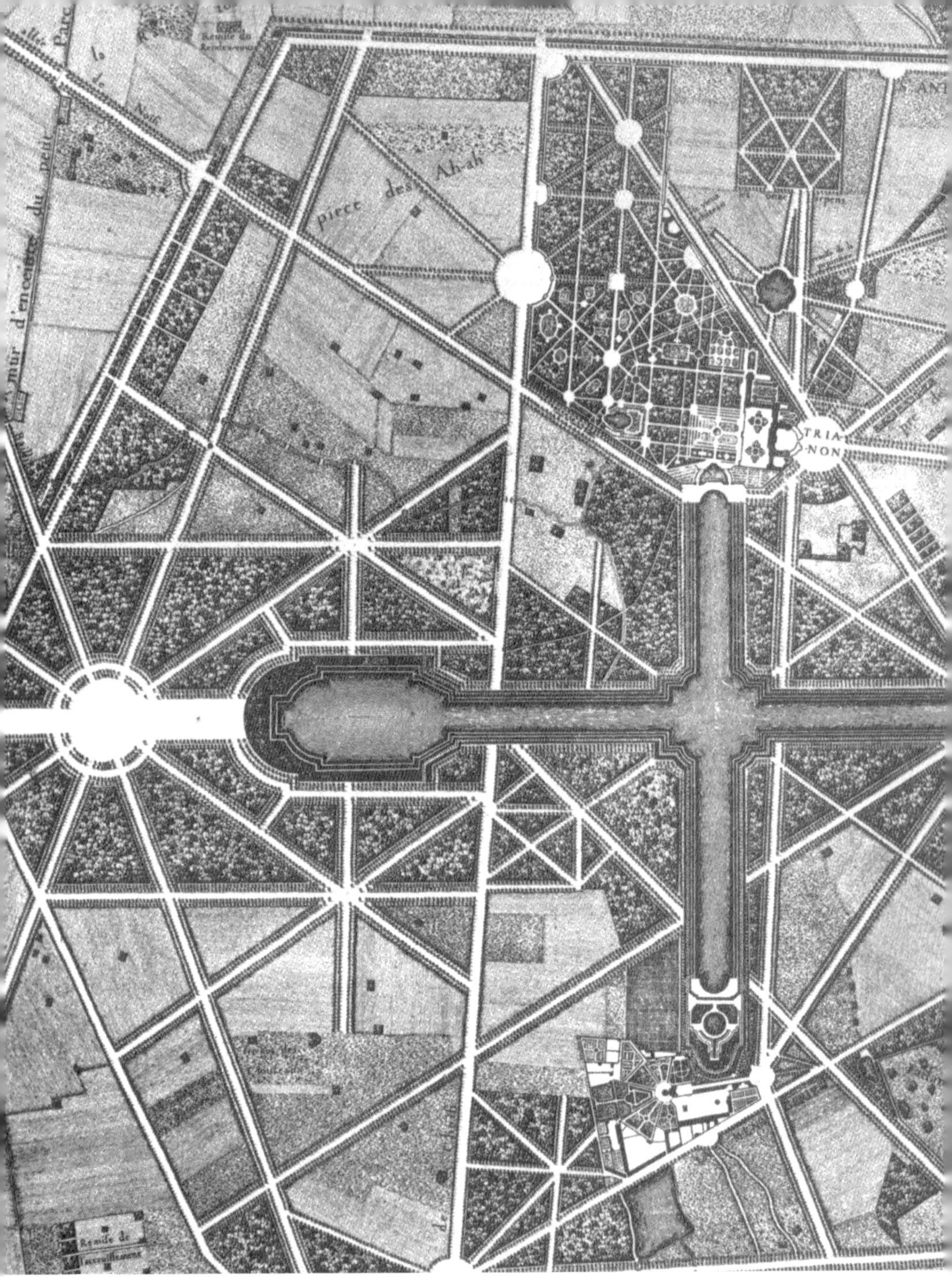


Map of Versailles, by Delagrive, 1746

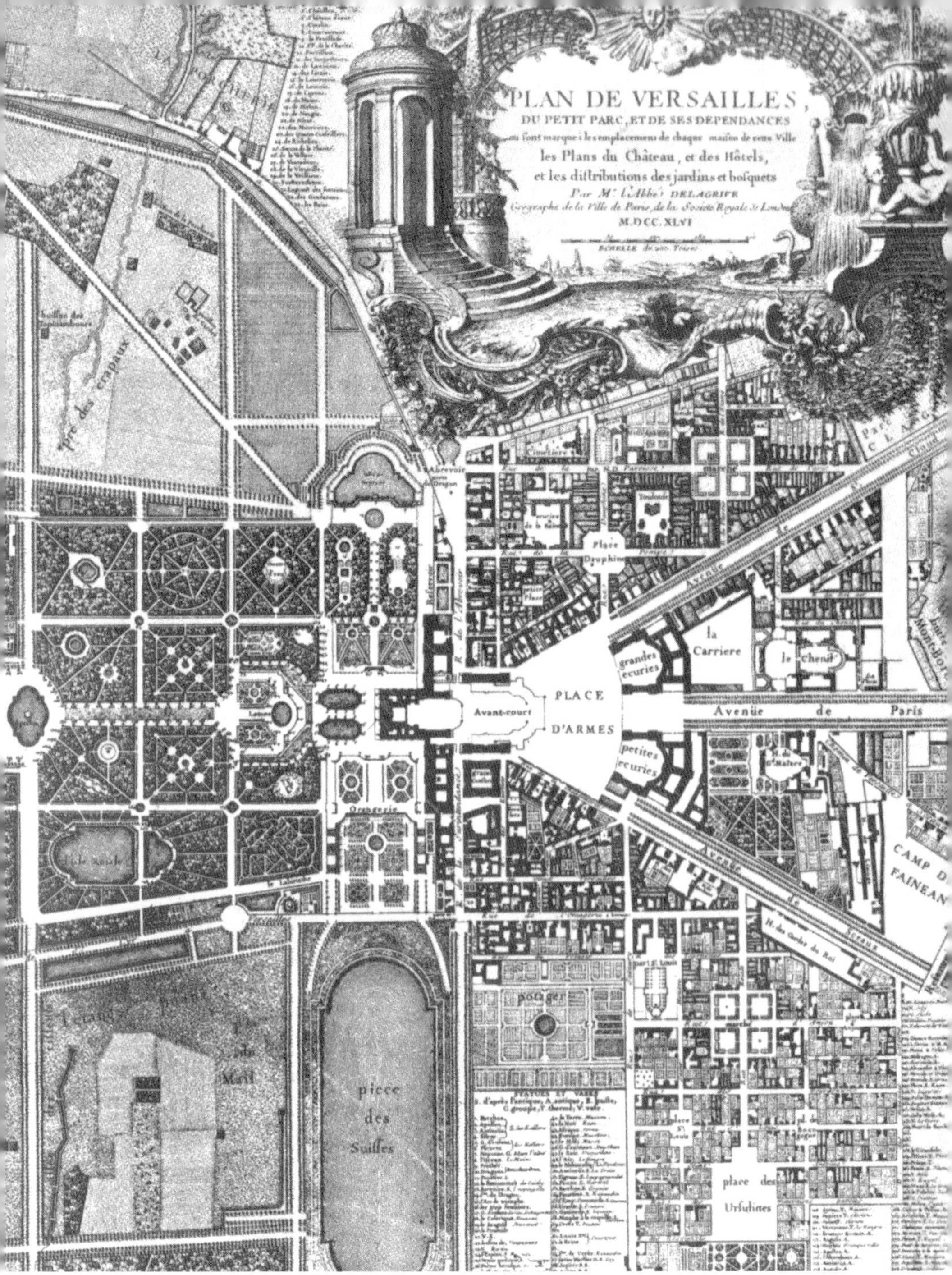
PLAN DE VERSAILLES,
DU PETIT PARC, ET DE SES DEPENDANCES
les Plans du Château, et des Hôtels,
et les distributions des jardins et bosquets
M.DCC.XLVI
PLACE D'ARMES
Avant-court
grandes ecuries
petites ecuries
la Carriere
le Chenil
Avenüe de Paris
Place Dauphine
Orangerie
potager
piece des Suisses
place des Ursulines
pré des crapaux

## 프랑스식 정원

프랑스식 정원은 인공미와 자연미의 조화로 17세기 때 정립되었다. 특히 베르사이유(Versailles) 정원은 루이 14세 당시의 절대군주, 질서의식, 권력, 시대상 철학이 깃들어 있다. 조경가 앙드레 르 노트르(André Le Nôtre 1613~1700)는 프랑스식 정원의 개념을 세운 인물로, 프랑스의 여러 유명한 성들의 정원과 분수, 운하 등을 계획했다. 철저한 기획 아래 하나의 완벽한 예술품을 만들어내려는 고전주의 철학이 그 밑바탕에 깔려 있다. 프랑스식 정원은 인위적, 규칙적인 패턴을 중시해 미로를 연상시키는 완벽한 대칭 구조와 균형 강조, 엄격한 기하학적 양식의 잘 정돈된 정원 모습을 취한다. 또한 나무 모양도 획일적인 원추 형태로 다듬어졌다.

프랑스 정원의 최고 걸작 베르사이유 궁의 정원은 좌우대칭으로 구분된 기하학적인 모양의 나무와 곳곳에 흩어져 있는 고대신화를 소재로 한 대리석과 청동조각으로 꾸며져 있다. 특히 루이 14세가 가장 심혈을 기울이고 마음에 들어했던 것이 정원이었다고 전해지며, 왕 스스로 『정원안내 입문서』를 써 산책 코스를 소개할 정도였다. 루이 14세에 의해 뛸르리 정원을 설계했던 르 노트르가 베르사이유 정원도 같이 설계를 했다. 실제 정원이 조성될 당시에는 그 규모가 약 2400만 평이었는데, 프랑스 대혁명 이후 규모가 줄어들면서 현재는 약 10분의 1의 수준인 250만 평 정도만 남아 있다.

한편 '영국식 정원'은 기하학적인 프랑스식 정원에 대비되어, 자연의 지형을 중시해 연못과 수목의 불규칙, 비대칭적인 배치를 띈 형태를 말한다.

대칭 구조의 프랑스식 정원

프랑스식 정원의 원추 형태 나무들

### 루이 14세(Louis XIV)

"태양왕"이라 불린 루이 14세는 다섯 살에 왕이 되어 재상 마자랭(Mazarin)의 도움으로 성장한 후 절대권력을 누렸다. '왕의 권력은 신이 내린 것'이라는 왕권신수설을 지지하고, 상업을 통해 부를 축적했다. 군대를 양성하고 유능한 관리를 임명해 나라를 다스리는 데 활용했다. 또한 아버지의 사냥터가 있던 습한 땅에 화려한 베르사이유 궁전을 지었는데, 이곳에서 왕과 귀족이 함께 하는 다양한 파티를 열어 자신의 권력을 보여주었고, 유럽 절대왕정의 전성기를 누렸다.

루이 14세의 당당한 모습

궁전의 축제 기간에는 약 1만 명의 사람들이 베르사이유에 머물렀다. 프랑스에서 유행하는 미뉴에트에 맞춰 유럽인들이 춤을 추고, 프랑스 왕실의 예의를 뜻하는 '에티켓'이 유럽 귀족이 갖춰야 하는 교양으로 자리 잡았다.

한편 그 당시 유럽의 군주들은 자신의 권력 기반을 다지기 위해 '극장'에 총력을 기울였다. 루이 14세 또한 무대 디자인을 대단히 화려하게 꾸몄다. 그 자신이 발레리노였고, 헤라클레스 역으로 연극에 출연하기도 했다. 그는 바로 '나는 힘을 가진 왕'이라는 걸 극장을 통해 보여주고 싶었으며, 1680년 현재의 프랑스 국립극장인 '꼬메디 프랑쎄즈'(Comédie Française 몰리에르의 집)를 개관했다. 이 당시 연극무대를 대표했던 몰리에르 또한 고전희극의 극작가 겸 배우, 연출가 및 극단장으로도 널리 알려졌다.

### 마리안느(Marianne)

프랑스의 상징을 '수탉'으로 알고 있듯이, 프랑스를 상징하는 인물로는 '마리안느'가 있다. 프랑스의 수호 여신 마리안느는 자유·평등·박애의 '프랑스혁명 정신'과 '프랑스 공화국'을 상징하는 가공의 여성이다. 1830년 프랑스 낭만주의 화가 들라크르와(Delacroix)가 그린 '민중을 이끄는 자유의 여신'에서 프랑스의 삼색기와 긴 총을 든 채, 혁명의 선봉에 선 여신이 바로 '마리안느 이미지의 원조'라고 볼 수 있다.

들라크르와의 그림이 인기를 끌자 1848년부터 프랑스 전역 각 도시의 시청 입구와 역사적 장소에는 저마다 다른 모습을 한 마리안느 동상이 세워졌다. 빠리의 경우 마레(Marais) 지역 근처 레퓌블리끄 광장(Place de la République) 한복판에 마리안느 동상이 있다. 이 동상의 마리안느는 프랑스 혁명을 상징하는 원뿔형 모자를 쓰고, 오른손에 자유를 상징하는 올리브 가지, 왼손에는 '인간의 권리'라고 적힌 현판을 들고 있다. 특히 오늘날 레퓌블리끄 광장은 '프랑스 민주주의의 상징'과도 같은 장소로 여겨진다.

빠리 레퓌블리끄 광장의 마리안느 동상

특히 마리안느의 흉상은 프랑스 전국 3만 6000여 곳의 관공서 입구마다 세워져 있다. 최초의 마리안느는 18세기 평범한 복장에 당시 유행하던 혁명 보닛을 쓴 서민 여성의 모습이었다. 근래에 와서는 프랑스의 유명 여성들이 각각 그해의 마리안느 공식 모델로 등장해 활동했다.

프랑스 공화국의 상징 '마리안느'

### 라 마르쎄예즈(La Marseillaise)

대혁명은 프랑스의 전반적인 모든 분야에 그 흔적을 남겼다. 프랑스는 지나치게 호전적이고 전투적인 가사 내용의 국가(the national song) '라 마르쎄예즈'를 갖고 있는데, 그 이유는 원래 대혁명 때 군가로 만들어진 것을 국가로 채택했기 때문이다. 즉 라 마르쎄예즈는 프랑스 혁명 정신을 담은 국가다. 이 노래 제목은 당시 전국에서 빠리로 모여든 의용군 중 마르쎄이유로부터 온 일행이 이 노래를 부르면서 빠리로 진군해온 데서 연유하며, '마르쎄이유 군단의 노래'라는 뜻을 가지고 있다.

다. 베르사이유 궁전 정원에는 기하학적 양식의 정원과 루이 14세가 뱃놀이를 위해 만든 거대한 십자가 형태의 인공호수 '대운하'가 있다.

### 베르사이유의 별궁들과 부속건물

운하의 오른쪽으로 펼쳐지는 정원을 가로질러 그랑 트리아농(Grand Trianon) 궁전이 위치한다. 핑크빛 대리석으로 지어져 매우 로맨틱하고 우아한 분위기의 이 별궁은 루이 14세가 엄격한 궁정 생활에서 벗어나 조용하고 한가로운 여유를 누리기 위해 지어진 곳이다. 그랑 트리아농은 오늘날 대통령 영빈관으로 국빈 방문 때 이용되고 있다.

그랑 트리아농 궁전에서 더 오른쪽으로 가면 루이 16세의 부인 마리 앙뜨와네뜨(Marie Antoinette)가 가장 좋아했던 쁘띠 트리아농(Petit Trianon) 궁전이 나타난다. 신고전주의 양식이 접목된 이 궁전은 바로 루이 15세의 애첩이었던 퐁파두르(Pompadour) 후작부인을 위해 만든 거처다. 매우 단순하면서도 우아한 건축양식의 쁘띠 트리아농은 궁전의 화려한 삶에 지친 왕족들이 와서 숨을 돌리던 곳이기도 하다. 특히 이 별궁은 정원 쪽 외관에 기둥 장식을 살린 특징을 지녔다.

낭만적인 그랑 트리아농 궁전

소박한 쁘띠 트리아농 궁전

뻐띠 트리아농에서 오른쪽 정원에는 기둥이 있는 둥근 형태의 사랑의 신전이 있으며, 이곳을 지나 오솔길을 따라 걸으면 여왕의 마을(Le Hameau)이 있다. 특히 자연회귀사상의 영향을 받아 짓게 한 왕비의 촌락은 화려한 궁정생활에 답답해 한 마리 앙뜨와네뜨를 위해 만든 곳이다. 이곳에는 그녀의 목가적 생활을 위해 소박하고 아담한 여러 시골집들을 지어 하나의 전원적인 농촌마을을 조성했다. 농가 옆 동물농장과 더불어 잘 보존되어 있는 농가와 물레방아 등 프랑스의 평온한 옛 농촌 마을의 모습을 잘 보여준다.

옛 농가 모습의 왕비의 촌락

베르사이유 궁전 내의 주요 관광 포인트를 연결해주는 이동 수단 '미니 열차'(Petit Train)가 있으며, 방대한 베르사이유 정원을 자유롭게 돌아볼 수 있는 자전거 대여 시스템 또한 이용할 수 있다.

## 퐁뗀느블로(Fontainebleau) 성

빠리 남동쪽 퐁뗀느블로를 방문하려면 빠리 리옹역(Gare de Lyon)에서 기차를 타고 가다 버스로 환승한다. 이 성은 원래 왕족들이 이곳에서 사냥을 즐길 때 묵었던 작은 집들이 있던 곳이었다. 유서 깊

르네쌍스 양식의 퐁뗀느블로성

은 퐁뗀느블로성은 프랑쓰와 1세 때부터 여러 프랑스 왕들이 거쳐간 장구한 역사를 간직하고 있다. 따라서 각 시대의 왕들이 차차 건물을 보태 지어, 이 성은 한 가지 양식이 아닌 수세기에 걸친 여러 양식들이 혼합되어 있다. 특히 이곳은 둥근 아치형의 로마네스크 양식과 르네쌍스 양식의 복합체가 되었으며, 프랑스에서 규모가 가장 큰 왕궁으로 알려져 있다.

퐁뗀느블로성의 매력은 성 주위의 여유로운 분위기와 숲의 경관이라 할 수 있다. 코르시카섬 출생의 나폴레옹은 이곳을 매우 좋아했으나, 그는 안마당에서 황제의 제관을 빼앗기고 엘바섬으로 유배를 떠난다. 이 성의 정원도 베르사이유 정원을 조성했던 르 노트르(Le Nôtre)가 17세기에 개조했다.

이 성을 둘러싸고 있는 퐁텐느블로 숲은 밀레와 같은 바르비종(Barbizon)파(19세기말 주로 농촌생활의 순수함과 경건함을 그린 전원화파) 화가들이 즐겨 그렸던 곳으로 오늘날 빠리인들의 휴식처가 되었다. 바르비종은 전원적인 풍경으로 밀레가 그린 '만종', '이삭 줍는 여인들' 등의 작품 배경이 되었으며, 이곳에는 밀

**나폴레옹(Napoléon) 1세**

코르시카 섬 출신, 나폴레옹(1769~1821)은 이미 두 자녀가 있었던 6살 연상의 미망인 죠세핀(Joséphine)과 결혼했다. 죠세핀을 향한 나폴레옹의 사랑은 너무도 강렬해서 여러 일화들을 남겼다. 그의 첫째 왕비였던 죠세핀을 끝까지 사랑했던 듯, 나폴레옹은 나중에 엘바섬을 탈출한 뒤 죠세핀이 먼저 최후를 맞았던 말메종을 방문하면서 "내 생애에 있어 여자는 그대뿐이었다"라고 말하며 눈물을 흘렸다고 한다.

나폴레옹이 잠든 돔 교회 '앵발리드'

한편 나폴레옹은 프랑스 중앙은행과 예전 프랑스의 화폐였던 프랑화 창설, 법률 면에서는 '현대 민법의 기초'인 나폴레옹 법전(세계 3대 법전 중의 하나) 편찬, '바깔로레아'(대학입학 자격시험)와 같은 교육제도 재정비 등 여러 분야에 걸쳐 '현대 프랑스의 토대'를 만들었다. 현재 나폴레옹은 빠리 남쪽 앵발리드(Invalides) 군사박물관의 돔 교회에 잠들어 있다.

레 기념관(생가와 작업실)이 있다.

밀레 기념관은 돌벽의 전원주택이 처마를 맞대고 있는 바르비종의 중심 거리에 위치해 있는데, 이곳을 방문하려면 퐁뗀느블로성과 연결된 정기 관광 버스를 이용하는 게 편리하다. 한편 바르비종에는 현재 관광 안내소가 된 '루쏘의 집'도 방문해볼 만하다.

## 보르비꽁뜨(Vaux-le-Vicomte)성

당시의 권력자 루이 14세는 재무상 니꼴라 푸케(Nicolas Fouquet 1615~1680)의 보르비꽁뜨성에 초대받았을 때, 그 어마어마한 호화로움에 질투를 느껴 빠리에 있는 궁정을 베르사이유로 옮길 것을 결정했다. 루이 14세는 푸케의 성보다 더 호화로운 베르사이유를 짓기 위해 보르비꽁뜨성 건축에 동원되었던 건축가 르보와 망싸르, 실내장식가이자 화가 르브룅, 조경가 르 노트르를 비롯해 푸케의 성에 관련된 대예술가들을 초빙했다.

이렇듯 보르비꽁뜨성은 17세기 이후 프랑스 건축의 유행을 선도한 곳으로, 비록 규모는 작지만 화려함과 예술성만큼은 무척 뛰어나다. 이 성은 베르

화려한 보르비꽁뜨성

보르비꽁뜨성의 아름다운 정원

사이유와 달리, 교통편과 지명도 때문에 좀 한산한 편이다. 그렇지만 이곳은 볼 것이 많은 화려한 궁전 내부뿐 아니라 프랑스에서 가장 섬세하고 아름다운 정원이 있는 성으로 손꼽힌다. 즉 완벽한 대칭과 기하학적 아름다움이 느껴지는 전형적인 프랑스식 정원에 해당한다.

푸케는 1000여 개의 황금 접시를 사용한 연회에 루이 14세를 초대했다가 결국에는 왕의 미움을 사게 되어 성과 전 재산도 빼앗기고, 이후 꼴베르가 그를 국고 횡령죄로 고발해 종신형을 선고받았다. 퐁뗀느블로성에서 북쪽으로 10킬로미터 거리에 위치한 보르비꽁뜨성은 겨울철에는 개장을 안 한다.

## 샹띠이(Chantilly)성

샹띠이성은 16세기 르네쌍스 양식으로 지어진 우아하고 아름다운 건물로 빠리의 북쪽 근교에 위치해 있다. 유럽에서도 손꼽힐 정도로 샹띠이성은 그 아름다운 풍경을 자랑한다. 이 성은 왕의 소유가 아닌 귀족의 궁전 중 가장 아름다운 성으로 손꼽힌다. 이곳은 자유롭게 둘러볼 수 있는 '그랑 샤또'(Grand

르네쌍스 양식의 샹띠이성

샹띠이성의 주변 자연경관

château)와 가이드를 동반해야 하는 '쁘띠 샤또'(Petit château)로 나뉜다.

그중 그랑 샤또는 프랑스 대혁명 때 파괴되었던 것을 다시 복원한 것으로, 작은 루브르 '꽁데 미술관'(Musée Condé)이 샹띠이 전체 성 안에서 가장 주목받는 곳이다. 이곳에는 보티첼리, 라파엘로 등의 르네쌍스, 바로크 회화 거장들과 앵그르, 들라크르와 같은 대가들의 작품이 전시되어 있다. 한편 빠리 국립 도서관 다음으로 인정받는 쁘띠 샤또의 도서관에는 11세기부터 전해지는 고서 등 약 3만여 권의 귀중한 자료들을 많이 소장하고 있다.

아울러 샹띠이성 바로 옆에 위치한 '말 박물관'에서는 살아 있는 경마의 세계를 감상할 수 있다. 박물관에는 원형 마장이 있어 말 240마리를 둘 수 있는 세계 최대 규모의 마구간이다. 이는 18세기 꽁데(Condé) 공작 시대에 만들었는데, 오늘날에도 경마용 말이 사육되고 있으며 정기적으로 승마쇼도 열리고 있다. 또한 이곳에는 말과 마술(馬術)에 관한 그림과 조각, 도자기, 마구 등 온갖 자료들이 전시되어 있는 프랑스 승마의 진원지다.

한편 샹띠이성의 정원에는 거대한 호수를 끼고 있어 산책하기에 무척 운치가 있다. 이 정원도 역시 베르사이유 정원을 설계한 르 노트르의 작품이다. 정원은 대운하와 크고 작은 분수와 호수, 조각상의 배치로 이루어졌으며, 샹띠이의 풍요로운 넓은 숲과의 조화가 멋지다.

## 쎄느강(La Seine) 주변의 명소들

일 드 프랑스 주변의 쎄느강에 반사되는 광선은 인상파 화가들(고흐, 모네, 마네, 르느와르, 드가, 세잔, 고갱 등)을 유혹했다. 여기에서는 오베르 쉬르 와즈와 지베르니에 대해 중점적으로 살펴보기로 한다.

### 오베르 쉬르 와즈(Auvers-sur-Oise)

빠리 북서쪽 오베르 쉬르 와즈는 인상파 화가 빈센트 반 고흐(1853~1890)의 발자취가 짙게 남아 있는 평화로운 마을이다. 그림 같은 전원이 펼쳐진 이곳에는 고흐가 그린 '오베르 교회' 이외에 오베르성, 고흐의 집과 고흐 공원, 닥터 가쉐의 집, 고흐의 지지자였으며 평생 정신적·경제적 후원자가 되어준 동생 테오와 고흐의 묘지가 있다. 동생 테오가 고흐와 주고받은 수많은 편지들은 후에 문학 작품으로 인정받을 정도로 가치가 높다.

고흐가 그린 오베르 교회

특히 반 고흐의 집은 고흐가 기거했던 라부 여인숙(Auberge Ravoux) 건물인데, 1층은 레스토랑, 2층은 기념품점과 서점, 그리고 3층의 다락방에 고흐의 방과 시청각실이 있다. 아울러 17세기에 지어진 오베르성은 현재 인상파 화가 박물관으로 이

고흐의 집 '라부 여인숙'

용되고 있다. 그 밖에 반 고흐가 압생트(absinthe)[1]를 마시기 위해 즐겨 찾던 까페를 개조해 만든 박물관 또한 위치한다. 이곳은 작은 규모로 당시의 모습을 보존한 바와 압생트를 마시는 기구, 관련 자료와 그림 등이 전시되어 있다. 이 마을을 방문하려면 빠리 북역(Gare du Nord)에서 출발해 뽕뜨와즈(Pontoise)행으로 갈아탄다.

**지베르니(Giverny)**

지베르니는 '인상주의의 거장' 끌로드 모네(1849~1926)가 1883년부터 활동했던 마을이다. 이곳은 빠리에서 북서쪽 80킬로미터 지점, 노르망디 지방과의 동쪽 경계에 위치해 있다. 이곳에는 '꽃의 정원'으로 둘러싸인 모네의 집과 작업실, 수련으로 장식된 '물의 정원'(수련 정원) 등이 있다. 이는 원예가이기도 했던 모네가 손수 조경한 2개의 정원이다. 특히 물의 정원은 그의 대표작으로 알려진 '수련' 연작이 탄생한 장소이기도 하다. 이곳은 작은 집과 정원에 불과하지만 계절마다 서로 다른 색과 분위기의 정원을 장식하는 꽃들로 인해 여전

수련 연작의 배경 '물의 정원'

'꽃의 정원'으로 둘러싸인 모네의 집

1 향쑥, 살구씨, 회향, 아니스 등을 주된 향료로 써서 만든 술로, 19세기 후반 프랑스에서 많이 마셨던 술이다. 알코올 도수가 45도일 정도로 강하고 약간 쓴맛이 나는 식전주에 해당한다.

히 아름다움을 자랑하고 있다.

모네가 프랑스 정부에 기증한 수련 8점의 연작 시리즈는 루브르 박물관 옆 뛸르리 정원에 위치한 오랑쥬리(Orangerie) 미술관 내부에 상설 전시되어 있다. 초대형으로 제작된 모네의 작품이 자연광을 살린 두 개의 둥근 전시실에 전시되어 독특한 미술 감상을 할 수 있게 했다. 모네는 관람객들이 섬세하게 연못에 핀 수련을 감상하기를 바라는 마음으로 자연광이 있는 특별전시관을 부탁했다.

## 말메종(Malmaison)

빠리 서쪽에 위치했으며, RER A1선에서 하차한다. 말메종은 나폴레옹 1세의 첫 부인이었던 조세핀(Joséphine, 1763~1814) 황후가 살았던 곳으로 매우 유명하다. 이곳에는 말메종성 이외에 나폴레옹의 유품을 전시하고 있는 브와 프레오(Bois-Préau)성이 있다. 말메종성은 1622년에 건축된 것으로 조세핀이 이 성을 구입했을 때에는 성의 중앙부만 남아 있었다. 한편 다양한 종류의 꽃과 나무로 가득한 아름다운 '조세핀의 장미 정원'과 산책로, 섬세한 장식이 돋보이는 내부 등 조세핀이 많은 시간과 돈을 들여 가꾼 흔적들이 오늘날에도 성 곳곳에 남아 있다.

죠세핀 황후

이렇듯 말메종성 주변의 전원적인 경치가 매우 뛰어나다. 정면 입구를 따라 일직선으로 뻗어 있는 길이 인상적인 말메종성은 성이라기보다는 대저택에 가깝다. 1906년 이래 말메종은 나폴레옹과 조세핀의 추억이 담긴 물건들을 소장한 '나폴레옹 국립박물관'으로 모습이 바뀌어 방문객들을 맞이하고 있다. 내부가 군용막사같이 조성된 이곳에는 황제의 가족이 사용하던 침대, 가구와 초상화, 소지품과 기념품 등이 제1제국 시대의 양식으로 지어진 방에 전시되어 있다.

고즈넉하고 운치 있는 말메종성

## 쌩 제르맹 앙 레(Saint-Germain-en-Laye)

쌩 제르맹 앙 레는 말메종과 같이 빠리 서쪽 외곽에 위치했으며, 빠리에서 RER A1선으로 약 20분 거리에 있다. 이 지역은 주변 경치의 아름다움으로 인해 빠리인들에게 인기 있는 행락지로 손꼽힌다. 이 마을에는 16세기 프랑쓰와 1세가 르네쌍스 양식으로 건설했던 당시 모습을 그대로 복원한 '쌩 제르맹 앙 레 성'이 있다. 이곳은 현재 국립고고학박물관으로 쓰이고 있다. 특히 이 성 주변에서는 저 멀리 라데팡스 지역 초고층 신시가지와 빠리의 에펠탑, 쎄느강변 물줄기, 포도밭 등이 한눈에 건너다 보이는 절벽 쪽의 전망대가 있다. 전망대 주변은 한적하고 운치 있는 거대한 쌩 제르맹 앙 레 숲의 산책로와 연결되어 있다.

성의 정원과 쎄느강 쪽으로 향한 숲의 동쪽을 두르고 있는 넓은 산책로 그

빠빌롱 앙리 꺄트르 4성급 호텔

절벽 쪽의 전망대

랑드 테라스(Grande Terrasse)도 역시 루이 14세가 르 노트르에게 조성하게 했다. 깔끔하게 정돈된 정원과는 달리, 숲은 야성적인 매력이 넘치는 그랑드 테라스를 따라 걷다보면 곳곳에 숲으로 통하는 입구가 있다. 숲 속에는 산책로가 잘 조성되어 있어 삼림욕을 즐길 수 있다. 이 쌩제르맹 앙 레 숲은 중세 때부터 오랫동안 프랑스 왕과 귀족들의 사냥터로 각광받아온 곳이다. 현재 대부분의 숲은 생태계 보호구역으로 지정되어 국가가 체계적으로 관리하고 있다.

한편 성 뒤쪽의 전망대 옆에는 "앙리 4세 궁전"이라고 불리는 'Pavillon Henri IV'(빠빌롱 앙리 꺄트르)라는 큰 저택을 개조한 4성급 호텔이 있다. 바로 이곳에서 루이 14세가 태어나 어린 시절을 보냈으며, 또한 알렉쌍드르 뒤마가 『삼총사』와 『몽테 크리스토 백작』을 집필한 장소이기도 하다. 아울러 쌩 제르맹 앙 레 마을은 작곡가 드뷔시의 생가를 관광안내소로 사용해 관광객들을 맞이하고 있다.

## 라데팡스(La Défense)

빠리가 '문화와 예술의 도시'라면, 라데팡스는 '미래형 첨단의 도시'에 해당된다. 이곳은 1960년대 프랑스의 주요 기업 및 다국적 기업들의 본사를 유치하기 위해 빠리 서쪽 외곽 지역에 건설되었다. 한마디로 라데팡스는 초고층 빌딩이 죽 늘어서 있는 거대한 '비즈니스 상업 개발구역'이다. 시를 계획한 지 30여 년 만에 도시의 외형이 완성되었다. 복합도시 라데팡스는 업무·상업·주거·문화 등 다기능 복합개발 도시의 성공적인 사례로 평가받고 있다. 개선문에서 지하철 1호선으로 10분 가량이면 도착할 정도로 빠리 시내에서 가깝다. 즉 빠리 도심의 샹젤리제 거리 에뜨왈 개선문에서 일직선상으로 서쪽에 위치해 있다.

높이 36층 건물의 신개선문(라 그랑드 아르슈[La Grande Arche])은 미떼랑 전 문화 대통령의 건축 계획으로 1989년(프랑스 대혁명 200주년을 기념) 덴마크 건축가에 의해 세워졌다. 신개선문은 112미터의 높이로 씨떼섬의 노트르담 대성당을 그 안에 넣을 수 있는 크기일 정도로 웅장하다. 신개선문 건물 안에는 전시

라데팡스 지역의 넓은 광장

신개선문의 웅장한 모습

신개선문의 캡슐형 엘리베이터

관과 회의장, 사무실 등이 있으며, 캡슐형 엘리베이터로 올라가 옥상 전망대에서 바라보는 멋진 지상의 직선과 빠리 시의 전경이 일품이다. 신개선문(빠리의 미래)은 에뜨왈 개선문(빠리의 역사·과거)이 있는 샹젤리제와 꽁꼬르드 광장을 거쳐 루브르 박물관의 까루젤 개선문까지 이 3개의 개선문이 일직선상에 죽 위치한다. 신개선문은 라데팡스 지역을 대표하는 랜드마크로 손꼽힌다.

신개선문 주변에는 국제회의장과 세계무역센터 등 현대적이고 세련된 최첨단 건물들이 개성을 뽐내며 늘어서 있는데, 이 지역의 특징은 지상에서는 보행자만 다니게 되어 있다. 도시 전체를 복층 구조로 설치해 자동차, 버스, 지하철, RER 교외선 등 모든 교통시설들은 전부 지하로 다닌다. 또한 주차장 등 도시 인프라 일체가 지하에 깔려 있다. 지면은 단단한 특수 재료로 덮여 있기 때문에 교통관계로 일어나는 소음은 전혀 없다.

## 아스떼릭스 공원(Parc Astérix)

아스떼릭스 공원의 초고속 롤러코스터

빠리 북동쪽 샤를르드골 공항("르와씨(Roissy) 공항"이라고도 부름) 근처에 위치한다. 공항의 제3터미널 지상에는 아스떼릭스 공원의 티켓을 파는 곳과 놀이공원으로 가는 셔틀버스 정거장이 있다. 1989년에 세워진 프랑스식 공원으로 프랑스 옛 조상이름(유명한 만화 주인공 이름)을 딴 테마 놀이공원이다. 아스떼릭스를 주제로 건설된 이곳은 세계에서 가장 체계적인 테마파크로, 고대 그리스에서부터 근대에 이르기까지 각 시대별로 구성되어진 총 6개의 테마공원이 있다.

유로 디즈니랜드가 어린이 중심인 반면에 아스떼릭스 공원은 어른들도 즐길 수 있는 것이 많다. 즉 놀이 기구 위주의 공원으로 초고속 롤러코스터가 종류별로 5개나 있다. 프랑스인들은 어린이 위주의 미국식 공원 유로 디즈니랜드(주변에 '라 발레 빌라쥬'라는 미국식 대형 명품아울렛 매장 위치)보다도 바깡스 위주로 1년에 6개월(4월~10월)만 개장하는 이 공원을 더 선호한다. 아스떼릭스 공원을 찾는 방문객이 꾸준히 늘고 있는 점으로 보아 이러한 점에서도 프랑스인들의 국민 정서상 문화적 자존심이 드러남을 알 수 있다.

## 쏘 공원(Parc de Sceaux)

빠리 남쪽에 위치해 있으며 RER B4선 Parc de Sceaux 역에서 하차한다. 빠리 시민들에게 편안한 휴식처로 사랑받고 있으며, 아름다운 성과 더불어 연못과 산책로가 있는 큰 규모의 공원이다. 그림 같은 정원의 쏘 공원은 17세기 말 프랑스의 유명 조경가 르 노트르가 그 당시 재무상이었던 꼴베르(Colbert)의 요청을 받고 설계했다. 베르사이유 정원을 만든 르 노트르가 디자인한 공원답게 매우 정확한 기하학적 양식으로 조성되었다.

'작은 베르사이유 정원'이라는 별명을 지닌 쏘 공원은 다양한 종류의 관목들이 말끔하게 다듬어져 있으며, 숲·분수·연못·산책길이 공원 곳곳에 있는 아름다운 대저택들과 잘 조화를 이루고 있다. 아울러 이곳은 걷기 좋은 평지길과 나무숲들로 이루어져 친근하고 고즈넉한 분위기를 자랑한다. 공원 내부에는 일 드 프랑스 박물관(Musée de l'île-de-France)으로 사용되고 있는 꼴베르의 대저택 쏘 성(Château de Sceaux)도 자리하고 있다. 한편 쏘 공원 가는 길의 주변 독특한 전원주택들은 그 모습이 무척 다양하고도 아름답다.

쏘 공원의 아름다운 풍경

산책하기 좋은 넓은 쏘 공원

# 3
# 프랑스 지방

넓은 영토와 다양한 모습을 지닌 프랑스의 지방들은 각기 다른 특색 있는 분위기와 정취를 느낄 수 있다. 대부분의 프랑스 도시들은 구도심이 중심부에 위치해 있고, 그 주변으로 신시가지가 펼쳐져 있다.

최근 프랑스 여러 도시들의 특징은 예전의 전차 노선을 부활시켜 운행하고 있다는 점이다. 트램의 등장은 폭발하는 자동차의 수요와 함께 자동차 전용도로를 넓히는 자동차 우선의 정책이 아니라 그 수요를 억제하고자 전동차를 개설하고, 자동차용 도로를 좁혀나가는 바로 '사람 본위의 정책'이라는 평가를 받는다. 즉 트램은 바쁘게 돌아가는 도시생활 속에 조금이나마 여유를 찾을 수 있게 해주는 의미를 지닌다. 전차는 전기를 사용해 온실가스를 전혀 배출하지 않는데, 한 걸음 더 나아가 이를 '움직이는 예술품'으로까지 승화시켰다. 프랑스의 각 도시들은 트램을 건설하면서 쇠락해가던 도심지의 외관까지 새롭게 단장했고, 이후 도심의 거주인구가 늘어나고 상권이 되살아나는 효과까지 생겨났다.

한편 빠리를 비롯한 프랑스 전역의 각 도시들에서는 가장 아름다운 건물을 시청으로 지정한 것을 알 수 있다. 또한 프랑스 대부분의 지방 도시들은 규모가 작아 반나절이면 걸어서 시내를 다 돌아볼 정도로 아담하다. 각 도시들을 방문할 때에는 도심 중심부에 있는 관광안내소 ⓘ에서 정보를 구하며, 무료로 시내지도를 받아 체류할 숙소나 방문할 각 관광지들의 위치, 거리명 등을 참조한다.

## 북불(Le Nord) 지방과 삐까르디(Picardie) 지방

### 다양한 문화가 공존하는 지역

북불과 삐까르디 지방은 노르망디 옆 프랑스 북쪽 끝부분에 서로 맞닿아 있는 곳을 가리킨다. 즉 북불 지방이 영국과의 해협 쪽에 위치한 반면에 삐까르디 지방은 북불 지방 바로 밑쪽에서부터 빠리 수도권 지역(일 드 프랑스)의 위쪽까지 해당한다.

우선 북불 지방은 "노르 빠 드 깔레"(Nord-Pas-de-Calais)라고도 불린다. 영국과 벨기에로 가는 입구로서 이 지역은 고도의 새로운 기술과 다양한 문화가 공존하는 '유럽문화수도'[2] 릴(Lille)을 중심으로 상업과 산업으로 북적대는 곳이지만, 또한 평화와 고요함도 공존하는 곳이다. 이 지역은 견실한 농업 활동과 석탄 산업이 활성화된 곳으로 알려져 있다.

한편 역사 깊은 불로뉴 쉬르 메르(Boulogne-Sur-Mer) 항구와 쏨(Somme) 계곡 사이의 해안은 풍부한 조류 지역으로 한가롭게 산책할 수 있는 곳이다. 쏨 계곡은 지극히 시골적인 광대한 습지로 이루어져 있으며, 풍요로운 야생의 삶을 즐길 수 있는 곳이다. 강은 삐까르디 지방을 가로질러 흐르고, 작은 호

2 '유럽문화수도'란 유럽 대륙의 도시들 중, 매년 선정해 1년간에 걸쳐 집중적으로 각종 문화 행사를 전개하는 사업을 가리킨다. 유럽문화수도는 최근 30년 동안, 유럽에서 가장 중요하고 인기 있는 행사로 인정받고 있다.

수들과 숲들이 모여 있어 캠핑 장소로도 좋고, 산책과 뱃놀이, 낚시 등의 여가생활을 할 수 있다. 무엇보다 이곳의 제1차 세계대전 전투지와 기념관에서는 20세기 역사의 중요한 사실들을 알려준다. 쏨 지역에 있는 많은 묘지들은 제1차 세계대전 때 벌어진 대량 학살의 비참함을 생각나게 하는 역사적 증언 지역이다.

### 복잡한 해안선과 플랑드르 문화

프랑스의 가장 북쪽에 위치한 이 지역에는 관광지와 기념관들이 많다. 높이 치솟은 고딕 양식의 성당들에서부터 와즈(Oise)강을 따라 늘어선 위세당당한 성, 그리고 제1차 세계대전의 전투지와 기념관들에 이르기까지, 지나간 역사에 대한 한 면을 잘 말해주고 있다. 도버해협 쪽으로 있는 뒹께르끄(Dunkerque), 깔레(Calais), 불로뉴 쉬르 메르 및 세련된 르 뚜께(Le Touquet) 리조트 등지의 항구들은 쏨 강 어귀에서 벨기에 국경까지 뻗어 있는 마을들이다. 이곳은 복잡한 해안선을 따라 펼쳐진 북불 지방의 주요 지역이라고 할 수 있다.

그중 불로뉴 쉬르 메르는 진한 바다 향취를 느끼게 해주며, 이곳에서 깔레

플랑드르식 건물 모습

북불 지방의 특유한 가옥 모습

까지 연결된 흰 절벽은 환상적인 장면을 연출한다. 아울러 르 뚜께는 19세기 중반부터 유명 건축가들이 설계한 별장이 들어서, 현재는 도시 전체가 다양한 위락시설들이 함께 한 대규모 휴양 단지가 되었다.

한편 플랑드르 문화는 벨기에와의 경계 지역에서 볼 수 있다. 벨기에풍의 맥주와 풍차, 운하가 존재하는 등 프랑스라고 여겨지지 않는 낯선 느낌의 문화가 존재한다. 영어로 "플랜더스"(Flanders)라고 불리우는 '플랑드르'(Flandres)는 프랑스 북부와 벨기에, 네덜란드에 걸친 저지대를 가리킨다. 벨기에와 가까운 북불 지방에서도 플랑드르 특유의 가옥 모습을 발견할 수 있게 된다. 즉 건물 위쪽의 양쪽 모습이 계단모양으로 된 특이한 형태를 띤다.

한편 프랑스 북부지방을 대표하는 지역음식으로는 달걀, 소시지가 들어간 체다치즈 퐁뒤, 벨기에식 홍합찜과 감자튀김, 맥주 등을 들 수 있다.

### 프랑스의 작은 벨기에 릴

유로스타 초고속열차(TGV)는 프랑스 깔레를 경유해 프랑스 북부 주요도시이자 교통의 중심지 릴을 통과하게 된다. 현대적인 대도시 릴은 예전 벨기에의 영토여서 벨기에의 분위기가 곳곳에 묻어나며, 이웃나라 벨기에인들이 이곳으로 쇼핑하러 오는 곳이기도 하다. 벨기에의 수도 브뤼셀(Bruxelles)에서 릴까지 TGV로 35분이 걸릴 정도로 가깝다. 도시 곳곳에는 플랑드르 문화의 고풍스러운 건물들이 우뚝 솟아 있다.

또한 프랑스 대부분의 큰 도시들처럼 릴에도 트램이 운행하며, 축구 열기도 강한 곳으로 알려져 있다. 릴은 북부공업지대의 중심도시로 중요하며, 피혁·식품공업 이외에 릴 시내에서는 섬유공업이 발달했다. 이곳은 과거부터 공업이 성행해 일찍이 아기자기한 매력을 간직한 구시가지(Vieux Lille)가 형성되었다.

릴 도심 한복판 '그랑 쁠라스 광장'

릴의 유명한 크리스마스 마켓 풍경

주요 관광지로 대도시 릴 한복판에는 아름다운 커다란 광장 '그랑 쁠라스'(Grand Place)가 조성되어 있으며, 프랑스에서 가장 오래된 미술관 '빨레 데 보쟈르'(Palais des beaux arts)가 위치한다. 또한 릴은 예전부터 오페라 활동이 활발했던 곳으로, 오페라 건물(Opéra de Lille) 이외에 노트르담 드 라 트레이유(Notre Dame de la Treille) 대성당과 쌩모리스(Saint-Maurice) 성당 등이 있다. 특히 19세기에 지어진 트레이유 대성당은 중세 고딕 양식을 현대적인 의미로 재해석한 신고딕 건축양식의 영향을 받아 웅장함과 모던함을 동시에 지닌다. 겨울철 풍경이 아름다운 릴에는 크리스마스 마켓이 열려 도심 골목마다 다양하고 예쁜 장식들이 빛난다.

**도버해협 횡단 항구 깔레**

조각상 '깔레의 시민들'

프랑스 북부 항구도시 깔레(Calais)는 10세기 말까지 작은 어촌에 불과했으나 도버 해협 간 최단거리에 위치한 지리적 이점 때문에 중세 때부터 중요한 항구가 되어왔다. 영국의 런던에서 출발하는 시속 300킬로미터 유로스타는 도버해협 횡단 항구 '깔레'(Calais)간 운행하는데, 통과하는 유로터널은 1994년 8년 만에 완공되었다. 세계 최장의 해저터널 구간(약 37.9킬로미터)을 통과하는 이 초고속열차는 역에서 간단한 출입국 절차만 밟으면 2시간 30분 만에 영·불 수도를 주파하니 비행기보다 편리하다. 영불 해협 밑의 지하터널 건설로 인해 영국과 프랑스, 벨기에, 네덜란드, 독일 간의 연결이 용이하게 되었다. 최근에는 런던에서 암스테르담 구간도 새롭게 추가 개통되었다.

한편 깔레는 과거 백년전쟁 중인 1347년 영국군에게 함락되었는데, 그 당시 깔레시의 지도자급 인사 시민대표 6인 '깔레의 시민들'이 영국왕 에드워드 3세 앞에 출두해 다른 시민들을 구했다는 이야기가 전해 내려온다. 바로 이러한 일화가 로댕(Rodin)에 의해 1895년 조각상으로 구현되어졌다. 바로 상류층이 지니는 도덕적 의무를 다한 '노블레스 오블리쥬'(Noblesse oblige)의 전형적인 예로 꼽힌다. 깔레의 시민들(Les Bourgeois de Calais) 조각상은 바로 깔레 시청의 광장에 위치해 있으며, 빠리 로댕 미술관의 정원에서도 볼 수 있다.

### 고딕 양식의 걸작 아미앵 대성당

빠리와 가까운 내륙 쪽 삐까르디 지방의 아미앵(Amiens)과 보베(Beauvais)에는 유명한 고딕 양식의 성당들이 위치해 있다. 먼저 보베 대성당에는 천문시계가 볼 만한데, 이곳은 제2차 세계대전 때 폭탄 투하의 위험을 모면했다. 작은 마을 보베에 위치한 이곳의 성당은 "쌩 삐에르"(Saint-Pierre) 대성당이라고도 불린다. 이 성당은 좀 더 신에게 가

보베 대성당 정면의 윗부분 '장미 창'

아미앵 대성당의 후면

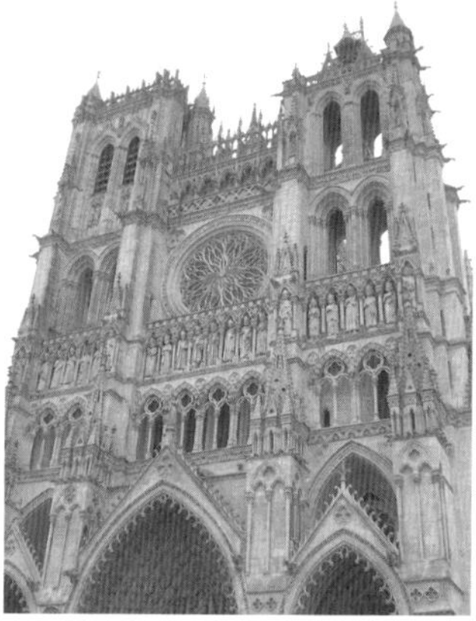
아미앵 대성당의 정면

까이 다가가고자 했던 중세인들의 야망으로 인해 결국에는 참혹한 결과를 가져왔다. 즉 1225년에 건축을 시작한 이 성당은 1284년 제단 천장이 무너지고, 이어서 1573년에는 종탑마저 무너지고 만다. 이는 그 당시 고딕 양식의 성당들이 앞다투어 성당의 천장을 높여가던 경쟁으로 빚어진 결과로 볼 수 있다. 프랑스 고딕 양식의 시초 '쌩드니 대성당'을 시작으로 랭스 대성당 38미터, 아미앵 대성당 42미터, 여기에다 쌩 삐에르 보베 대성당이 48미터까지 천장을 높이는 데 성공했으나, 몇 년 후 보베 성당은 붕괴되고 말았다.

아울러 '고딕 양식의 걸작' 아미앵 대성당은 정교한 목조각을 볼 수 있다. 또 다른 특징은 보베 성당의 일부가 무너지면서 아미앵 성당이 프랑스에서 가장 높은 본당이 되었고, 프랑스의 대성당 가운데 내부 공간이 가장 넓은 성당으로 알려져 있다. 1220년에 착공해 15세기까지 여러 부분들이 계속적으로 추가되었다. 이 성당에는 3600여 개의 조각상들이 있으며, 서쪽 정면의 장미창은 플랑브와이앙 양식으로 만들어졌다.

**플랑브와이앙(Flamboyant) 후기 고딕 양식**

후기 고딕 혹은 '플랑브와이앙' 양식으로의 변화는 14세기에 일어났으며, 15세기 말에 가선 완전한 성숙기에 다다르게 된다. 플랑브와이앙은 프랑스 후기 고딕 양식에 해당하는 '불꽃 양식'으로, 13~14세기에 유행한 프랑스 고딕 건축의 전성기 양식에 해당된다. 고딕식 구조에 매우 복잡한 장식이 정교하게 덧붙여진 플랑브와이앙 양식의 특징은 하나하나의 조각들로 장식된 파사드와 장미 창에 불꽃 무늬를 사용한 데 있다. 이렇듯 후기 고딕 양식은 장식적인 요소들이 많은 내부장식과 아름다운 회랑을 지니고 있다.

한편 우아하고 환상적인 후기 고딕 양식의 대표적인 건물에는 보베(Beauvais) 대성당과 1981년 세계문화유산으로 지정된 '프랑스 최대의 고딕 성당'인 아미앵(Amiens) 대성당을 들 수 있다.

### 역사적 장소 꽁삐에뉴성

프랑스의 역사적 장소 '꽁삐에뉴성'

꽁삐에뉴(Compiégne)는 빠리에서 북쪽으로 80킬로미터 떨어진 작은 마을이다. 화려한 꽁삐에뉴성은 루이 15세의 여름 휴양지로 14세기에 짓기 시작해, 1786년에 완공했다. 또한 이 성은 오스트리아에서 온 마리 앙뜨와네뜨가 루이 16세를 처음 만났던 곳이며, 나폴레옹 1세는 이곳에서 오스트리아 공주 마리 루이즈(Marie-Louise)와 두 번째 결혼식을 올렸다.

한편 이 성의 정원은 영국식으로 조성되어 있으며, 주변 꽁삐에뉴 숲은 오래전부터 사냥터로 쓰여졌다. 산책을 하거나 소풍을 즐기기에 아주 적합한 이 숲에는 프랑스 국립 전쟁기념관이 위치해 있다. 한편 이 숲은 제1차 세계대전의 휴전 협정이 체결된 장소이기도 한데, 독일은 이곳 숲에 열차를 가져다 놓고 그 안에서 항복 문서에 서명했다.

## 브르따뉴(Bretagne) 지방

### 브르따뉴 지방의 특징과 독자적인 문화

브르따뉴 지방은 프랑스와 합병되는 1500년 전까지 따로 형성된 독립 국가로 프랑스 북서쪽 대서양 해안에 위치한 오랜 전통의 지방이다. 프랑스에서는 영국을 '큰 브르따뉴'라는 뜻을 지닌 "그랑드 브르따뉴"(Grande-Bretagne)라고 부른다. 그 이유는 5세기 경 영국 켈트족(Celte)들이 앵글로 색슨족의 압박을 피해 브리따니아로부터 이주한 후 정착한 이들 켈트인을 "브리튼인"(프랑스어로 "브르똥인"[Breton])으로, 그 지방을 역시 "브리따니아"(Britannia)라고 부르게 되었다. 따라서 오늘날의 지방명 브르따뉴는 바로 여기에서 유래했다.

이곳 브르따뉴 지방으로 이주해 정착해서 '켈트 문화의 꽃'을 피운 켈트족(프랑스어로 "쎌트족"이라고 부름) 브르따뉴인들은 켈트족의 피를 이어받아 프랑스인이기보다는 아일랜드인이나 스코틀랜드인과 가깝다. 영국 켈트족의 후예들인 브르따뉴인들은 전통적으로 매우 종교적인 사람들이며, 독자적인 언어와 전통 고유의 민속이 존재한다. 특히 하얀색 레이스가 달린 모자에 수가 놓인 검은 드레스 차림의 민속의상을 볼 수 있다. 즉 브르따뉴는 역사적으로 특이한 발전과 전통의 켈트 음악과 악기들, 그리고 많은 신화가 전해 내려오는 등 그들만의 독자적인 문화를 지녀왔다. 특히 브르따뉴 지방과 아일랜드, 스코틀랜드, 웨일스에 전승된 켈트 음악은 경쾌하면서도 애수를 띤 곡조로 전 세계적으로 많은 팬을 확보하고 있다.

### 브르따뉴 지방의 거석문화

긴 세월 동안 바다의 공격에 저항해온 대륙의 끝 브르따뉴 지역에는 영국의 고대 거석기념물 '스톤헨지'(Stonehenge)처럼 평행으로 놓인 선돌이 무려 1099개나 마치 긴 통로를 이루듯 줄지어 서 있다. 거대한 돌들이 일렬로 죽 늘어서 수직으로 정렬된 시기는 약 7000년 전, 신석기 시대 말기와 청동기 시대 초기인 선사시대로, 바다 건너온 알려지지 않은 민족에 의해 세워졌다.

"누가 이 큰 돌들을 이런식으로, 왜 세워 놓았을까"라는 많은 의구심 속에 이 큰 돌들이 바다 바람을 막기 위해 세워졌다는 설, 또는 프랑스 남서부 순례지 루르드처럼 이곳을 성스러운 땅으로 인식해서 제사를 지내기 위해 돌들을 세웠다는 설, 하지 때 태양이 뜨는 방향과 일치하고 있어 태양숭배의 종교의식, 고대의 천문관측 장치 등 여러 가지 전설들이 존재한다. 그렇지만 여전히 어떤 목적으로 세워졌는지 아직 밝혀진 것은 없다. 이렇듯 브르따뉴는 거석

평행하게 줄지어선 의문의 거석군 유적지

문화가 발달된 지방으로 고대 고인돌, 화강암 바위, 동굴 등 돌이 많은 지방이다. 특히 이 지역에는 신비로운 분위기가 감도는 유럽 최대 규모의 거석군 유적지 '까르낙'(Carnac)이 있다.

### 브르따뉴 지방의 특산물

이 지역에는 포도가 재배되지 않고 대신에 사과가 많이 경작된다. 따라서 브르따뉴 지방의 특산물은 사과주 씨드르(cidre)와 사과브랜디 깔바도쓰(calvados) 등을 들 수 있다. 이 외에 브르따뉴 지방은 전통적인 제조 방식의 바닷물 해수가 첨가된 유염 버터와 브르따뉴의 전통음식 크레쁘(crêpe) 등이 유명하다. 크레쁘는 예전에 가난한 브르따뉴 지방의 곡식이 잘 자라지 않는 척박한 땅에 메밀을 심은 데서 유래된다. 즉 크레쁘는 이 지방에서 탄생한 음식으로 버터를 두른 프라이팬에 익힌 메밀 전병을 간식으로 먹거나, 또는 메인 요리, 혹은 후식으로 먹는 등 프랑스에서 무척 대중화된 요리다.

또한 브르따뉴 지방은 조수간만의 차가 심한데, 바닷물에 잠겼던 목초와 바닷바람으로 키운 어린 양고기 요리 '프레 살레'(pré-salé)가 유명하다. 어린 양이 염분을 많이 함유한 목초를 주식으로 하기 때문에 이 음식은 은은한 바다향과 짠맛이 특징이다.

한편 몽쌩미쉘 수도원으로 올라가는 골목길에는 1879년 시작된 몽쌩미쉘의 명물 '대형 오믈렛'을 파는 식당이 있다. 수플레처럼 부풀린 이 음식은 달걀과 유염 버터 등을 듬뿍 넣고 장시간 거품을 낸 뒤 화덕에 구워내는 프랑스 가정식 요리에 해당한다. 겉은 노릇하고 속은 무스처럼 부드러운 것이 특징이다.

몽쌩미쉘의 명물 '대형 오믈렛'

### 브르따뉴 지방의 주요 도시들

브르따뉴 지방의 특색 있는 장소로 먼저 16~19세기경 영국 해적과의 전투가 벌어졌던 항구도시 쌩말로와 바로 근처 유네스코 세계인류 문화유산으로 지정된 몽쌩미쉘을 들 수 있다. 먼저 쌩말로(Saint-Malo)는 빠리 몽빠르나쓰(Montparnasse)역에서 TGV로 3시간 정도 걸려 도착하게 되는데, 이곳은 무척 아름다운 해안가 도시다. 17세기 해적들의 거점이 되었던 쌩말로는 북해 건너 영국과 대치해 영국과의 오랜 전쟁으로 구도심 전체가 성벽으로 둘러싸여져 있다. 현재는 그 성벽 위로 산책을 할 수 있어 구시가 주위를 한바퀴 돌아볼 수 있다. 성채에서 바라보는 바다와 부두의 풍경이 무척 아름답다.

또한 해안가에는 19세기 후반부터 세운 참나무 방벽이 또 하나의 볼거리이다. 죽 일렬로 늘어선 오크나무 기둥의 이 독특한 해안 풍경은 오래된 화강암 성벽을 거센 파도로부터 보호하기 위해 방파제 삼아 만든 것이다. 쌩말로 해안의 갯벌은 밀물과 썰물 때 무려 13미터 차이가 난다.

렌느(Rennes)는 브르따뉴의 행정수도로 전통적·전형적인 프랑스의 분위기를 느낄 수 있으면서, 지하철이 다녀 구경이 편한 프랑스풍의 도시다. 브르따뉴 지방의 관문이라 할 수 있는 렌느는 브르따뉴의 남부지방을 돌아보는 경우 기점이 되는 도시다.

성벽도시 '쌩말로'

쌩말로 해안가의 참나무 방벽

### 대표적 관광지 몽쌩미쉘(Mont-Saint-Michel)

쌩말로 근처 몽쌩미쉘에는 기차를 타고 가다 버스로 갈아탄 후, 또 한참 걸어가야 되므로 투어 프로그램을 이용하는 것도 좋겠다. 매년 300만 명 이상이 방문하는 몽쌩미쉘은 브르따뉴와 인근 노르망디 경계에 위치해 있는데, 이 지역 주민들의 정서상 브르따뉴 지방에 속하는 것을 더 선호한다.

수도원 위주로 펼쳐진 유적지, 관광지 '몽쌩미쉘'은 2014년 대륙과 새로운 다리로 연결되어 있다. 밀물, 만조 때 마치 바다 위에 떠올려진 바위섬, 암초섬, 혹은 작은 산처럼 보여지는 몽쌩미쉘은 바다로 덮인다. 특히 몽쌩미쉘을 포함한 브르따뉴 부근의 해역은 지구상에서 가장 드넓은 갯벌로, 밀물과 썰물 조수간만의 차이가 심해 어패류가 풍부하다.

특히 몽쌩미쉘 부근의 깡깔르(Cancale)는 로마 시대부터 굴 생산지로 유명한 곳이다. 몽쌩미쉘 수도원까지 올라가는 곳에는 구불구불 이어진 골목길마다 수많은 음식점과 매점, 기념품점, 고풍스러운 호텔 등이 즐비해 있는데, 특히 이곳의 명물은 전통적 방식으로 만들어진 오믈렛이다. 언덕길 맨 위에는 8~16세기까지 오랫동안 지어진 수도원이 위치한다. 이 수도원은 성자 오베르

**기타 브르따뉴 지방의 관광지들**

브르따뉴에는 해군항 '브레스뜨'(Brest)와 뽈 고갱의 흔적을 되새겨볼 수 있는 예쁜 마을 '뽕따방'(Pont-Aven)이 있으며, 2000년 전부터 전통적 방식에 의해 최고의 명품소금인 게랑드를 생산하는 세계 최대의 천일염 생산지 '게랑드'(Guerande)도 있다. 이곳은 브르따뉴 지방의 대서양 연안에 위치해 있으며, 오로지 태양열과 바람, 바다가 빚어낸 자연 그대로의 소금을 만드는 천혜의 조건을 자랑한다.

가 꿈에서 이곳에 수도원을 지으라는 대천사 성 미카엘(쌩 미쉘)의 계시를 받아 짓게 되었다. 이 중세 시대 때의 수도원 건축 양식은 끝이 뾰족한 첨탑 모양의 고딕 양식이다. 이는 하늘과 가까워지고 싶은 인간의 욕망을 표현한 것이다. 마치 하나의 성채 같은 수도원 내부는 크고 장엄하다. 특히 수도원 테라스에서 바라보는 풍광이 한 폭의 그림 같다.

## 노르망디(Normandie) 지방

### 노르망디 지방의 특산물

치즈와 사과주의 고향 노르망디 지방은 빠리에서 2시간 정도 걸려 도착하게 된다. 제2차 세계대전 당시 노르망디 상륙 작전을 떠올리게 하는 이곳은 치즈, 버터 등의 유제품과 낙농업이 발달된 지역이다. 프랑스는 자연산 덩어리 치즈가 유명하며 치즈의 종류가 무려 400여 종이나 되는데, 그중 가장 잘 알려진 것은 이 지역 특산물인 까망베르 치즈다. 표면은 흰 곰팡이로 덮여 있고 속은 크림처럼 녹아나는 이 치즈는 "치즈의 여왕"이라 불린다. 이 외에도 노르망디에서는 브르따뉴 지방과 마찬가지로 포도 재배를 안 하는 대신 사과로 유명하다. 사과가 많이 생산되어, 역시 사과를 발효시킨 술 씨드르(cidre), 사과브랜디 깔바도쓰(calvados)와 더불어 사과 타르뜨처럼 사과가 들어간 음식이 많으며, 각종 해산물과 어패류, 홍합 요리 등이 발달되었다.

### 노르망디 지방의 특징

북부 프랑스를 특징지워주는 스산한 날씨와 잿빛 하늘, 바람이 느껴지는 노르망디 지역은 이곳 지방 특유의 집모양, 즉 나무를 덧댄 붉은색 반목조 건물을 볼 수 있다. 한편 노르망디 지방은 '영화의 추억과 낭만'을 되새겨볼 수 있는 장소다. 우선 영화음악이 유명한 작품 '남과 여'를 촬영했던 도빌과 '괴도 뤼팽'의 영화로 알려진 에트르따, 그리고 젊은 시절 까뜨린느 드뇌브가 열연했던 '쉘부르의 우산'의 쉘부르(Cherbourg) 등이 있다. 아울러 노르망디 지방과 경계선상에 위치한 브르따뉴 지방의 몽쌩미쉘(Mont-Saint-Michel)도 영화 '라스트 콘써트'의 촬영 배경장소였다. 이 외에 노르망디 지방의 유명한 도시로는 루앙, 르 아브르, 옹플뢰르, 세계적으로 유명한 치즈의 고장 까망베르(Camembert) 등이 있다.

**노르망디 지방의 주요 도시들**

우선 루앙(Rouen)은 노르망디 지방을 포함한 북프랑스를 대표하는 중심도시다. 이곳은 노르망디 지역의 행정수도로, 약 100만 명의 주민이 사는 비교적 큰 도시다. 또한 루앙은 프랑스 제3의 상업항구 도시이면서 상공업 중심지다. 이곳에서는 주민들의 친절하고 따뜻한 마음씨를 접할 수 있어 "놀기에는 빠리, 살기에는 루앙"이라는 말이 있을 정도로 조용하고 부유한 고장의 이미지를 가지고 있다. 쎄느강 하구에 위치한 루앙은 로마 시대부터 그 역사가 이어지며, 이후 노르망디 공국의 수도로 번영을 누린 옛 도시다.

이곳에는 1200년경부터 16세기까지 여러번의 증축에 의해 현재의 모습으로 완성된 '노트르담 대성당'이 있다. 따라서 이 성당은 '다양한 고딕 건축양식의 전시장'으로 여겨진다. 또한 프랑스에서 가장 높은 152미터 첨탑의 압도적 크기

'노르망디식 붉은색 반목조' 전통 주택

와 섬세한 조각 장식들이 특징적이다. 루앙 대성당은 제2차 세계대전 당시 크게 파손되어 지금의 모습으로 복원되었다. 특히 '인상파의 거장' 끌로드 모네는 이 대성당을 소재로 30점 이상의 그림을 그렸다. 그는 빛에 따라 시시각각 다양하게 변화하는 대성당의 아름다움에 매료되었다. 여름밤에는 이 루앙 대성당 파사드(출입구가 있는 정면부)에 그의 작품이 투영되는 조명 쇼 '모네의 대성당'을 즐길 수 있다.

모네가 즐겨 그린 노트르담 대성당

루앙에는 노트르담 대성당 이외에 구시가 거리 위에 아치를 그린 '대시계'(Le Gros-Horloge)도 주목하게 된다. 즉 고딕 양식의 종탑과 황금색, 붉은색으로 구성된 르네쌍스 양식의 시계탑이 조화를 이룬다. 대시계는 1389년에 제작되어 지금까지 15분마다 종을 울리고 있다. 한편 잔다르크(Jeanne d'Arc 1412~1431)가 15세기에 화형당한 광장에는 거대한 십자가가 서 있다.

루앙 대시계

또한 쎄느강 하구에 있는 오래된 항구마을 옹플뢰르(Honfleur)에서도 모네, 꾸르베 등 인상파 화가들이 이곳의 평화로운 마을 풍경을 많이 그렸다. 이곳은 요트타기와 관광업의 중심지이자 어업의 요지에 해당한다. 또한 노르망디 지역 쎄느강 하구에는 유럽에서 제일 긴 '노르망디 다리'가 있다. 이 거대한 현수교는 옹플뢰르와 맞은편 연안의 르 아

현수교 형태의 '노르망디 다리'

아름다운 항구마을 '옹플뢰르'

브르(Le Havre)를 잇는 새로운 명소로 떠오르고 있다.

### 영화의 추억과 낭만의 관광지

도빌(Deauville)에서는 매년 3월 도빌아시아 영화제와 9월 미국 영화제 등이 개최되며, 세계적인 여름 휴양지이기도 하다. 여름철마다 빠리의 사교계가 옮겨왔다고 할 정도로 프랑스 상류층이 몰려드는 이곳은 1860년부터 '세계적인 리조트 휴양지'로 알려졌다. 특히 이 도빌 해변의 특징은 해안가를 따라 죽 펼쳐져 있는 산책길 '쁠랑슈'(planche 흰 나무판자로 된 보드 워크)가 유명한 곳이며, 해변에서 말을 타고 산책하는 프랑스인들도 볼 수 있다.

자갈 해변과 갈매기떼, 절벽 위의 교회, 초록색 언덕 등, 에트르따(Etretat) 해안가는 우선 풍광이 수려하다. 코끼리 바위와 깎아지른 절벽은 석회암 지형으로, 해안가에 서서 좌우로 펼쳐진 절벽을 바라보면 파도에 침식된 다양한 모양의 바위가 햇빛을 받아 온통 하얗게 보인다. 하지만 태양이 구름에 가리게 되면 음산한 느낌의 회색빛 절벽으로 변하게 된다. 이러한 풍경 때문에 빛을 사랑한 인상파 화가들이 유난히 좋아했는데, 19세기 중반 모네, 마네 등

아름다운 에트르따의 깎아지른 절벽

에트르따의 코끼리코 바위와 자갈해안

이 영감을 받아 그림을 그린 이후 많은 관광객들이 이곳에 몰리게 되었다.

또한 이곳은 1909년에 발표된 기암성, 원제목은 '바늘구멍'(l'Aiguille creuse)이라는 추리소설의 배경지로 셜록 홈즈와 괴도 뤼팽의 대결 이야기가 전개된다. 즉 코끼리 코처럼 생긴 바위 속이 비어 있고, 해저터널로 연결되어 비밀창고로 쓰인다는 설정과 이곳을 배경으로 한 전설의 수수께끼를 중심으로 스토리를 발전시켜 나간다. 한편 이 마을에는 추리소설의 저자 모리스 르블랑(Maurice Leblanc)의 집과 뤼팽 박물관 등이 있다.

## 알자스(Alsace) 지방

### 알자스 지방의 특징

프랑스 북동부 지역에 위치한 알자스는 알퐁스 도데의 『마지막 수업』에서도 묘사되었듯이, 지금도 독일의 이미지를 지우기 어렵다. 오랫동안 독일과의 전쟁으로 예전부터 이 지방의 운명은 전투 결과에 따라 무려 열일곱 번이나 자주 바뀌었다. 이러한 역사의 굴곡 속에서도 알자스인들은 로마 시대부터 지금까지 여전히 변함없는 그들만의 문화와 정신을 굳건히 지켜오고 있다.

목조가옥 형태도 독일과 가깝고, 양 국가의 주부들이 시장에 물건을 사러 아무런 검색 없이 왕래하며, 매일 국경을 넘어 출근하는 사람들도 있다. 이렇게 독일이나 스위스 등 인접 국가로 국제 출퇴근하는 사람이 전체 인구 200만 명 가운데 6만 명쯤 된다. 지리적으로나 문화적으로 독일의 영향을 많이 받은 이 지역은 독일어처럼 들리는 알자스 방언이 독특하며, 이곳의 풍경은 너무나 평화롭고 아름답다. 특히 알자스 지방의 각 도시에서 펼쳐지는 크리스마스 마켓은 무척 전통적인 관습으로 하나의 명물이 되었다. 크리스마스에 전나무를 장식하는 풍습은 알자스 지방에서 시작되었듯이 이 지방은 겨울철의 풍경이 무척 아름답다.

### 알자스 지방의 특산물

특히 1570년부터 매년 12월경 이 지방의 정통 크리스마스 마켓에서는 약한 불에 계핏가루와 슬라이스한 오렌지, 레몬 등을 넣고 30분 이상 따끈하게 데운 레드 와인 '뱅쇼'(vin chaud)를 맛볼 수 있다. 알자스 지방은 서쪽으로는 보쥬(Vosges) 산맥, 남쪽은 스위스와 접경지대를 이루고 있다.

한편 동쪽으로는 독일이 위치해 있고, 라인강 상류가 흐르는 가운데 야트막한 언덕 위로 펼쳐진 포도밭은 유명한 화이트 와인의 주산지다. 이곳은 독일과 가까워 양배추 절임 요리 '슈크루뜨'(choucroute)와 식사할 때 리슬링 화이트 와인이나 맥주를 즐겨 마신다. 전통적인 맥주의 제조 방법은 소규모 양조장뿐 아니라 크로넨부르(Kronenbourg 1664)와 같은 대형 양조장에서도 아직까지 전해지고 있다. 또한 버터와 달걀을 가득 넣은 둥글게 부푼 모양의 빵 '브리오슈'(brioche)는 이 지역의 특산물로 손꼽히며, 전통적으로 부활절 때 커다란 크기로 만들어 먹는다.

### 와인의 주요 산지

알자스 지방은 12세기 초부터 고급 화이트 와인 생산지로 알려져 있다. 알자스의 광활한 포도밭은 보쥬 산맥의 동쪽 언저리, 라인강을 향해 비스듬하게 누워 있는 구릉지에 발달되어 있다. 이러한 천혜의 지형으로 인해 이곳은 고온 건조한 대륙성 기후와 자연스러운 배수, 충분한 일조량을 갖게 된다. 알자스의 낭만적인 와인가도와 라인강을 따라 펼쳐진, 그림 같은 와인의 땅 알자스에는 67개 산지에서 과일향이 풍부한 화이트 와인을 생산한다.

알자스 지방의 포도밭 전경

한편 아름다운 알자스의 와인가도는 남북으로 길게 뻗어 있는 와이너리 중심부를 달리게 되는데, 이는 독일의 와인가도와 연결되어 있다. 알자스의 주요 포도 품종 역시 리슬링, 게뷔르츠트라미네, 실바네르 등 독일에서 유명한 품종이거나 독일식 이름을 따서 만든 것이 대부분이다.

오늘날 세계적인 알자스 와인은 세대를 이어오는 가족 중심의 와이너리가 대부분이다. 알자스의 포도원은 보르도 지역처럼 큰 규모의 샤또가 아니라 세대를 이어온 중세풍의 작은 아름다운 반목조 건물들에 자리 잡고 있다.

### 알자스 지방의 주요 도시들

알자스 지방의 특색은 다양하고 아름다운 천혜의 자연경관 이외에 급속히 공업화된 면모를 들 수 있다. 더불어 전통에 충실한 알자스 중세 마을들은

반목조 주택의 운하도시 '스트라쓰부르'

노트르담 대성당 앞의 크리스마스 마켓

각각의 개성을 가지고 있다.

한편 빠리 동역에서 이 지방의 행정수도 스트라쓰부르(Strasbourg)까지 TGV로 2시간 정도 걸린다. 스트라쓰부르는 독일풍의 진한 밤색 나무판자를 덧댄 고풍스러운 반목조 가옥 형태로 아름다운 운하 도시다. 운치 있는 강가 풍경과 더불어 산책이 즐거운 쁘띠 프랑스(Petite France) 구역이 있어 구도심의 분위기를 즐길 수 있다. 스트라쓰부르 도심 한가운데에는 고딕 양식의 노트르담 대성당이 우뚝 솟아 있어 도시의 랜드마크 역할을 하고 있다. 1176년부터 1880년까지 약 700년에 걸쳐 건축된 이곳은 1988년 세계문화유산으로 지정되었다. 이 성당의 앞면에는 섬세한 입체 세공이 무척 아름답다.

또한 '유럽의 교차지점' 스트라쓰부르는 빠리와 체코의 프라하 중간 지점에 위치한다. 유럽의 대륙 한복판에 위치한 지리적 특성상 유럽의 본회의장 건물인 유럽의회(유럽국회의사당) 본부를 이곳에 두게 되었다. 한편 '유럽의 수도'에 해당하는 유럽연합 본부는

스트라쓰부르에 위치한 유럽의회 본부

벨기에의 브뤼셀에 위치해 있다.

한편 알자스 지방에는 와인의 중심도시 꼴마르(Colmar)가 있다. 꼴마르는 많은 전쟁을 겪으면서도 중세의 건축물들이 알자스에서 가장 잘 보존된 도시로 알려져 있다. 꼴마르에서도 알자스 전통의 반목조 가옥들을 볼 수 있으며, 도심 자체가 '하나의 박물관'이라고 여겨질 정도로 그림처럼 아름다운 자연풍경을 자랑한다.

무역도시인 동시에 항구였던 꼴마르는 16세기에 전성기를 누렸다. 쁘띠 브니즈(Petite Venise), 즉 '작은 베네치아'라고 알려진 강변 거리가 특히 아름다우며 그림 같은 운하의 수로를 따라 예전의 상인들이 포도를 배에 싣고 다녔다. 이곳은 한때 알자스 와인 수출의 중심 항이기도 했다. 따라서 이곳은 화이트 와인 가도를 여행할 때 기점이 된다. 운하와 더불어 고딕 양식의 여러 성당들, 미술관, 오랜 역사와 전통을 지닌 레스토랑, 예술작품처럼 아름다운 간판 등 파스텔 색조의 반목조 저택들이 죽 늘어서 있는 강변 풍경은 무척 로맨틱한 산책길과 잘 어울린다.

로맨틱한 꼴마르의 강변

꼴마르의 예술적인 간판

## 르와르(Loire) 지방

### 르와르 지방의 특징

이곳은 숲이 있는 자연경관이 빼어나고, 날씨가 따뜻해 일명 "프랑스의 정원"이라고 일컬어진다. 프랑스 중서부 지방에 위치한 르와르 지방은 빠리와의 접근성 때문에 중세 때부터 왕, 영주, 왕자, 귀족들의 별장인 고풍스러운 성들이 르와르 강변을 따라 수십 채가 지어졌다. 귀족들은 여름에 별장처럼 와 쉬었고, 근처 숲에서 사냥을 했다. 특히 이곳은 '르와르 강변의 성들'이라는 뜻을 지닌 "샤또 드 라 르와르"(Châteaux de la Loire)라고 불리운다.

뚜르(Tours)는 15세기 빠리에서 왕실이 옮겨와 잠시 프랑스의 수도 역할을 했었다. 바로 르와르 지방의 행정수도 뚜르는 고성 기행의 베이스 캠프 역할을 하고 있다. 이 지방은 빠리 몽빠르나쓰(Montparnasse)역에서 초고속열차 TGV로 1시간 10분 거리에 위치한다. 르와르 지방에는 15~17세기에 지어진 80여 개의 고성들이 르와르 강변을 따라 워낙 띄엄띄엄 위치해 있기 때문에 개별적으로 찾아가기 힘들다. 따라서 이 지역을 방문하려면 다양한 고성 투어 프로그램에 참여하는 것도 좋다. 고성은 관람용과 로맨틱한 고성 호텔로 개조한 경우가 있으며, 소유주가 개방하지 않고 개인 용도로만 사용하는 것 등으로 나뉘어진다.

### 르와르 강변의 주요 고성들

a. 르와르 고성들 중 가장 대표적인 샹보르(Chambord)를 들 수 있다. 르와르 강변 성들 가운데 샹보르성은 가장 크고 화려한 성이며 방의 개수가 무려 440여 개나 된다. 오르고 내릴 때 서로 마주치지 않게끔 설계된

이곳의 나선형 이중 계단은 그 당시 활약했던 레오나르도 다 빈치(Leonardo da Vinci)의 생각이 깃들어 있다. 현재 외국 손님이 묵는 영빈관으로도 쓰여지고 있는 샹보르성은 프랑쓰와(François) 1세가 생애를 바쳐 건축한 것으로 유명하다. 프랑쓰와 1세의 또 다른 업적은 바이킹의 침략으로부터 빠리를 방어하기 위해, 군사용 목적의 위압적인 분위기의 성채와 토굴감옥이었던 루브르를 르네쌍스 양식의 화려한 궁전으로 탄생시켰다.

b. 슈농쏘(Chenonceau)성의 대표적인 특징은 르와르 고성들 중 유일하게 강 위에 지어졌다는 것과 대대로 성의 주인이 여성이었던 점이다. 즉 왕후, 애첩 등 총 6명의 여인들이 성의 주인이었다. 특히 이탈리아 명문 귀족 가문인 메디치가 출신 왕비 까뜨린느 드 메디시스(Catherine de Médicis)와 이 당시 앙리(Henri) 2세보다 20년이나 연상이었던 애첩 디안 드 쁘와띠에(Diane de Poitiers)가 대표적인 경우다. 따라서 이 성은 여성들을 배려한 '개방형 구조'의 특색을 띠었다. 그같은 몇몇의 경우들을 보면, 여성들의 드레스를 배려해 나선형이 아닌 직선형 계단을 취했으며, 부엌의 위

웅장하고 화려한 샹보르성

샹보르의 고딕 양식 지붕

치가 바로 강 옆에 있어 쉽게 물을 긷거나 음식물을 배로부터 수송했다. 15세기의 성채 가운데 유일하게 독립탑을 갖고 있고, 3개의 건물과 강변까지 이어진 다리가 우아하다. 가장 아름다운 구조물로는 까뜨린 드 메디시스가 증축한 길이 60미터의 슈농쏘성 회랑이 있다.

c. 르와르 강변의 고성들에서 유일하게 뚜르 시내에 위치한 블르와(Blois)를 주목할 수 있다. "프랑스 건축물의 보석" 블르와성의 특색은 여러 왕들에 의해, 건설에만 13세기부터 17세기까지 400년이 걸렸다. 여러 왕들이 자신의 취향에 맞는 건축양식을 택해 증축했기 때문에 다양한 건축양식이 혼재되어 있다. 따라서 왕실이 꿈꾸던 "이상적인 성의 완성판"이라 불린다. 이 성을 방문하면 각 건물의 정면에 건물을 세운 왕이나 왕자들의 이름이 붙여진 걸 발견할 수 있다. 아울러 성에서 바깥으로 돌출된 팔각형 나선형 계단도 특이할 만하다.

원래 이곳은 블르와 백작의 성이었으나 루이 12세 이후 4세기 이상 프랑스 왕가의 저택으로 사용되었다. 그 후 왕위계승권을 둘러싸고 앙리 3세가 정적인 기즈(Guise) 공을 암살하는 등 피의 역사를 간직한 곳이기도 하다.

d. 앙브와즈(Amboise)성은 요새 같은 모양새를 갖추었으며 방어용 성곽에

정원이 예쁜 슈농쏘

아름다운 슈농쏘 회랑

해당한다. 높은 성벽이 전에는 성채였음을 말해주며, 언덕 위에 위치한 앙브와즈성의 테라스에서는 르와르 강 주변 아기자기한 예쁜 집들과 강줄기를 감상할 수 있다. 특히 이 성은 레오나르도 다 빈치와 많은 연관이 있는데, 그가 머물던 저택인 끌로 뤼쎄(Clos Lucé)성이 이곳의 지하 동굴과 연결되어 있다. 그는 이탈리아 문화를 사랑하고 예술가들을 존경한 프랑쓰와 1세의 초대로 여기에서 머물며 지내다 생을 마감했다.

블르와성의 팔각형 나선형 계단

끌로 뤼쎄는 레오나르도 다 빈치가 살던 당시의 원형을 그대로 간직하고 있는데, 그가 발명한 발명품 스케치와 원형이 존재한다. 또한 앙브와즈성의 또 다른 특징은 안마당에 쌩 위베르(Saint-Hubert) 예배당 단독 건물을 들 수 있는데, 바로 이곳에 '르네쌍스의 심장' 레오나르도 다 빈치가 잠들어 있다. 이 예배당은 고딕 양식의 후기에 등장한 '플랑브와이앙'(Flamboyant) 양식(불꽃을 연상시키는 복잡한 장식)의 건물로, 규모는 작지만 정교하고 세밀한 세부 조각 장식이 돋보인다.

**기타 르와르 고성들**

처음 건축 당시의 모습을 그대로 잘 간직하고 있는 예쁘고 아담한 슈베르니(Cheverny)성이 있다. 이곳은 사유 저택으로 단정한 주거 용도의 성이다. 즉 크고 작은 여러 개의 원형 탑들로 둘러싸인 반은 요새이고, 반은 주거용인 건축물이다. 부지 내에는 수렵견사와 사슴뿔을 전시한 수렵 박물관도 있다. 이곳에서는 지금도 여전히 정기적으로 사냥이 행해지는 성답게 많은 사냥개들

앙브와즈성 테라스에서 바라본 풍경

방어형 요새 성곽 '앙브와즈'

을 사육한다.

또한 여성적인 양식미가 느껴지는 아제이 르 리도(Azay-le-Rideau)성과 기하학적인 프랑스식 장식 정원으로 유명한 빌랑드리(Villandry)성이 있다.

옛 프랑스를 느낄 수 있는 르와르강 성들은 과거의 문화를 간직한 일종의 박물관 같은 느낌이 든다. 성의 각 방에는 옛 시대에 사용하던 물건들과 더불어 호화로운 가구, 침대, 양탄자 등이 놓여 있어 그 당시 생활모습 등을 보여준다. 아울러 잘 가꾸어진 아름다운 정원과 분수를 감상하며 산책하게 된다. 여름철 밤에는 르와르 성들의 정원에서 그 당시 시대상의 연극과 불꽃놀이 축제 등을 즐길 수 있다.

**르네쌍스(Renaissance) 양식의 특징**

'재생'을 뜻하는 르네쌍스 건축은 "이탈리아 양식", "로마 양식"이라고 불린다. 아무튼 르네쌍스 건축은 이탈리아와 연관지어 간주할 수 있으며, 고대와 중세적 요소가 합쳐진 모습을 취한다. 르네쌍스 양식의 특징은 균형 잡히고 통일된 형태로, 분할의 미가 뛰어난 '조화'와 '균형'을 강조한다. 장식성을 자랑하는 르네쌍스 양식의 특성상 국왕, 혹은 귀족의 성이나 저택에 많이 사용되었다. 방위적인 요소보다 호화로운 인상, 쾌락적인 생활과 연회를 위한 건축물들로 많은 굴뚝이나 장식적인 탑 등이 특징이다. 도시에서도 귀족이나 부유층의 저택, 광장, 분수 등에 이탈리아적인 우아미를 도입한 르네쌍스 건축물을 볼 수 있다. 빠리 시내에서는 쎄느강에서 가장 오래된 다리 '뽕 뇌프'(Pont Neuf)가 르네쌍스 양식의 대표적인 경우다.

### 와인의 주요 산지

소박하고 아담한 슈베르니성

한편 르와르 지방의 또 다른 특징으로는 이 지방이 '와인 생산지'라는 점이다. 화이트 와인과 '분홍색 포도주'라는 뜻을 지닌 로제(rosé) 와인의 주요 재배지역에 해당한다. 특히 앙주(Anjou)와 뚜렌느(Touraine) 지역에서는 그곳의 토속 품종인 쉬냉 블랑을 사용해 와인을 생산하고 있다. 특히 르와르 강 유역의 유명한 화이트 와인인 쌍세르(Sancerre)와 뿌이 퓌메(Pouilly-Fumé)는 풀향기와 허브향이 특징인 쏘비뇽 블랑만으로 만들어진다.

### 르와르 강변의 주요 도시들

위에서 살펴본 뚜르 이외에 살펴볼 르와르 지방의 대표적인 몇몇 도시로는 우선 앙제(Angers)를 들 수 있다. 프랑스의 옛 수도 역할을 한때 이 지방의 뚜르에서 담당한 터라 이 지역은 정확한 표준 프랑스어를 가장 잘 구사하는 곳으로 어학 연수생, 유학생 등이 뚜르를 비롯해 특히 앙제에서 많이 공부하고 있다. 현재 인구 21만 명 중에 학생이 3만 명 이상일 정도로 앙제는 중세 이래의 '학원 도시'로 잘 알려져 있다.

한편 앙제 위쪽에 위치한, 르망(Le Mans)은 자동차 경주로 유명한 도시다. 이곳은 인구 20만 명의 소도시이지만, 세계 최고의 내구(耐久) 자동차 경주 '르망 24시간 레이스 축제' 때는 25만 명의 자동차 인구가 모인다. 도시에는 자동차박물관도 있어서 레이스를 관전하러 간 김에 들러보는 것도 좋겠다.

오늘날 지방분권화 정책으로 지리적 위치상 점점 빠리의 산업부속구역으로 변화되어가고 있는 오를레앙(Orléans)은 미국의 도시 뉴올리언스를 연상케 한다. 즉 뉴올리언스는 누벨 오를레앙(Nouvel Orléans)의 영어식 발음으로 1700년대 프랑스인들이 개척한 도시다. 1781년 당시 프랑스 재상이었던 오를레앙 공의 이름을 따 도시명을 짓게 된다. 뉴올리언스는 지금도 프랑스 분위기가 나는 도시로 알려져 있으며 몇몇 프랑스풍의 명소들이 남아 있다.

## 론느-알쁘(Rhône-Alpes) 지방

### 론느-알쁘 지방의 특색

론느-알쁘 지방은 지명에서도 알 수 있듯이 론느(Rhône)강과 알프스(Alpes) 산맥 등에 의해 둘러싸여진 아름다운 자연환경을 지닌 곳이다. 이 지방의 중심지로는 미식의 도시 리옹(Lyon)이 있다. 지리적 위치로 보면 보쥬 산맥에서 발원한 쏜느(Saône)강과 알프스 산맥에서 발원해 남쪽 지중해로 흘러가는 론느(Rhône)강이 합류하는 곳에 있다. 바로 리옹시의 경제적 영향과 결합 수용 정책으로 인해 주변 지역들과 긴밀한 관계를 유지해가고 있는 것이다. 이 도시의 풍경은 강 주변의 집, 건물, 성당, 언덕, 우거진 수풀의 모습이 마치 독일의 라인강 주변 분위기와 흡사하다.

**리옹의 특징과 이미지**

리옹은 같은 이름의 빠리 리옹(Lyon)역에서 TGV로 약 2시간 정도의 거리에 위치해 있다. 이곳은 프랑스 남과 북의 중간 지점에 자리 잡고 있어 예전부터 이 두 지역을 연결하는 중요한 고리 역할을 하고 있다. 옛 프랑스 왕조 골(Gaule)국의 수도였기도 한 이곳은 고대 로마의 영향을 많이 받은 도시로 남아 있다. 프랑스인의 조상 골르와(Gaulois)로 대표되는 아스떼릭스(Astérix)는 프랑스 문화를 상징하는 대표적 캐릭터로 통하고 있으며, 이는 만화·영화·상품을 통해 알 수 있다. 특히 아스떼릭스는 프랑스 문화 상품들 중에서도 가장 수익이 높다.

아울러 리옹은 전통 인형극 '기뇰'(Guignol)로 특징지을 수 있는데, 기뇰은 주로 여러 형태의 정치적인 풍자를 소재로 다룬다. 리옹을 대표하는 이미지, 기뇰은 1808년 프랑스 인형극의 주인공 이름이었으나 나중에는 그 당시 널리 쓰이던 줄을 달아 조종하는 형식(마리오네뜨)이 아닌 인형 안에 손가락을 넣어 조종하는 인형(손인형)의 대명사가 되었다. 리옹 구도심에는 기뇰 전문 공연장이 3개나 있다.

### 여러 산업과 미식의 도시 리옹

현재 프랑스에서 도시 규모는 빠리 다음으로 두 번째, 인구 수는 빠리, 마르쎄이유에 이어 세 번째로 많은 리옹은 예전부터 교류지이자 통로 역할의 요충지였다. 아울러 이곳은 여러 특성 있는 문화산업 도시의 특징을 나타내고 있다.

리옹의 전통 인형극 '기뇰'

한편 리옹의 아기자기한 분위기의 전통 식당을 가리켜 "부숑"(Bouchon)이라고 부른다. 이렇듯 리옹은 세계적인 미식의 본고장(식도락)일 뿐 아니라 프랑스의 대표 은행 크레디 리요네(Crédit Lyonnais) 본사(금융)가 바로 리옹에 있으며, 중세 때부터 내려오는 전통 인쇄술(책인쇄), 비단과 직물을 취급하는 산업 이외에 제약 산업 등이 발달한 한마디로 상업·예술문화의 중심지다. 특히 리옹이 문화산업 분야가 발달한 측면으로 전 세계 22개국이 참가하는 제빵·제과업계의 올림픽인 '월드페이스트리컵'(World Pastry Cup) 대회가 격년제로 개최된다.

### 리옹의 자연경관과 빛 축제

오늘날 리옹을 상징하는 푸르비애르(Fourvière) 노트르담 대성당이 구도심에 위치해 있다. 웅장한 로마네스크 양식의 이 성당은 높은 언덕에 있어 아름다운 리옹 시내가 한눈에 보인다. 이곳에서 맑은 날에는 알프스 산맥의 최고봉 '몽블랑'까지 보인다. 방문할 만한 또 다른 장소로, 도시의 중심에 넓은 벨꾸르(Bellecour) 광장이 있다. 광장 한쪽에서는 리옹에서 태어난 쌩떽쥐뻬리(Saint-Exupéry)의 동상을 감상할 수 있다.

아울러 쏜느강의 서쪽 연안에 있는 리옹의 구도심은 유네스코 세계문화유산으로 지정되었다. 마치 타임머신을 타고 과거로 돌아간 것 같은 착각을 일으키게 할 정도로 예전의 골목과 건물이 잘 보존되어 있는데, 현재도 르네쌍스 양식의 건물에서 부엌과 욕실만 개조해 돌계단을 오르며 사람들이 살고 있다. 또한 리옹은 '벽화의 도시'라고 할 만큼 도시 곳곳 오래된 건물의 벽에는 리옹에서 펼쳐진 다양한 역사적 이슈들과 리옹이 배출한 인물들이 그려져 있다.

이 외에 리옹을 특징지울 수 있는 것은 '리옹 빛 축제'(Fête des lumières Lyon)가 있다. 리옹시는 '유네스코 미디어아트 창의도시'로 지정되었는데, 리옹 빛 축제의 시기는 매년 12월 초에 펼쳐진다. 이때 각 가정에서도 창문가에 밤새도록 초를 밝히는 등 리옹 강변과 거리는 환상적인 분위기를 자아내며, 리옹 도심의 겨울밤을 아름다운 색으로 눈부시게 수놓는다.

### 기타 론느-알쁘 지방의 주요 도시들

리옹의 독특한 옛 정취의 분위기는 리옹에서 버스를 타고 1시간 정도의 거리에 위치한 '뻬루쥬(Pérouges)'라는 중세 마을에서도 느낄 수 있다. 이곳은 언

푸르비애르 성당에서 보여지는 리옹 도심

아름다운 리옹 시청 건물

덕 꼭대기에 위치한 중세의 흔적을 그대로 간직한 작은 마을로 12세기 중세의 저택들과 조약돌로 된 거리로 이루어졌다. 더 나아가 소설가 스탕달을 떠올리게 하는 그르노블(Grenoble), 아몬드를 넣은 달콤한 과자 '누가'(Nougat)가 유명한 몽뗄리마르(Montelimar) 등은 론느-알쁘 지방의 또 다른 특색 있는 도시로 손꼽힌다.

## 싸브와(Savoie) 지방

### 싸브와 지방의 특징

싸브와 지방은 론느-알쁘 지방의 부속 지역에 해당하며, 알프스 산맥 쪽과 더 가까운 곳에 위치한다. 따라서 론느-알쁘 지방보다 동쪽으로 더 치우친 이곳은 알프스 고산지대의 목장이 많은 지방임을 알 수 있으며, '버터와 치즈의 생산지역'이기도 하다. 또한 싸브와 지방은 한 폭의 그림처럼 푸른 초원이 끝없이 펼쳐지며, 멀리 만년설의 알프스 준봉이 멋진 장관을 이루는 전원의 풍경을 자랑한다.

### 중세풍의 호수 도시 안씨

이 지방의 매력적인 중세 도시 안씨(Annecy)는 프랑스를 방문한 여행자는 꼭 들러보아야 할 아름다운 곳이다. 안씨는 지친 여행자에게 내면의 깊은 휴식과 함께 은은한 난초처럼 오래도록 추억의 향기를 남겨준다. 이 도시의 외곽에 위치한 넓은 안씨 호수(Lac d'Annecy)는 유럽에서 가장 투명도가 높은 호수로, 편히 쉴 수 있는 휴양지와 같은 성격을 지닌다. 호반에 자리 잡고 있는 작은 마을들과 호숫가에 서 있는 고성 등이 마치 한 폭의 그림 풍경을 이룬다.

안씨성을 둘러싼 아름다운 호수

휴양지 같은 평온한 안씨 호수

구도심에는 아름답게 꾸며진 운하와 꽃으로 장식한 다리, 띠우(Thiou) 운하 중간에 세워진 12세기 감옥이었던 아름다운 릴르 궁전(Palais de l'île) 등이 있다. 사진 찍기에 예쁜 이 성은 현재 박물관으로 방문객들을 맞이한다.

이 외에 구시가 언덕 꼭대기에 세워져 있어 안씨 시가지를 조망할 수 있는 안씨 성(Château d'Annecy)과 함께 안씨 호숫가 부근의 바스(Vasse) 운하 쪽에 위치한 사랑의 다리(Pont des Amours)도 멋진 관광지로 추천된다. 빠리 리옹(Lyon) 역에서 TGV로 약 3시간 40분 걸쳐 도착하는 이곳은 매년 개최되는 '세계 애니메이션 영화제'로도 유명한 도시다.

**스위스풍의 레저 도시 샤모니**

리옹에서 3시간 정도 걸리는 등산과 스키, 트레킹의 도시 샤모니(Chamonix)는 알프스와 인접한 도시답게 자연환경을 충분히 잘 활용한 곳이다. 즉 스키나 스포츠 클라이밍 월드컵 대회 개최 등의 레저와 관광산업이 발달했음을 알 수 있다. 아름다운 경치와 더불어 소도시 샤모니는 요즘 쇼핑과 미식을 즐길 수 있는 '복합레저 도시'로 자리매김하고 있다. 이곳은 주민이 1만 명 정도이지만 트레킹, 암벽 등반, 패러글라이딩 등 산림과 레저를 접목해 연간 180만 명의 관광객을 유치한다.

스위스 분위기의 샤모니

늘 관광객들이 붐비는 이 조그만 마을의 주택 모습이나 집 창문가에 꽃 장식해 놓은 것을 보면, 전체적으로 마을의 모습이 스위스 분위기가 나는 도시다. 따라서 인근 스위스 내의 프랑스어권 도시들인 쥬내브(Genève)와 로잔느(Lausanne)를 연계해 '알프스와 호수'라는 테마로도 여행할 수 있다.

샤모니는 산악 도시라 여름철에도 흐리고 비가 자주 오는데, 이곳에는 둘러볼 만한 여러 관광지들이 많다. 우선 케이블카로 몽블랑 꼭대기까지 20분 정도 올라가 세계적으로 손꼽히는 전망대 에귀일 뒤 미디(Aiguille du Midi)를 감상할 수 있다. 이 전망대는 높이 3842미터에 위치한 곳으로 알프스의 만년설을 감상할 수 있다. 또한 몽땅베르 등산전차가 다니는 프랑스에서 가장 긴 얼음빙하 메르 드 글라스(Mer de Glace)가 있다. 특히 안씨에서 샤모니로 가는 기차의 창 밖 모습은 울창한 숲의 모습으로 인해 무척 빼어난 절경을 자랑한다.

### 물의 도시 에비앙

세계적인 온천휴양지 에비앙(Evian)은 스위스와 국경을 이루는 레망 호반의 고급 리조트 지역이다. 이 도시명은 프랑스의 유명한 미네랄워터 상표를 연상시킨다. 생수 회사의 탄생지답게 도시 곳곳에는 빼어난 물을 이용한 수(水) 치료 센터와 번듯한 스파 시설들이 즐비하다. 유럽에서 가장 큰 바다 같은 호수 레망 호(Lac Léman)는 도시에 고요하고 평화로운 풍경을 선사하며, 도시의 원천에서 길어 올린 물은 세계에서 가장 많이 팔리는 생수 브랜드로 거듭나 도시의 경제적 원천이 되어준다.

바다처럼 넓은 레망 호수

즉 도시 에비앙을 떠받치는 생수 에비앙과 에비앙 관련 제품의 위력은 그야말로 막강하다. 요컨대 도시 전체 수입원 중 절반 가량을 에비앙 회사가 담당하고 있는 것이다. 에비앙에는 중후한 분위기의 건물들이 많은데, 대부분 은근한 색깔을 두르고 있다. 또한 에비앙에는 30개의 원천이 있는데, 그 가운데 2곳의 샘만이 일반에게 공개되어 현지 주민들이 물을 받아 마신다.

물이 좋고 온화한 기후에 풍경도 좋으니, 당연히 사람들이 몰려들고, 따라서 에비앙은 자연스럽게 럭셔리한 휴양지로 발전했다. 결론적으로 싸브와 지방은 호수, 산, 빙하, 물 등 아름다운 대자연의 자원을 잘 만끽할 수 있는 곳이다.

## 랑그독-루씨용(Languedoc-Roussillon) 지방

### 랑그독-루씨용 지방의 특징

랑그독-루씨용 지방의 지리적 위치는 프랑스 남서쪽, 즉 프로방스 지방의 왼쪽에 있다. 대중적으로 인지도가 낮은 이곳은 중앙 산악지대인 마씨프 쌍트랄(Massif Central)과 삐레네(Pyrénées) 산맥, 가론느(Garonne)강과 론느(Rhône)강에 이르기까지 죽 뻗어 있다. 전체적으로 이 지역은 험준한 산맥과 완만한 해

### 프랑스의 주요 미네랄워터

다양한 종류의 미네랄워터

투명한 호리병 '꺄라프'

프랑스는 산이 많지 않고 나지막한 구릉과 평야지대가 많은 나라이므로 물사정이 안 좋다. 프랑스에서는 먹는 물을 일찍이 산업화시켰으며, 따라서 마트를 포함해 자동판매기에서도 다양한 종류의 미네랄워터를 판매한다.

프랑스에서 구매할 수 있는 미네랄워터 종류를 알아보기로 한다. 먼저 볼빅(volvic)은 에비앙과 함께 가장 무난한 맛을 지녔으며, 약간 짠 맛이 나는 비뗄(vittel)이 있다. 특히 톡 쏘는 상큼한 맛을 지닌 빼리에(perrier)는 녹색 유리병에 든 탄산가스 미네랄워터다. 유럽에서는 탄산수를 마시는 사람과 일반생수를 마시는 사람의 비율이 반반일 정도로, 프랑스에서도 탄산 미네랄워터가 무척 대중적이다.

아울러 프랑스에서는 예전부터 자연식수의 질이 좋지 않았고, 또한 파티 문화가 발달해 탄산수를 음용한 것으로 전해진다. 이 외에 짠 맛이 많이 나는 꽁트레쓰(contrex)는 다이어트를 하고자 하는 사람들에게 풍부한 미네랄 성분뿐 아니라 몸에 필요한 필수영양소를 갖춘 물로 판매된다.

한편 프랑스 일반식당이나 학생식당에 가면 식탁 위에 대부분 "꺄라프"(carafe)라고 불리우는 투명 호리병에 든 물을 무료 서빙 받는다.

안선으로 이루어져 있다. 한편 랑그독 지방은 인근 프로방스 지방처럼 일 년 내내 비가 거의 내리지 않는 화창하고 따뜻한 날씨를 보여준다. 이로 인해 계절에 따라 목축의 떼가 이동하며 풀을 뜯어먹는 평화로운 모습과 방대한 포도밭을 발견하게 된다. 이 지역은 프랑스에서 가장 넓은 규모의 '대단위 포도원'을 자랑한다.

### 랑그독-루씨용 지방의 특산물

랑그독-루씨용 지방의 특산물로는 흰 강낭콩과 베이컨, 양파, 소시지 등을 뚝배기에 넣어 푹 삶은 토속 요리인 상당히 진한 맛의 까술레(Cassoulet), 세계 3대 블루 치즈(푸른 곰팡이 치즈) 중의 하나로 코를 찌르는 자극적인 로끄포르(Roquefort) 치즈가 있다.

또한 세계 3대 진미 중의 하나로 얇게 저며 요리에 얹거나 소스로 만들어 향을 즐기는 감자 모양의 트뤼프(송로버섯)가 있다. '땅속의 다이아몬드' 트뤼프는 17세기 유럽 전역에서 인기를 얻게 되었다. 송로버섯이 값비싼 진미로 취급받는 이유는 인공 재배가 힘들어 대부분 자연산이고, 버섯과 흙·나무뿌리·사향 등이 뒤섞인 듯한 독특한 냄새 때문이다. 조금만 요리에 넣어도 엄청난 존재감을 발휘한다. 한편 흰 송로버섯이 검은 송로버섯보다 풍미가 더 강렬하며, 훨씬 비싸다.

### 랑그독 지방의 대표도시 몽뻴리에

대표도시로 먼저 남프랑스의 대표적 상업·문화 중심지 몽뻴리에(Montpellier)를 들 수 있다. 지중해 연안에 위치한 몽뻴리에는 랑그독 지방의 행정수도이면서, 이곳은 여행지로 방문하기보다는 살고 싶은 도시로 여겨진다. 한편 1289년에 설립된 유서 깊은 몽뻴리에 대학은 의학 분야에서 세계적인 명성을 가지고 있어 "대학의 도시"라고도 불린다. 프랑스에서 8번째로 큰 도시이자 주민 평균 연령이 35세 이하인 '젊음의 도시'이기도 하다. 요컨대 몽뻴리에는 따뜻한 날씨, 주위 경관으로 인해 많은 유학생과 어학 연수생들이 공부하는 도시다.

이곳의 도심에서 방문할만한 장소로 극장과 많은 노천 까페들이 있는 꼬메디(Comédie) 광장과 들라크르와, 꾸르베, 라파엘 등 근대 화가들의 작품을 많이 전시한 파브르 미술관(Musée Fabre), 프랑스 최초의 식물원 등 도시 안에는 문화·예술을 경험할 수 있는 볼거리가 많다. 요컨대 몽뻴리에는 구도심과 현대식 건물들의 신시가지가 조화롭게 구성되어 있다. 또한 도시 서쪽 끝에는 아치 모양으로 880미터에 걸쳐 연결되어 있는 수로교의 멋진 장관이 펼쳐져 있다.

한편 이 도시에는 아름답게 디자인된 트램이 다닌다. 2000년에 개통된 몽뻴리에 노면전차는 세계에서 가장 아름다운 대중교통으로 꽃무늬가 그려진 트램이다. 한편 몽뻴리에 시내에서 약 20킬로미터 떨어진 지중해 부근의 빨라바쓰(Palavas) 마을은 산책하기 좋은 유명한 해변가다.

### 기타 랑그독 지방의 주요 관광지들

지중해를 배경으로 라 그랑드 모뜨(La Grande Motte) 등 이 지역에는 최근 '관광산업의 육성'으로 수많은 해양 리조트들이 들어섰다. 이곳에는 각종 스포츠와 위락, 레저 시설 등을 갖춘 종합관광단지로 개발되어 있다. 라 그랑드 모뜨 지역은 프랑스 정부가 계획한 관광도시로, 인접 국가인 스페인과 이탈리아로 가는 관광수요를 되찾기 위해 1950년대 계획, 60년대 준비, 70년대 건설 과정을 거쳐 조성했다. 이 관광단지의 건물들은 주변 산악지형과 어울리게끔 피라미드 형태로 건립된 것이 특징이다.

한편 라 그랑드 모뜨 이외에 프랑스 남부투어로 홍학과 염전, 흑우의 상징인 에그 모르뜨(Aigues-Mortes)가 있다. 이곳은 항구 성채도시로 성곽과 성내 마을은 그대로 보존되어 있으며, 주민들이 살면서 생활하고 있다. 마을도 예쁘고, 상가의 모습들이 방문하는 즐거움을 자아낸다. 마을 내 물이 흐르는 수로가 있으며, 에그 모르뜨는 루이 9세가 십자군 전쟁을 위해 100척의 전함과 3만 5000명의 병사를 이끌고 출정했던 곳이기도 하다. 따라서 마을 곳곳에는 루이 9세의 흔적이 담겨 있다. 참고로 13세기, 루이 9세는 12세 때 왕위에 올라 프랑스 왕권 정치에 큰획을 그은 인물이다.

한편 터널 형식의 아치형 수로 가르교(Pont du Gard)도 로마인들에 의해 2000년의 역사를 지닌 랑그독 지방의 관광지로 손꼽힌다. 가르교는 거대한 벽돌 조각으로 원형 경기장과 더불어 로마 기술의 주요 위업을 나타낸다. 이 다리는 약 49미터의 높이, 275미터의 길이에 연속된 3층 아치로 이루어져 있다. 1세기 중반쯤 만들어진 가르교는 물을 운반하던 고가식 수로로 로마인이 만든 수로들 중에 가장 높은 것으로 알려졌다. 또한 가장 보존 상태가 좋은 로마 유적으로도 알려져 있으며, 세계 인류문화유산으로 등록되어 있다. 고대 로마인의 토목기술 수준을 짐작케 하는 가르교는 중세 시기에는 일반 다리로 사용되기도 했으며, 가까이 다가갈수록 그 장관에 압도된다.

웅장한 3층 아치의 가르교

### 루씨용 지방의 주요 도시들

삐레네 산맥과 가까운 루씨용 지방의 도시들로는 빼르삐냥과 까르까쏜이 있다. 빼르삐냥(Perpignan)은 프랑스와 스페인의 다리 역할을 하는 도시로 스페인 특유의 문화를 엿볼 수 있다. 17세기까지 스페인 땅이었으며, 지금도 까딸루냐 문화권에 속해 있어 까딸루냐어를 사용하는 도시다. 야자나무와 화려한 터키옥색 및 분홍색 저택과 상점, 향긋한 향료와 쿠스쿠스, 빠에야 등을 파는 아랍 지역이 있다. 아랍적 특성을 지닌 빼르삐냥은 늘 사람들이 북적대고, 이로 인해 생동감 넘치는 남부의 정서가 뚜렷이 느껴지는 곳이다.

또한 까르까쏜(Carcassonne)은 기원전 122년 로마 군대가 이곳을 점령하고 있던 켈트족을 몰아내고 성벽을 짓기 시작했는데, 건축술이 뛰어났던 로마인들이 까르까쏜의 이중 성벽 가운데 안쪽 성벽을 쌓고 살기 시작한 것이 까르까쏜의 기원이 되었다. 따라서 요새로 유명한 까르까쏜은 중세도시의 분위기를 지닌 곳으로 동화 속에 나오는 작은 탑과 성벽으로 이루어져 있다. 즉 이곳 탑의 지붕들은 원뿔 모양처럼 생겼으며, 여러 겹의 성벽들을 거쳐 들어가면 "씨떼"(cité)라고 불리는 도심이 나타난다. 이곳은 중세도시의 전형적인 모습을 고스란히 간직하고 있다. 씨떼에는 레스토랑, 상점, 공동우물, 광장, 골목과 주택 등 마을이 형성되어 있어 중세인들의 삶을 경험하게 해준다. 이 도시는 요새로 둘러싸여 있는데, 성곽을 중심으로 도시가 형성된 모습이 마치 브르따뉴 지방의 쌩말로를 보는 듯하다.

이중으로 된 견고한 성벽은 유럽에서 가장 큰 것으로, 그 전략적 위치로 인해 끊임없이 종교적 대립의 중심지가 되어 왔으며, 중세의 전투에서 중요한 곳이 되었다. 이중으로 성벽을 쌓은 후 단 한 번도 함락된 적이 없는 난공불락의 요새로, 수세기 동안 이슬람과 기독교 세력이 영역 다툼을 벌인 곳이다. 한편 1997년에 이곳은 유네스코 세계유산에 등록되었다. 또한 까르까쏜은 빠리와 몽쌩미쉘에 이어 프랑스에서 세 번째로 관광객들이 많이 방문하는 유명한 장소다.

까르까쏜 요새의 성벽

한마디로 랑그독-루씨용 지방은 프랑스 고대와 중세, 아울러 현대적인 모습이 조화를 이룬 곳으로, 전형적인 프랑스 분위기와 함께 스페인, 아랍 지역의 특징이 잘 녹아 있다. 또한 이 지역에서는 중세 그대로의 소박한 마을 모습을 찾아볼 수 있으며, 이곳은 중앙산악지대 마씨프 쌍트랄이 남동쪽으로 늘어짐으로써 형성된 산악지대 속에 있는 지역에 해당한다. 따라서 외부와의 접근이 쉽지 않은 프랑스에서 가장 아름다운 시골 풍경과 만날 수 있다.

전망 좋은 까르까쏜 요새

## 프로방스(Provence) 지방

### 프로방스 지방의 특징

'프랑스'하면 가장 먼저 떠오르는 프로방스 풍경들은 마치 화가가 그림을 그려놓은 듯한 나무와 돌 같은 자연 소재, 아울러 화사하고 강렬한 색채가 조화를 이룬 자연의 축복을 받은 풍요의 땅이다. 프로방스의 풍경으로는 죽 펼쳐진 보랏빛 라벤더, 반 고흐의 해바라기, 포도와 올리브 나무 잎새 사이로 거침없이 내리꽂히는 프로방스의 따사로운 햇살을 들 수 있다. 프랑스 남부 지역은 알프스에서 불어오는 바람 미쓰트랄(mistral), 건조하고 강한 자외선, 일년 내내 햇빛이 비치는 화창하고 맑은 날씨를 보여준다. 이곳에서는 베레모를 쓴 할아버지들이 볼링공보다 작은 공을 던지거나 굴리는 전통놀이 '뻬땅끄'(pétanque)를 하는 모습을 흔히 볼 수 있다. 뻬땅끄는 프랑스에서 대중적이고 인기 있는 공놀이로, 이제는 빠리의 큰 공원 등 프랑스 전역에서 즐기고 있다.

한편 싱그러운 봄의 화사함을 닮은 프로방스 마을의 특징은 하나의 '건축 스타일'로 굳어졌다. 요컨대 프로방스 풍의 개성과 이미지는 하나의 양식이 되었다. 한편 '프로방스 스타일'이라는 말은 햇살의 풍요로움과 더불어 조급한 마음에서는 결코 만끽할 수 없는 느긋함과 여유 있는 생활방식을 뜻한다. 이름에서부터 듣는 이의 마음을 설레게 하며, 아름답다는 찬사가 가장 잘 어울리는 프로방스, 그 각각의 마을은 서로 비슷한 듯하면서도 개성을 뚜렷하게 지키고 있다. 이곳 주민들은 라틴 민족 계통이나 아랍계의 피가 많이 흐르고 있는데, 매우 개방적이고 친절하다.

**프로방스 지방의 대표도시 아비뇽**

빠리 리옹(Lyon)역에서 TGV로 2시간 30분 정도 걸리는 아비뇽(Avignon)은 프로방스를 대표하는 유서 깊은 역사도시다. 인구 9만 명의 아비뇽은 중세의 성벽과 유유히 흐르는 론느강과 어우러져 그야말로 한폭의 그림 같은 곳이다. 이곳은 '교황청 궁전'(Palais des Papes)이 잘 알려져 있다. 이 교황청 건물은 14세기 한때 7명의 교황이 살았으며, 고딕 양식으로 지어진 높이 50미터, 두께 4미터의 거대한 성이다. 즉 카메라로는 전면을 한 번에 담을 수 없을만큼 웅장하다. 하늘을 찌를듯한 높이와 바다를 덮칠 것만 같은 장대함, 여기에 모래색으로 된 외벽은 이 건물이 기나긴 역사를 지녔다는 것을 드러내준다.

웅장하고 견고한 교황청 궁전

이곳의 넓은 앞마당에서는 또한 매년 여름 펼쳐지는 '아비뇽 연극 축제'로도 유명하다. 옛 교황청 궁전 마당은 거대한 야외무대로 변신하고, 수도원도 공연 무대로 활용된다. 제2차 세계대전 후 유럽을 평화와 화합의 장으로 만들기 위한 발판으로 1947년 연극인 장 빌라르(Jean Vilar)에 의해 창안되었다. 아비뇽 연극제는 매년 7월부터 약 1개월 동안 각종 거리 공연, 퍼포먼스와 함께 펼쳐진다. 예전에 한국의 산울림 극단이 아일랜드 태생의 프랑스 부조리 희곡작가 사무엘 베케트(Samuel Beckett)의 '고도를 기다리며' 공연을 하기도 했다. 아울러 이 도시에서는 "쌩 베네제 다리"(Pont St-Bénézet)라고 불리는 아비뇽 다리가 유명한데, 다리가 완공된 12세기에는 900미터 다리였지만 지금은 도중에 끊어진 다리와 4개의 다리 기둥만 남아 있다.

도중에 끊어진 아비뇽 다리

### 갈로-로망 시대의 유적지 님므와 아를르

아비뇽 밑으로 좀 내려가면 왼쪽으로는 갈로-로망 시대 유적지의 대표적인 도시 님므가 있고, 오른쪽으로 프로방스 특유의 전통 민속의상이 돋보이는 아를르가 위치한다. 이 세 도시들의 위치는 삼각형을 이루고 있다.

프랑스 남부 지방 곳곳은 예전에 로마인들의 지배를 받던 지역이라 갈로-로망 시대의 원형경기장 등을 비롯해 로마의 유적들이 아직도 남아 있다. 그중에서도 님므(Nîmes)에는 보존 상태가 매우 좋은 고대투기장(Arènes)이 있는데, 1세기 말경에 세워져 오늘날에도 사용되고 있다. 조립식 지붕까지 갖춘 현재의 님므 원형경

아를르 지역의 민속의상

아를르의 고대로마 원형경기장

도개교 '반 고흐 다리'

기장은 연극과 음악 공연을 비롯해 투우나 테니스 경기 등 다양한 행사가 항상 펼쳐지고 있다. 고대의 주요 교통 중심지였던 님므는 프랑스에 있는 '가장 오래된 로마 시대의 도시'로 알려져 있다.

특히 아를르는 네덜란드 화가 반 고흐를 떠올리게 한다. 고흐가 한때 이곳에 정착해서 그림을 그렸던 지역으로 이곳에는 고흐가 입원했던 병원터에 현재 종합문화센터 같은 공간이 위치해 있다. 즉 '에스파스 반 고흐'(Espace Van Gogh)에는 고흐가 예전에 그린 그림 속 풍경이 그대로 재현되어 있어, 현재도 아름다운 정원을 볼 수 있다. 이 외에 포룸 광장의 까페 반 고흐와 마을에서 3킬로미터 떨어진 반 고흐 다리(도개교)도 그의 자취를 느낄 수 있는 풍경이다.

한편 아를르(Arles)는 5세기까지 로마제국의 교역을 담당했던 곳이라 유네스코 세계 유산으로 지정된 로마 유적이 많은 도시다. 역시 이곳에는 잘 보존된 원형경기장과 고대극장 등이 있다. 그중 1세기 말경 세워져 2만 명 정도를 수용할 수 있는 원형경기장에서는 지금도 투우 경기가 펼쳐지고 있다. 아울러 아를르는 작고 고즈넉한 로마 시대 유적이 있는 마을로 프로방스 특유의 주황색 기와지붕을 볼 수 있다.

### 까마르그 지역

프로방스 지방에 속하는 야생의 낙원 까마르그(Camargue) 지역은 론느강 지류들 사이에 위치해 있는데, 늪이 많고 아름다운 평야가 죽 펼쳐져 있다. 아를르와 지중해 사이 평화롭고 한가로운 풍경을 만끽할 수 있는 이곳은 백마, 검은 소, 양떼 등이 초원에서 뛰어다니며, '까마르그' 하면 홍학과 깊은 연관이 있는 곳으로 알려져 있다. 까마르그 습지는 자연 생태계 보존이 뛰어나며 유럽에서 유일하게 야생 홍학이 살고 있는 곳이다.

#### 기타 프로방스 지방의 주요 도시들

아를르와 가까운 퐁비에유(Fontvieille)는 우리에게 잘 알려진 『풍차 방앗간 편지』의 연작을 집필한 알퐁스 도데의 풍차로 잘 알려져 있으며, 뽈 쎄쟌(Paul Cézanne)이 만년에 작품활동을 했던 엑쌍프로방스(Aix-en-Provence)도 프로방스 지방에 속한다.

또한 오랑쥬(Orange)는 인구 3만 명 정도의 작고 아름다운 도시다. 이곳에는 가장 보존상태가 좋고, 9000명 관객을 수용할 수 있는 로마 시대의 원형극장이 있다. 이 웅장한 규모의 고대극장은 유네스코가 1981년 지정한 세계문화유산이다. 아우구스투스 황제의 통치 시절, 1세기 초에 만들어진 이 극장은 완벽한 음향시설이 갖춰져 있는 곳이다. 오랑쥬 로마극장을 근대적 무대로 활용한 공연이 1869년 처음 열리면서 '오랑쥬 축제'가 시작되었다. 현재 매년 7~8월 교향악 연주와 오페라 축제가 펼쳐질 뿐 아니라 연극·발레·뮤지컬·콘서트 등 다양한 공연장소로 사용되고 있다.

## 꼬뜨 다쥐르(Côte d'Azur) 지방

### 꼬뜨 다쥐르 지방의 특징

'푸른 물빛, 쪽빛의 해안'이라는 뜻의 꼬뜨 다쥐르 지방은 맑은 하늘, 내리쬐는 햇볕, 야자수가 늘어선 해변 산책길을 연상케 한다. 이곳은 프로방스 지방의 부속 지역에 포함되며, 일명 "리비에라(Riviera) 해안"이라 불린다. 프로방스 바로 아래 지중해와 마주하고 있는 이 지방은 특색 있고 매력적인 경치를 자랑한다. 이렇듯 늘 많은 관광객들이 방문하는 프랑스 남부는 예술과 낭만, 여유 가득한 프랑스의 정취를 만끽하기에 최고의 여행지로 손꼽힌다.

특히 이탈리아와 가까운 니스 기차역은 각 국경을 넘을 때 꼭 거쳐가는 곳이라 항상 많은 배낭객들로 붐비는 곳이다. 리비에라 해안가를 따라 죽 펼쳐지는 꼬뜨 다쥐르 지방의 대표적인 도시들로 마르쎄이유, 뚤롱, 쌩트로뻬, 그라스, 깐느, 니스, 망똥, 그리고 프랑스 내의 소국 모나코 등이 있다.

### 꼬뜨 다쥐르의 주요 도시들과 관광지

프랑스 남부 휴양 도시들의 특성에 대해 하나씩 살펴보면, 먼저 지중해 무역과 상업 중심지 마르쎄이유(Marseille)는 2600년 된 프랑스에서 가장 오래된 도시에 해당된다. 현재 프랑스에서 두 번째로 인구가 많은 마르쎄이유는 오래전 그리스인들에 의해 건설되어져 약 90만 명의 인구를 지닌 남프랑스의 중심이 되었다. 지중해 건너 북아프리카에서 이주해온 아랍 계통 이민자가 인구의 약 25퍼센트를 이루는 등 마르쎄이유 도심의 전체적인 분위기는 다양한 전통과 문화가 섞여 있음을 알 수 있다. 이곳은 도시 곳곳에 화려한 문화유산을 간직해 "유럽의 문화수도"로 불린다.

'프랑스 최대의 항구 도시' 마르쎄이유는 구항구 거리와 신항구 거리로 나

높은 언덕에 위치한 노트르담 성당

꼬뜨 다쥐르 해안의 석회암 절벽 '깔랑끄'

된다. 또한 노트르담 성당은 높은 고지대에 위치해 있어 시가지 풍경과 지중해의 전망이 한눈에 들어온다. 13세기에 지어진 성당 안에는 항구 도시답게 항해를 무사히 마치기를 기원하는 배의 모형들이 많이 있다. 한편 알렉쌍드르 뒤마의 『몽테 크리스토 백작』 소설 배경지인 이프섬(île d'If)은 구 항구(Vieux Port)의 부두에서 배를 타고 20분 정도 걸리는 곳에 위치한다. 지중해에 떠 있는 이프섬에는 예전에 실제로 많은 정치범들이 수감되었던 감옥 '이프성'이 있다.

아울러 석회암 절벽의 깔랑끄도 지중해 선상에서 감상할 수 있는 특색 있는 경관으로, 흰바위의 표면과 진녹색 바다의 빛깔이 멋지게 조화를 이룬다. 특히 마르쎄이유의 명물은 '부이야베쓰'(bouillabaisse)라는 유명한 생선수프 요리다. 프랑스식 얼큰한 해물탕에 해당하는 부이야베쓰는 이쪽 지방의 어부들이 즐겨 먹었으며, 3~4가지 생선에 올리브유와 향신료 등을 같이 넣고 끓여, 국물과 건더기를 따로 먹는다.

한편 프랑스 남부 지방은 들판에 핀 보라색의 라벤더 꽃들을 많이 볼 수 있는데, 그중에서도 연중 꽃에 둘러싸여 있는 '향수 마을' 그라쓰(Grasse)에서는 세계의 모든 향기 원재료의 90퍼센트가 탄생된다. 이 도시에는 향수 제조

과정과 역사를 관람하며, 향수를 직접 만드는 일에 참여하고 체험할 수 있는 국제향수 박물관이 있다.

### 축제 도시 깐느와 망똥

매년 5월 세계 3대 영화제 중의 하나인 '깐느 영화제'와 곧이어 6월에 펼쳐지는 '깐느 국제광고제' 등은 아름다운 해변과 더불어 깐느(Cannes)를 세계적으로 잘 알려지게 한 유명한 페스티벌이다. 인구 7만 명의 작은 '축제의 도시' 깐느에는 영화제 기간 동안 무려 20만 명이 몰려든다. 또한 깐느 광고제는 1953년에 창설되어 가장 오랜 역사와 권위를 가진 세계 최대의 광고 축제다. 이 광고제는 획기적이고 독특한 아이디어가 돋보이는데, 국제 광고계의 새로운 흐름과 경향을 만끽할 수 있다. 한편 깐느의 해변은 니스처럼 자갈로 되어 있지 않고 모래로 되어 있으며, 젊고 대중적인 휴양지 니스와 달리 깐느는 부자들의 고급스러운 휴양지로 잘 알려져 있다.

또한 니스 카니발과 거의 비슷한 시기 2월에 망똥(Menton)에서는 레몬 축제가 펼쳐진다. 1934년에 망똥 지역의 특산물 레몬을 알리기 위해 시작되어 매년 약 40만 명의 방문객들이 찾아올 정도로 널리 알려진 남프랑스의 대규모 축제다. 축제 기간 중에는 해안도로를 따라 행진하는 퍼레이드뿐 아니라 거대한 조형물 제작과 정원 장식에 130톤에 달하는 레몬과 오렌지(레몬과의 색깔 구분을 하기 위해)를 사용한다. 축제 기간 중 상한 레몬과 오렌지는 즉시 교체되며, 행사가 끝나고 축제에 사용된 과일들은 싼 가격에 판매한다. 축제의 상징이라 할 '비

레몬 축제의 레몬과 오렌지 조형물

오베스(Biovès) 정원'에는 고무줄로 레몬과 오렌지들이 모두 연결되어 하나의 작품을 이루는 대형 조형물들을 감상할 수 있다.

아름다운 풍경의 망똥은 인구 3만 명 정도의 작은 해안도시지만, 이탈리아와 가까운 지중해 연안의 따뜻한 날씨라는 자연적 조건으로 인해 예로부터 레몬과 오렌지의 주요 산지로 유명했다. 독특하고 환상적인 이 레몬 축제는 매년 애니메이션에서부터 세계 문화까지 각기 다른 주제로 펼쳐진다.

**니스의 특색과 니스 카니발**

꼬뜨 다쥐르 지방 도시들 중 가장 잘 알려진 니스(Nice)는 프랑스 남동부 노선 빠리 리옹역에서 TGV로 5시간 정도 걸린다. '프랑스 최대의 리조트 지역' 니스는 연중 온난한 기후와 아름다운 풍광 덕분에 18세기 중반부터 부유한 유럽의 왕족과 귀족들이 겨울 추위를 피해 찾아온 고급 사교장이자 휴양지였다. 프롬나드 데 장글레(Promenade des Anglais)는 '영국인들의 산책길'이라는 뜻으로, 니스 해변을 따라 길게 펼쳐진 유명한 대로이다. 또한 북유럽의 왕족과 귀족들이 겨울 궁전으로 세운 화려한 별장들이 니스 곳곳에 남아 있다.

성터에서 바라본 니스 해변

세계적으로 유명한 '니스 카니발'은 세계 3대 축제 중 하나로, 그 역사가 1873년부터 시작될 정도로 무척 오래되었다. 꽃과 조명을 아낌없이 사용한 축제용 차량 퍼레이드는 매년 주제가 달라진다. 전 세계에서 100만 명 이상이 찾아오는 니스 카니발은 보통 2주 동안 낮과 밤에 걸쳐 꽃마차 퍼레이드나 가장 행렬, 색종이 날리기, 밀가루 전쟁 등 다양한 행사가 펼쳐지며, 불꽃놀이로 마무리된다. 특히 밤이 되면 거리와 거대 조형물에 아름다운 조명이 비추어진 가운데 퍼레이드가 펼쳐진다. 이는 꼬뜨 다쥐르에 봄을 부르는 축제로 해마다 2월 중순에 개최된다.

세계 3대 축제 '니스 카니발'

한편 꼬뜨 다쥐르 지방에는 미술관과 박물관이 다양해 유럽 예술의 정수를 접할 수 있게 된다. 특히 니스에는 마띠스(Matisse), 샤갈(Chagall)의 미술관이나 그 밖의 특색 있는 미술관들이 많다. 선명한 붉은색의 '마띠스 미술관'과 샤갈 특유의 독특한 색채와 그림을 전시한 '샤갈 미술관'은 도시 북쪽의 한적한 언덕 위에 자리 잡고 있다. 한편 이탈리아의 분위기가 넘치는 구시가지 근처, 성터(Le Château)가 있는 언덕 위로 올라가면 니스 시가지와 지중해의 절경이 한눈에 펼쳐진다.

### 프랑스 내의 소국 모나코

바티칸에 이어 세계에서 두 번째로 작은 나라 모나코(Monaco)는 새하얀 모래사장, 지중해의 푸른빛, 아름다운 해변을 자랑하는 유명한 관광국이자 부유국이다. 국토 대부분이 해안 절벽으로 이루어진 모나코는 니스에서 기차로 20분 거리에 위치해 있어 니스에 머무르며 함께 방문할 수 있다. 현재 주민 대다수가 프랑스인으로 구성되어 있고, 언어도 프랑스어를 사용한다. 인구는 3만 명으로 대부분 카톨릭 신자이며, 범죄 발생율이 매우 낮은 국가이다. 우표만큼은 그 나라 독자적으로 사용하고 있는데, 모나코의 우표는 아름다울

뿐 아니라 희소가치도 높아 마니아들에게 인기가 높다.

고급 요트들이 즐비한 해안과 더불어 모나코 왕궁 궁전이 있는 해안 절벽의 언덕 위에서 바라보는 풍경이 무척 아름답다. 이 외에도 해양 박물관과 해안 옆에 위치한 건물 자체가 예술작품인 아름다운 건물의 국영 카지노를 볼 수 있다. 1861년에 지어진 그랑 카지노(Grand Casino) 건물은 빠리에 있는 나폴레옹 3세 시절 오페라 갸르니에를 설계한 샤를르 갸르니에(Charles Garnier)의 작품이다.

우아한 건물의 그랑 카지노

요트들이 즐비한 모나코 해안

### 기타 꼬뜨 다쥐르 지방의 관광지들

세계 각지의 군함이 입항해 있는 뚤롱(Toulon) 옆에는 작은 어촌 항구도시 쌩트로뻬(St-Tropez)가 위치해 있다. 현재 이 항구마을은 화려한 요트들이 정박한 항구와 더불어 예술가, 미술가, 작가, 영화인 등 많은 예술인들이 찾는 곳이 되었다.

한편 언덕 꼭대기에 위치한 중세풍의 아름다운 마을들도 꼬뜨 다쥐르를 대표하는 아름다운 곳이다. 즉

에즈의 전망 좋은 선인장 정원

꼬뜨 다쥐르의 작은 중세 마을

꼬뜨 다쥐르 중세 마을의 돌계단

피카소가 활동한 앙띠브(Antibes), 샤갈의 마을 쌩 뽈 드 방스(St Paul de Vence), 선인장 정원이 위치한 동화 속 마을 같은 에즈(Eze) 등은 성터와 돌로 지은 건물들(주로 예쁜 기념품점과 공방, 갤러리, 아뜰리에, 레스토랑과 까페 등이 위치)과 미로처럼 꼬불꼬불 이어지는 좁은 길 등과 함께 아름다운 전망을 자랑한다.

## 참고 문헌


권선영, 『썬과 함께한 열한 번의 건축수업』, 컬처그라퍼, 2014.

권희경, 『카페 파리』, 북웨이, 2011.

구선아, 『프랑스 정통 디저트』, 경향미디어, 2015.

김화영, 『프랑스 현대소설의 탄생』, 돌베개, 2012.

김호영, 『영화이미지학』, 문학동네, 2014.

______, 『영화관을 나오면 다시 시작되는 영화가 있다』, 위고, 2017.

나가오 켄지, 김상애 옮김, 『가스트로노미 프랑스 미식혁명의 역사』, 비앤씨월드, 2013.

니꼴라 윌리엄스·알렉시스 애버벅 외 8인, 『프랑스』, 안그라픽스, 2017.

데이비드 리보비츠, 권수연 옮김, 『까칠한 도시, 황홀한 디저트』, 문학동네, 2011.

데이비드 하비, 김병화, 『파리 모더니티』, 생각의나무, 2010.

로랑 도이치, 이훈범 옮김, 『파리 역사기행』, 중앙북스, 2013.

박현진, 『파리에는 요리사가 있다』, BR미디어, 2014.

알랭 드 보통, 정영목 옮김, 『행복의 건축』, 청미래, 2014.

엄정선·배두환, 『프랑스 와인 여행』, 꿈의지도, 2017.

앤드류 댈비, 강경이 옮김, 『치즈의 지구사』, 휴머니스트, 2011.

유민호, 『미슐랭을 탐하다 폴 보퀴즈에서 단지까지』, 효형출판, 2012.

이관석, 『르 코르뷔지에』, 기문당, 2014.

이재인, 『르 코르뷔지에, 건축가의 길을 말해 줘』, 탐, 2018.

정기범, 『프로방스, 프로방스』, 스타일북스, 2012.

정기호 외, 『유럽, 정원을 거닐다』, 글항아리, 2013.

정수복, 『프로방스에서의 완전한 휴식』, 문학동네, 2011.

조정용, 『프랑스 와인 여행자』, 바롬웍스, 2012.

진경수, 『이토록 맛있는 파리』, 북하우스, 2013.

최상운, 『파리 미술관 산책』, 북웨이, 2013.

콜린 존스, 방문숙 · 이호영 옮김, 『사진과 그림으로 보는 케임브리지 프랑스사』, 시공사, 2013.

Annika Schulz, Café ! , Braun, 2013.

Barbara & René Stoeltie, Vivre en Provence, Taschen GmbH, 2012.

Claudia Strasser, Paris flea market style, Gibbs Smith, 2013.

Gilles Platret · Philippe Pascal, Burgundy, Assouline, 2013.

Jody Stuart, Paris promenade, Monceau Press, 2013.

Michael Paul, Sweet Paris, Hardie grant books, 2012.

Olivier Saillard · Anne Zazzo, Paris Haute Couture, Flammarion, 2012.

Pierre Rival, Paris Bon Appétit, Flammarion, 2012.

Remington Norman, Grand Cru, Sterling Epicure, 2011.

Rolf Toman, Provence Art · Architecture · Landscape, h.f.ullmann, 2010.

__________, Burgundy Art · Architecture · Landscape, h.f.ullmann, 2013.

Volcy Loustau, Discover Paris by metro, Éditions du Chêne, 2012.

**이숙은** 서울 출생. 한양대학교 문과대학 불어불문학과 학사. 한양대학교 일반대학원 불어불문학과 석사(불문학). 프랑스 빠리 Institut Catholique de Paris와 Institut Parisien에서 수학. 한양대학교 일반대학원 불어불문학과 박사(불문학). 주요 논문으로 『베케트 희곡 작품에 나타난 기다림의 과정』, 『베케트의 축약 공간에 나타난 등장인물들의 삶 연구』, 『베케트의 연극에 나타난 '내부 공간의 양상' 연구』 등이 있음. 현재 한양대학교 '프랑스 언어와 문화' 수업 출강 중.

**새롭게 쓴 프랑스 문화** [개정판]

**펴낸날** 2019년 8월 20일 개정판 1쇄 · 2021년 12월 31일 개정판 2쇄

**지은이** 이숙은 · **펴낸이** 김우승

**펴낸곳** 한양대학교출판부 · **출판등록** 제4-7호(1972.2.29)

**주소** 서울 성동구 왕십리로 222 · **전화** 02.2220.1432-4 · **팩스** 02.2220.1435

**홈페이지** press.hanyang.ac.kr · **이메일** presshy@hanyang.ac.kr

**표지디자인·편집** 정준기 · **본문디자인** 박민지 · **인쇄** 네오프린텍



정가는 뒤표지에 있습니다. 잘못된 책은 구입하신 곳에서 교환해드립니다.

**ISBN** 978.89.7218.617.5 (93920)